U0642429

慕课版

大学生
创业理论与实践教程

主编／盘　健　金　鑫
　　　李　红　崔文新

中南大学出版社
www.csupress.com.cn

· 长沙 ·

编 委 会

前言
Foreword

　　这是一个大众创业、万众创新的时代，任何人只要有一个创意，也许就能够开创一番事业。

　　创新和创业，是新时代大学生一个绕不过去的话题。

　　新时代是创新创业的黄金时代，国家为鼓励大学生创新创业，出台了大量支持大学生创新创业的政策；科技高速发展，知识的价值越来越得到认可，大学生作为掌握高级知识的群体，具有天然的优势；信息技术和互联网的发展，使个体的价值得到无限放大，创新创业领域的"个体英雄"层出不穷，成就梦想的可能性越来越大……

　　所有的创业可能都是源自解决某些问题或满足某些需求的闪念或想法，但不论你的出发点如何，你所要面对的困难也许都是一样的。你会纠结，会胆怯，会恐惧，会退缩，每每在这种时候，就问问自己：你为什么创业，你为什么会在这里，你为什么要平白承受这些纠结、胆怯、恐惧和退缩。想起你的初心，也许这一切的问题，都不再是问题了。

　　创业是一种态度，不甘于平凡、希望改变命运、"想做一番大事业"，创新创业的过程中充满了激情、艰辛、挫折、忧虑、痛苦和徘徊，需要创业者具备百折不挠的精神。创业是一种游戏，是勇敢者的游戏，是开拓创新者的游戏，是独立思考者的游戏，当然也是敢于实践者的游戏。

　　对于很多创业者而言，创业成功不是一件容易的事情。创业者除了有坚忍不拔的精神和意志外，还应该具备创业应有的知识和技能，甚至还需要一点点的运气。当创业的理想遇上现实，任何激情都应该回归理性。掌握创新创业的知识和方法，了解前人的经验和忠告，学会科学、高效的企业管理技巧，创业成功的可能性才会更大。

　　我们是幸运的，因为我们赶上了一个风起云涌的大创业时代！

　　让我们胸怀创业梦想，出发！

编　者

2021 年 6 月

目录
Contents

第一章

大学生创新与创业概述

第一节　创新概述

从概念上讲，创新是人类为了满足自身需要，按照事物发展的规律，对事物的整体或部分内容进行一定的革新，从而使事物得到更新和发展，最终服务于人类发展的活动。创新包含"创"和"新"两个含义。创是指创造，是一种主动的行为；新是指新事物，是原来没有的事物。

创新的英文单词是"innovation"，其拉丁文的原意包含了三层含义：对原有的东西进行替换和更新；创造出原来不存在的新事物；对原有的事物进行发展和改造。在中国传统的语境中，创新有创造新事物的含义，如《周书》中的"创新改旧"和《魏书》中的"革弊创新"都是指创造新事物。

创新对一个国家、一个民族、一个企业乃至个人而言，都是非常重要的。

一、创新的理论与内涵

(一)熊彼特创新理论

与著名经济学家凯恩斯同时代的美籍奥地利政治经济学家、哈佛大学教授熊彼特在其1912年发表的《经济发展理论》一书中提出了"创新"及其在经济发展中的作用，指出"经济发展是创新的结果"，并以此创立了新的经济发展理论，轰动了当时的西方经济学界。熊彼特也被誉为"创新理论"的鼻祖。

熊彼特提出的"创新理论"主要包含以下内容[①]：

1.创新是生产过程中内生的

熊彼特关于创新的基本观点中，最基础的一点即创新是生产过程中内生的。他认为，投入资本和劳动力数量的变化，能够导致经济生活的变化，但这并不是唯一的经济变化；还有另一种经济变化，就是"创新"。而"创新"是从体系内部发生的，不能用从外部数据的影响来说明。这种变化是很多重要经济现象产生的原因，所以，为它建立一种理论似乎是值得的。

---

① 内容根据百度百科"约瑟夫·熊彼特"和网上其他有关内容整理。

2. 创新是一种"革命性"变化

熊彼特曾作过这样一个形象的比喻："不管把多大数量的驿路马车或邮车连续相加，也决不能得到一条铁路。""而恰恰就是这种'革命性'变化的发生，才是我们要涉及的问题，也就是在一种非常狭窄和正式的意义上的经济发展的问题。"他主张对经济发展进行动态分析研究，并充分强调了创新的突发性和间断性的特点。

3. 创新同时意味着毁灭

一般说来，"新组合并不一定要由控制创新过程所代替的生产或商业过程的同一批人去执行"，即并不是驿路马车的所有者去建筑铁路，而恰恰相反，铁路的建筑意味着对驿路马车的否定。所以，在竞争性的经济生活中，新组合意味着对旧组织通过竞争而加以消灭，而消灭的方式不尽相同。例如，在完全竞争状态下，创新和毁灭往往发生在两个不同的经济实体之间；而随着经济的发展，经济实体的扩大，创新更多地转化为一种经济实体内部的自我更新。

4. 创新必须能够创造出新的价值

熊彼特认为，先有发明，后有创新。发明是新工具或新方法的发现，而创新是新工具或新方法的应用。"只要发明还没有得到实际上的应用，那么在经济上就是不起作用的。"因为新工具或新方法最重要的含义就是能够创造出新的价值，能够在经济发展中起到作用。现在看来，熊彼特把发明与创新割裂开来，有其理论自身的缺陷；但其强调创新是新工具或新方法的应用，且必须产生新的经济价值，这对于创新理论的研究具有重要的意义。所以，这个思想为此后诸多研究创新理论的学者所继承。

5. 创新是经济发展的本质规定

熊彼特力图引入创新概念以便从机制上解释经济发展。他认为，可以把经济区分为"增长"与"发展"两种情况。所谓经济增长，如果是由人口和资本的增长所导致的，并不能称作发展。"因为它没有产生在质上是新的现象，而只有同一种适应过程，像在自然数据中的变化一样。""我们所意指的发展是一种特殊的现象，同我们在循环流转中或走向均衡的趋势中可能观察到的完全不同。它是流转渠道中的自发的和间断的变化，是对均衡的干扰，它永远在改变和代替以前存在的均衡状态。我们的发展理论，只不过是对这种现象和伴随它的过程的论述。"所以，"我们所说的发展，可以定义为执行新的组合。"这就是说，发展是经济循环流转过程的中断，也就是实现了创新，创新是发展的本质规定。

6. 创新的主体是"企业家"

熊彼特把"新组合"的实现称为"企业"，那么以实现这种"新组合"为职业的人们便是"企业家"。因此，企业家的核心职能不是经营或管理，而是看其是否能够执行这种"新组合"。这个核心职能又把真正的企业家活动与其他活动区别开来。每个企业家只有当其实际上实现了某种"新组合"时，才是一个名副其实的企业家。这就使得"充当一个企业家并不是一种职业，一般说也不是一种持久的状况，所以企业家并不形成一个从专门意义上讲的社会阶级"。熊彼特对企业家的这种独特的界定，其目的在于突出创新的特殊性，说明创新活动的特殊价值。但是，以能否实现某种"新组合"作为企业家的内在规定性，过于强调企业家的动态性，这不仅给研究创新主体问题带来困难，而且在实际生活过程中也很难把握。

视野拓展

> 熊彼特关于创新的主要观点：(1)创新者将资源以不同的方式进行组合，创造出新的价值；(2)创新一般有 5 种形式：开发新产品、引进新技术、开辟新市场、发掘新的原材料来源、实现新的组织形式和管理模式；(3)企业家是推动经济发展的主体，企业家的本质是创新；(4)企业家精神是创新的主要动力来源，企业家素质是创新成果的关键；(5)信用制度为企业家实现创新提供了经济条件。

对于大学生创新创业而言，创业的目的应该是为了创造新的价值，要特别重视企业创新，培养企业家精神，锤炼企业家素质，同时要积累个人信用并灵活运用信用制度。

(二)德鲁克创新理论

现代管理学之父彼得·F·德鲁克继承和发扬了熊彼特创新理论，并把"创新"发展成为大众可以学习和实践的工具。

德鲁克认为创新是组织的一项基本功能，首次将创新与企业家精神视为可组织的且需要加以组织、系统化的实践与训练，以及经理人的工作与责任。在此之前，"管理"被人们普遍认为就是将现有的业务梳理得井井有条，不断提升质量、改进流程、降低成本、提高效率等。然而，德鲁克则将创新引入管理，明确提出创新是每一位管理者和知识工作者的日常工作和基本责任。

1985 年，德鲁克出版了《创新与企业家精神：实践与原理》一书，书中写道："无论是社会还是经济，公共服务机构还是商业机构，都需要创新与企业家精神。创新与企业家精神能让任何社会、经济、产业、公共服务机构和商业机构保持高度的灵活性与自我更新能力，这首先是因为创新与企业家精神不是对原有的一切'斩草除根'，而是以循序渐进的方式，这次推出一个新产品，下一次实施一项新政策，再下一次就是改善公共服务；其次，因为它们并没有事先规划，而是专注于每个机会和各种需求；再次，是因为它们是试验性的，如果它们没有产生预期的和所需的结果，就会很快消失。换言之，因为他们务实，而不教条；脚踏实地，而不好高骛远。"

德鲁克提出七个创新机会的来源，作为系统化创新及创业型管理的重心；提出四种创新战略，作为如何将创新成功导入市场的可行性方法。

1.创新的七个来源

(1)意外事件。这是最容易利用、成本最低的创新机会。

（2）不协调的事件。即从逻辑上、道理上应该可行的事件，在实际上却不行，这种情况下就可能产生创新。

（3）程序需求。即寻找现有流程中的薄弱环节，发现创新。

（4）行业和市场变化，往往会带来创新的机会。

（5）人口结构的变化。像人口数量、年龄结构、性别组合、就业情况、受教育状况、收入情况等方面的变化，都会带来新的机会。

（6）认知上的变化。正如前面提到的，意料之外的成功和失败能产生创新，就是因为它能引起认知上的变化。

（7）新知识。在所有创新来源中，这个创新的利用时间最长。

同时，德鲁克认为上面这七个创新来源之间，界线有时候很模糊。

2.四种创新战略

（1）"孤注一掷"战略，目的是建立一个新产业或新市场并且获取永久性的领导地位。"孤注一掷"战略强调的是企业家首先发现了创新机遇，聚集巨大的资源开拓出新的产业或市场并能够占据持久性的领导地位。要达到这一目标成功概率低、风险极大，所需的资源巨大。对执行该战略的企业家而言只有一次机会，一旦失败就前功尽弃，如果成功就会获得巨大的商业回报和社会价值。因此，这一战略需要企业家的深思熟虑和对实施规划的精密计算，以及持续投入巨大的资源。"孤注一掷"战略的特点决定了它是风险最大、收益最大，同时失败率最高的创新战略。

（2）"攻其软肋"战略，包括"创造性模仿"和"企业家柔道"。实施"创造性模仿"的企业本身并不是做纯粹创新的业务或产品，而是观察、等待市场上出现了一种创新的产品后，根据自身的优势或资源，在原有创新产品基础上进行改进或优化，进而获得新市场的领导地位。德鲁克认为，实施"创新性模仿"的前提是需要一个快速成长的市场。优秀的创造性模仿者并不是靠从最先推出新产品或服务的创新者手中抢走顾客而赢得成功的，而是要服务于那些创新先驱者创造的，但没有提供合适服务的市场。创造性模仿战略是要满足一个业已存在的需求，而不是创造一个需求。"创新性模仿"是非常普遍的创新战略，在我国的互联网行业发展过程中就存在大量"创新性模仿"的产品和企业。

"攻其软肋"战略中的另一个战略强调的是企业和人一样，在运营过程中存在一些难以改正的坏习惯，这些坏习惯会给竞争对手可乘之机。竞争者有效利用对手的坏习惯，针对性地开发产品、开拓市场，就能够有效地战胜对手，获得市场的领导地位。德鲁克把这种针对市场领导者弱点的战略称为"企业家柔道"战略。"企业家柔道"战略其实是一种市场竞争战略，不仅运用于新行业的建立、新市场的开发。在存量市场竞争中也可以经常看到"企业家柔道"战略。德鲁克想强调的是"企业家柔道"战略同样适用于创新市场。特别是在创新的行业、市场中，存在比你实力更强的竞争企业的时候，"企业家柔道"战略会特别有效。

（3）"生态利基"战略，指发现并占据一个新出现的"利基市场"的领导地位。"利基市场"是指那些具有较大市场规模的产品、服务中的特定的产品功能或技术服务市场。

"利基市场"虽小但确实是其所在的产品、服务市场中不可或缺的一环。占据这一环节领导地位的企业能够稳定获得稳定的利润，同时由于市场较小，也不容易受到外部竞争。像汽车产业中很多关键零部件都有领导地位的企业专门生产，提供给汽车品牌商组装。服务业中也大量存在这样的现象。"生态利基"战略特别适合具有专业技术、知识、服务能力的小型机构采用，在新机会、新产业发展过程中占据一个相对稳定的产品、服务生态位。有句老话"别人都在淘金，我给淘金者卖水"，讲的就是类似的道理。

(4)"改变产品、市场或一个产业的经济特征"战略，指根据市场需求、客户价值关注点等方面对产品定价、价值主张、产品、服务解决方案进行优化或者变革。德鲁克举了吉列低价卖剃须刀，靠剃须刀片赚钱的经典案例。相比较前三种较宏观的创新战略，"改变产品、市场或一个产业的经济特征"战略聚焦于用户价值和市场需求层面，可操作性极强，是商业中运用的最为普遍的战略。我们可以看到大量商业案例和商业模式创新的思路都源于这一战略。例如，小米系的数码产品主打的"优质低价"定位就是这一思路的体现。

德鲁克提出的四种创新战略，彼此不排斥，而且并不总是界限分明。同一个企业家往往会把其中的两个战略，有时甚至三个战略的元素整合在一个战略中。每一个企业要根据创新机遇的特点、自身的资源和现实情况制订适合自身的战略方案。但是需要强调的是，德鲁克的创新战略的目标是企业实现所在行业或市场的领导地位。上述四种战略都是为实现这一目标而设计的。德鲁克强调的企业创新需要企业家的深思熟虑，包括对终局的提前预估、对市场领导地位的谋划，并以此出发制订可行的战略方案。

(三)技术创新和制度创新理论

随着社会、经济特别是科学技术的迅猛发展，理论界对"创新"概念的认识也在不断发展，逐渐形成了以技术变革和技术推广为研究对象的技术创新论和以制度变革和制度推进为研究对象的制度创新论。对于创业者而言，技术创新理论和制度创新理论都有较大的参考价值。

1. 技术创新理论

技术创新理论强调技术创新和技术进步在经济发展中的核心作用，重点研究技术扩散、转移和推广等在内的技术创新体系。"技术创新是企业家抓住市场的潜在盈利机会，以获取商业利益为目标，重新组织生产条件和要素，建立起效能更强、效率更高、费用更低的生产经营系统，从而推出新的产品、新的生产(工艺)方法，开辟新的市场，获得新的原材料或半成品供给来源或建立企业的新的组织，它是包括科技、组织、商业和金融等一系列活动的综合过程。"

2. 制度创新理论

制度创新理论聚焦经济的组织形式或经营管理方式的革新，强调制度变革对技术创新有决定性影响。该理论认为新技术、新工艺的发展会使得社会收益率得到提高，但如果没有相应的一整套产权制度来进行保障发展新技术、新工艺的私人收益率，就会造成产生新技术、新工艺的进展缓慢。因此，制度创新对技术创新起着决定性的作用。

（四）创新的内涵

1. 只有创造了新的"客户满意"的行为，才是真正的创新

从商业角度来看，创新主要是通过为客户创造新的价值，从而实现自身的商业价值，即要把客户未被满足的需求或潜在的需求转化为机会，并创造出新的让客户满意的内容。从这个意义上讲，创造客户价值是创新的目的。在创业过程中，把利润最大化当作创新的目的，实际上是以牺牲客户价值为代价的行为，其结果就是给企业甚至整个行业带来灾难。这样的例子在生活中有很多，比如央视新闻频道《每周质量报告》中曾报道的在红木家具行业中存在的一些"创新"造假手段。个别不良商家利用消费者对红木家具知识欠缺的弱点，使用颜色质地相近但价格便宜的木材冒充红木，并在家具销售合同中玩文字游戏欺骗消费者。这些行为被曝光后，不仅相关企业名誉扫地、受到严重的处罚，也使得整个红木家具行业被消费者普遍质疑，给整个行业造成了损失。

2. 创新是一种发展理念和科学思维

创新思维是人类特有的高级思维活动与精神过程，是指因地制宜、克服困难、开拓创新的科学思维。阻碍创新的，常常是现有的"成功模式"所带来的"行为习惯"和"思维定式"。创新是一项有目的性的管理实践，不应该受到传统规矩的约束，而应该力求对新问题作出新解答，即采用创新思维。创新思维是人类一切创新活动的根基，所以，创新思维必须贯穿于创新创业的全过程和全领域。坚持创新理念和提倡创新思维的本质，就是要激发创业企业和企业全体员工的创造力和发展活力。

3. 创新能力是通过学习获得的

在知识爆炸的信息时代，创新成为每个组织和个人必须具备的能力。而创新能力不是天生具备的，不同的个体之间创新能力存在一定的差异，造成这种差异的原因主要是后天的锻炼，因此创新能力的开发成为可能和必需。大学生的创新能力由萌芽到显著，由较弱到较强，可以通过大学的教育、训练和实践逐步激发出来，并得到不断的提升。

二、国家创新驱动发展战略的意义

党的十八大明确提出："科技创新是提高社会生产力和综合国力的战略支撑，必须摆在国家发展全局的核心位置。"党的十九大报告指出："创新是引领发展的第一动力，是建设现代化经济体系的战略支撑。"党的十九届五中全会通过的《中共中央关于制定国民经济和社会发展第十四个五年规划和二〇三五年远景目标的建议》中，首次把科技创新列为专章加以部署，并将它放在规划任务的首位，提出要"坚持创新驱动发展，全面塑造发展新优势"，"坚持创新在我国现代化建设全局中的核心地位，把科技自立自强作为国家发展的战略支撑，面向世界科技前沿、面向经济主战场、面向国家重大需求、面向人民生命健康，深入实施科教兴国战略、人才强国战略、创新驱动发展战略，完善国家创新体系，加快建设科技强国"。特别提出"提升企业技术创新能力"，要求"强化企业创新主体地位，促进各类创新要素向企业集聚。推进产学研深度融合，支持企业牵头组建创新联合体，承担国家重大科技项目。发挥企业家在技术创新中的重要作用，鼓励企业加大研发投入，对企业投入基础研究给予税收优惠。发挥大企业引领支撑作用，支持创新型中小微企业成长为创新重要发源地，加强共性技术平台建设，推动产业链上中下游、大中小企业融通创新"。

可以说，创新驱动发展战略已经成为我国的一项基本国策。

（一）华为事件的启示

视野拓展

在美国持续挑起贸易争端的背景下，美国开始利用国家力量打压华为公司，在媒体上大肆宣传，在公开会议上讲、国际场合中谈，甚至派国务卿四处游说其他国家一起打压华为。2018年8月，特朗普签署美国《2019财年国防授权法案》，该法案第889条要求禁止所有美国政府机构从华为购买设备和服务。2018年12月1日，华为首席财务官孟晚舟在加拿大温哥华被捕，美国指控孟晚舟在涉及伊朗的交易中误导跨国银行，使后者面临违反美国制裁规定的风险，同时美国向加拿大要求引渡她。2019年5月15日，美国商务部工业和安全局把华为及70家关联企业列入"实体清单"，如果没有美国政府的批准，华为将无法向美国企业购买元器件。随后，高通、博通、英特尔、英伟达、美光、ARM等一批半导体企业相继中止对华为供货。2019年5月21日，Google公司首先开始限制安卓系统和相关应用在华为的使用，由于安卓为开源系统，这意味着华为依然可以通过AOSP继续开发，但无法使用最新的安全补丁。同时，华为手机将不能正常使用内置的Google应用商店、Google地图、Gmail等内容（目前已在使用的设备不受影响）。华为全球供应链生态系统面临全面崩溃的风险。2020年2月27日，FCC开始收集有关华为在美国网络中使用情况的数据，同日，参议院通过法案，禁止政府购买华为设备。2020年8月17日，美国商务部宣布对华为的制裁将延后90天，并允许中国公司从美国公司购买产品，以便为现有客户提供服务。同一天，美国商务部对华为以及被列入实体清单上的华为在境外的附属机构采取进一步的限制措施，禁止它们获取在美国境内外开发和生产的美国技术和软件。美国商务部工业和安全局还决定把另外38家华为关联实体列入实体清单。

华为作为我国特大型企业，却在美国的"制裁"下受到严重的伤害。这一方面反映了我国在特定的领域内发展迅速，比如华为公司是当今5G技术的领军企业，对美国相关领域的企业造成了严重的威胁；另一方面，也凸显了我国在高端芯片、精密加工、新型材料、工业软件、信息通信等核心高端技术领域依然受制于人的尴尬现实。

1. 国家博弈对企业影响巨大

当前世界各国，特别是发达国家内部民族主义盛行，逆全球化行为愈演愈烈，贸易保护不断升级，国家之间政治、经济、军事、外交等各维度的关系错综复杂。特别是美国凭借其在很多领域行业上游的主控权，以"国家安全"为由加紧对技术出口、技术转让、技术间接出口等进行出口管制，同时采取"长臂管辖"等手段影响相关国家的出口政策，导致我国相关领域的产业面临巨大的挑战。大国博弈、地缘政治风险等不可控因素对企业生产和经营带来了巨大的影响。

2. 核心技术是企业的命脉

核心技术是企业的立足和生存之本，是企业核心竞争力的来源，没有核心技术，企业做不强、走不远。我国改革开放的历史经验证明，核心技术是无法通过"购买"或"市场换技术"等手段获得的，只能靠自主创新。

华为公司虽然十分注重核心技术的研发，并在5G时代引领了世界，但仍存在很多的短板和不足。美国在芯片、软件服务等上游供应链环节对华为"断供"，其真实目的不仅在于缩小中美贸易逆差，更在于把华为作为贸易谈判筹码，借机把中国从高技术产业"驱逐"出去，让中国"永远"从事低端的配套产业，削弱中国在高技术领域对美国的威胁。美国之所以可以采用如此手段，主要原因在于中国信息技术产业从芯片设计到芯片制造，从桌面操作系统到EDA应用软件，尤其在精密光学器件（组）、激光、精密机械和控制等高端制造设备环节严重依赖欧美，很容易被"卡脖子"[①]。

3. 创新是永恒的课题

对于任何一个企业而言，核心技术都是企业的命脉，必须把核心技术牢牢掌握在自己手中，在竞争中才能不被别人击溃。因此，企业在任何时候都要认识到创新的必要性与紧迫性。创新是一个永恒的课题。

改革开放四十年来，我国已经建立了世界上罕有的较为完备的工业体系，拥有品类齐全的制造业产业链，可以生产各类质优价廉的商品，成为名副其实的"世界工厂"，也因此成为制造业大国和经济大国。近些年，我国在量子通信、载人航天、高铁、月球和火星探测、北斗卫星、超级计算机、大飞机等领域创新成果喜人，但在芯片、航空发动机、超精密制造、新材料、生物医药等领域的研究基础薄弱，核心技术仍被国外企业垄断，整体情况没有得到根本性转变。

在科技迅猛发展、社会日益变革、产业升级改造的国际竞争环境下，我国企业要想在商业竞争中胜出，迈向产业价值链的中高端环节，实现高质量发展，就必须以创新引领企业发展，规避传统的简单加工发展模式，倾力培育自主技术创新能力与品牌经营创新能力，突破在核心技术与民族自主品牌建设上的发展瓶颈。

---

① 吴绍波.创新生态视角下中国信息产业面临的挑战与突围[J].中国西部，2020(1)：91-100.

(二)创新驱动发展战略的有关内容

创新驱动发展战略有三层含义:一是要用科技创新驱动我国未来的发展,逐步改变传统的劳动力驱动和资源能源驱动方式。二是创新的目的是驱动发展,加快创新产业化进程,而不只是发表高水平论文。三是要建立以企业为主体、以市场为导向、产学研结合的创新体系,让企业成为创新主体。

1.国家有关支持政策

党的十八大提出实施创新驱动发展战略以后,中共中央、国务院印发了《关于深化体制机制改革加快实施创新驱动发展战略的若干意见》(简称《意见》),指出加快实施创新驱动发展战略,就是要使市场在资源配置中起决定性作用,更好发挥政府作用,破除一切制约创新的思想障碍和制度藩篱,激发全社会的创新活力和创造潜能,提升劳动、信息、知识、技术、管理、资本的效率和效益,强化科技同经济对接、创新成果同产业对接、创新项目同现实生产力对接、研发人员创新劳动同其利益收入对接,增强科技进步对经济发展的贡献度,营造大众创业、万众创新的政策环境和制度环境。

(1)营造激励创新的公平竞争环境

发挥市场竞争激励创新的根本性作用,营造公平、开放、透明的市场环境,强化竞争政策和产业政策对创新的引导,促进优胜劣汰,增强市场主体创新动力。

具体内容包括实行严格的知识产权保护制度;打破制约创新的行业垄断和市场分割;改进新技术、新产品、新商业模式的准入管理;健全产业技术政策和管理制度;形成要素价格倒逼创新机制等。

(2)建立技术创新市场导向机制

发挥市场对技术研发方向、路线选择和各类创新资源配置的导向作用,调整创新决策和组织模式,强化普惠性政策支持,促进企业真正成为技术创新决策、研发投入、科研组织和成果转化的主体。

具体内容包括扩大企业在国家创新决策中的话语权;完善以企业为主体的产业技术创新机制;提高普惠性财税政策支持力度;健全优先使用创新产品的采购政策等。

(3)强化金融创新的功能

发挥金融创新对技术创新的助推作用,培育壮大创业投资和资本市场,提高信贷支持创新的灵活性和便利性,形成各类金融工具协同支持创新发展的良好局面。

具体内容包括壮大创业投资规模、强化资本市场对技术创新的支持、拓宽技术创新的间接融资渠道等。

(4)完善成果转化激励政策

强化尊重知识、尊重创新,充分体现智力劳动价值的分配导向,让科技人员在创新活动中得到合理回报,通过成果应用体现创新价值,通过成果转化创造财富。

具体内容包括加快下放科技成果使用、处置和收益权;提高科研人员成果转化收益比例;加大科研人员股权激励力度等。

（5）构建更加高效的科研体系

发挥科学技术研究对创新驱动的引领和支撑作用，遵循规律、强化激励、合理分工、分类改革，增强高等学校、科研院所的原始创新能力和转制科研院所的共性技术研发能力。

具体内容包括优化对基础研究的支持方式、加大对科研工作的绩效激励力度、改革高等学校和科研院所科研评价制度、深化转制科研院所改革、建立高等学校和科研院所技术转移机制等。

（6）创新培养、用好和吸引人才机制

围绕建设一支规模宏大、富有创新精神、敢于承担风险的创新型人才队伍，按照创新规律培养和吸引人才，按照市场规律让人才自由流动，实现人尽其才、才尽其用、用有所成。

具体内容包括构建创新型人才培养模式、建立健全科研人才双向流动机制、实行更具竞争力的人才吸引制度等。

（7）推动形成深度融合的开放创新局面

坚持引进来与走出去相结合，以更加主动的姿态融入全球创新网络，以更加开阔的胸怀吸纳全球创新资源，以更加积极的策略推动技术和标准输出，在更高层次上构建开放创新机制。

具体内容包括鼓励创新要素跨境流动、优化境外创新投资管理制度、扩大科技计划对外开放等。

（8）加强创新政策统筹协调

更好发挥政府推进创新的作用。改革科技管理体制，加强创新政策评估督查与绩效评价，形成职责明晰、积极作为、协调有力、长效管用的创新治理体系。

具体内容包括加强创新政策的统筹；完善创新驱动导向评价体系；改革科技管理体制；推进全面创新改革试验等。

《意见》从总体思路和主要目标、具体工作任务等方面，从9个部分30个具体内容，对我国深化体制机制改革加快实施创新驱动发展战略提出了指导性意见。

之后，国家还出台了《国家创新驱动发展战略纲要》，提出紧紧围绕经济竞争力提升的核心关键、社会发展的紧迫需求、国家安全的重大挑战，在重点领域和关键环节的八项战略任务部署。这些文件的出台，为加快我国企业创新营造了良好的环境。

2. 企业创新发展重点任务

创新驱动发展战略的实施，涉及国家经济、社会、科技建设的各个方面，是一个系统工程，需要抓住重点，综合施策。从微观层面来讲，创新创业企业必须坚定不移贯彻创新发展理念，面向科技前沿、面向经济主战场、面向国家重大需求，构建以市场为导向、产学研相结合的技术创新体系，不断提高自主创新能力。

（1）创新发展路径

当前我国正处在增长动力替换、经济结构优化、经济发展方式转变的关键时期，在这种经济环境下，劳动力、资本、土地等传统要素投入的驱动作用下降，资源环境约束增强。企业作为提升创新力的主体，必须实现从传统要素主导发展向创新要素主导发展转变，从擅长的模仿套利转向创新引领；从过度倚重比较优势转向塑造竞争优势，从被动创新转变为主动创新；从产业价值链中低端向价值链中高端升级，培育增长新动能。

企业提高自主创新能力要做到以下几点：一是要制订企业创新发展战略，做好顶层设计，将创新融入企业的管理和日常运行中；二是要瞄准相关领域的创新趋势和创新特点，使自主创新站在技术发展前沿；三是要凝聚和投入企业的优势资源进行创新，力求在重点领域、关键技术上取得重大突破，形成核心竞争力；要灵活运用多种创新模式，将原始创新、技术集成创新和引进消化创新结合；四是要勇于探索和试验，对创新的风险进行充分评估，对创新失败采取宽容和积极的态度，形成强大的创新合力；五是要充分利用政府鼓励企业创新的有关政策，加强和高校、研发机构甚至是中介机构、金融机构的合作，一起构建分工协作、有机结合的创新链。

（2）用好创新人才红利

习近平总书记指出："企业持续发展之基、市场制胜之道在于创新，各类企业都要把创新牢牢抓住，不断增加创新研发投入，加强创新平台建设，培养创新人才队伍，促进创新链、产业链、市场需求有机衔接，争当创新驱动发展先行军。""创新驱动实质上是人才驱动。为了加快形成一支规模宏大、富有创新精神、敢于承担风险的创新型人才队伍，要重点在用好、吸引、培养上下功夫。"

创新活动是由人来完成的，所以创新驱动发展本质上也可以说是人才驱动发展。对企业而言，人才资源是第一资源，是创新活动中最活跃、最积极的因素，是提升企业创新力、实现经济持续增长的重要源泉。只有充分发挥企业人才资本的作用，才能培育企业内涵式发展的持久竞争优势。

企业要建设鼓励创新、重视人才的企业文化，营造良好的人才发展环境，创造公平自由的竞争氛围，健全人才创新成果收益分配机制，实行以增加知识价值为导向的分配政策，支持人才以知识、技能、管理等多种要素参与分配，最大限度激活人才创新发展的积极性、主动性，实现人尽其才、才尽其用、用有所成。

三、创新成果的保护

（一）创新成果与知识产权

1.创新成果

创新成果是对事物的发明和发现、规律的总结和创建的统称。从人类宏观需要来讲，为了促进整个人类的共同进步，这些创新成果应该为全社会所共有；但创新者为了创造这些成果，付出了大量的智力、时间、风险、物力和财力，理应获得足够的报酬，得到应有的尊重。

在信息社会环境中，互联网的快速发展和信息技术的广泛应用，使人们能很容易获取公开的知识；而技术的进步又会让仿制一种新产品变得非常容易。如果没有对创新成果的保护机制，就会让仿制者"不劳而获"取得巨额利润，使发明者、著作者蒙受巨大损失，从而在根本上打击创新者的积极性，对整个社会的进步和发展造成损害。因此，世界各国都制定了一系列的规则，对创新者的付出进行一段时期的特殊保护，同时兼顾创新成果的广泛使用，从而形成了知识产权制度。

2. 知识产权

知识产权是指人们就其智力劳动成果所依法享有的专有权利，通常是国家赋予创造者对其智力成果在一定时期内享有的专有权或独占权。

知识产权从本质上说是一种无形财产权，创造性的智力劳动所创造的劳动成果，如发明、外观设计、文学和艺术作品，以及在商业中使用的标志、名称、图像，都可被认为是某一个人或组织所拥有的知识产权。知识产权与房屋、汽车等有形财产一样，都受到国家法律的保护，也可以像有形财产一样继承、转让、买卖。

（1）知识产权的范围

知识产权主要包括著作权和工业产权。著作权又称版权，是指自然人、法人或其他组织对文学、艺术和科学作品依法享有的财产权利和精神权利的总称，主要包括著作权及与著作权有关的邻接权，我们通常所说的知识产权主要是指计算机软件著作权和作品登记。工业产权由发明专利、商标以及工业品外观设计等方面组成，包括专利、商标、服务标志、厂商名称、原产地名称，以及植物新品种权和集成电路布图设计专有权等，主要包括专利权与商标权。

（2）知识产权的权益

按照内容组成，知识产权由人身权利和财产权利两部分构成，也称精神权利和经济权利。所谓人身权利，是指权利同取得智力成果的人的人身不可分离，它是人身关系在法律上的反映。例如，作者在其作品上署名的权利，或对其作品的发表权、修改权等，即为精神权利。所谓财产权是指智力成果被法律承认以后，权利人可利用这些智力成果取得报酬或者得到奖励的权利，这种权利也称为经济权利。它是指智力劳动者对其智力创造性劳动取得的成果依法享有的一种权利。

（3）知识产权的作用

①为智力成果完成人的权益提供法律保障，调动人们从事科学技术研究和文学艺术作品创作的积极性和创造性。

②为智力成果的推广应用和传播提供法律机制，有助于将智力成果转化为生产力，运用到生产建设上去，产生巨大的经济效益和社会效益。

③为国际经济技术贸易和文化艺术的交流提供法律准则，促进人类文明进步和经济发展。

④知识产权法律是现代民商法的重要组成部分，加强知识产权法律制度建设对完善中国法律体系、建设法治国家具有重大意义。

（4）知识产权的登记制度

著作权实行自愿登记，作品不论是否登记，作者或其他著作权人依法取得的著作权都不受影响。实行作品自愿登记制度的目的在于维护作者或其他著作权人以及作品使用者的合法权益，有助于解决因著作权归属问题导致的著作权纠纷，并为解决著作权纠纷提供初步证据。

根据《作品自愿登记试行办法》，作品登记机关是国家版权局和各省、自治区、直辖市版权局；办理机构是部分作品登记机关为方便著作权人，提高公共服务效率，委托办理作品登记业务的机构。著作权人可以按照《作品自愿登记试行办法》和各办理机构受理作品登记申请的要求，直接到办理机构（无办理机构的可到登记机关）申请作品登记。各作品登记机关出具的作品登记证书均为国家版权局统一监制，加盖由各登记机关单位名称和作品自愿登记专用章字样组成的印章，具有同等效力。此处所称作品为除计算机软件以外的各类作品，计算机软件的著作权登记按《计算机软件著作权登记办法》执行。

（二）知识产权保护

知识产权保护，一般是指各国依照本国法律赋予符合条件的著作者、发明者或成果拥有者在一定期限内享有的独占权利。知识产权保护是一个复杂的系统工程，知识产权自身涉及专利、商标、版权、植物新品种、商业秘密等领域，其保护的权利内容、权利边界等有各自的特点；保护手段涉及注册登记、审查授权、行政执法、司法裁判、仲裁调解等多个方面，客观上需要构建知识产权大保护的工作格局。近些年来，科学技术日新月异，经济全球化趋势增强，产业结构调整步伐加快，国际竞争日趋激烈，知识或智力资源的占有、配置、生产和运用已成为经济发展的重要依托，知识产权在国际经济竞争中的作用日益增强，越来越多的国家制定和实施知识产权战略。

知识产权保护已成为国际经济秩序的战略制高点，以美国、日本为代表的发达国家纷纷制定和调整了其面向新世纪的知识产权战略，并将其纳入国家经济、科技发展的总体战略之中。知识产权是重要的民事权利之一，世界各国均加强了对知识产权侵权的处罚力度，一方面是知识产权侵权赔偿呈现高额化趋势；另一方面，相当一部分知识产权侵权行为要承担刑事责任。

视野拓展

　　我国的民法典已于2021年1月1日起实施，民法典中关于知识产权保护做了明确的规定，民法典关于知识产权保护相关的内容分列于总则和各分编，其中有不少的亮点。

　　比如，民法典第123条规定：民事主体依法享有知识产权。知识产权是权利人依法就下列客体享有的专有的权利：（一）作品；（二）发明、实用新型、外观设计；（三）商标；（四）地理标志；（五）商业秘密；（六）集成电路布图设计；（七）植物新品种；（八）法律规定的其他客体。

第844条规定：订立技术合同，应当有利于知识产权的保护和科学技术的进步，促进科学技术成果的研发、转化、应用和推广。

第876条规定：集成电路布图设计专有权、植物新品种权、计算机软件著作权等其他知识产权的转让和许可，参照适用本节的有关规定。

第1185条规定：故意侵害他人知识产权，情节严重的，被侵权人有权请求相应的惩罚性赔偿。

目前，我国对知识产权的保护力度是非常大的。作为创业企业，一方面要通过不断创新，逐渐掌握核心技术优势；另一方面，也要充分遵守和利用国家相关知识产权保护的政策，及时登记相关知识产权，让核心技术优势真正掌握在自己手中。

四、大学生创新思维训练

（一）创新的一般过程

1. 发现创新方向

一般而言，创新的第一个阶段是信息的收集与整理。这种信息的收集和整理有可能是有目的的，也有可能是随机的"灵光乍现"。而对于创新创业活动而言，则要从活动目标和需求出发，通过调研等活动，大量收集和整理有关的信息资料，分析并发现矛盾点、需要解决的问题及任务要求，在主客观环境条件的约束下，确定创新方向。

2. 制订创新方案

对于企业而言，创新往往是有一定风险的。为了将创新的风险降到最低，就必须综合考虑企业内外的实际情况、企业整体发展战略、企业业务特点、企业目标客户需求等因素，合理制订相应的创新方案。

3. 立即付诸实践

企业面临激烈的市场竞争，迅速行动往往会成为克敌制胜的关键。在制订创新方案后，企业就要迅速调动力量付诸实践，而不能要求创新方案一定要十全十美和万无一失。

4. 持续改进创新

为了尽量避免创新带来的失败风险，取得最终的成功，在创新方案实施后，企业应该根据创新进度、市场变化情况、竞争企业相关情况等，及时进行阶段性总结研讨，集思广益，对原有的创新方案进行补充、完善和调整。

5. 创新的再创新

企业创新永不能停止，即使本轮创新获得成功，并取得了较强的竞争优势，也必须把这个成功当成下一轮创新的动力，在一个新的起点上继续创新。如果本轮创新失败了，就更应该从失败中总结经验、吸取教训，为下一轮创新提供借鉴。

(二)创新的原则

1. 遵循科学原理

"永动机"发明失败的案例告诉我们，任何违背科学原理的创新都不可能获得成功。因此，在创新时，无论是物质发明创新，还是制度创新，都应该和相应的科学原理进行相容性检查，如果创新的想法或方案与科学原理不相容，则不能继续进行。

2. 技术方法可行

任何创新的方案，最终都需要通过现实的条件去实现，特别是科学技术类的创新，如果创新对象没有切实可行的技术手段去实现，或者现有的技术手段成本异常高昂，则在技术手段适宜采用前，该创新方案是不可行的。

3. 具备应用价值

企业创新的目的是获得一定时期的"超额利润"和"竞争优势"，这个目的的实现，要通过"客户需求的实现"来完成。因此，任何一个创新方案都应该具备推广应用的价值，创造或增强某项功能。

4. 能被市场接受

现实生活中，我们可以看到一些"昙花一现"的产品。发明家和成功商人爱迪生曾说过："我不打算发明任何卖不出去的东西，因为不能卖出去的东西都没有达到成功的顶点，能销售出去就证明了它的实用性，而实用性就是成功。"因此，企业进行创新的前提是能够被市场所接受。

5. 相对较优原则

能够最终取得成功的创新，往往不是十全十美的，而是相对较优且适应市场的。企业在创新时，可以从创新技术先进性、创新经济合理性、创新效果整体性等方面，对创新方案进行比较选择。

(三)创新意识

创新意识是引发创新创造活动的出发点和内在动力，在创新创造活动中以意向、愿望或设想等方式表现，对人们的创新创造起到积极的作用。创新意识包括创新创造的动因、兴趣、情感和意志。动因引发人们创新创造的动力，推动和激励人们发动、维持和提升创造性活动；兴趣是人们探求新事物、新理论、新现象的心理倾向，使创新创造活动更加积极有效；情感是在创新创造全过程中表现出的心理因素，创新创造的成功离不开正确的情感因素；意志是在创新创造过程中克服困难、坚持不懈的心理因素，创新创造往往是艰苦的，如果没有坚强的意志，是不能取得成功的。

1. 创新意识的主要特征

（1）新颖性。创新意识追求通过另辟蹊径来满足人们的社会、经济和生活的需要，如创造新的事物，升级事物或寻找新的实现路径等。但无论是哪种方式，新颖性都是其主要特征。

（2）社会性。创新创造的目的是满足需求，而人们是生活在一定的社会中的，其需求必然会受到历史条件、阶级属性和道德观念等方面的影响，创新创造必须考虑社会效果，因此，创新意识会受到社会潜移默化的影响。

（3）独特性。每个人都是独特的，人与人之间的兴趣爱好、能力特长、价值观、文化观念、社会地位等存在较大的差别，而每个人的独特属性与其创新意识是相互影响的，因此创新意识表现出独特性。

2. 创新意识的培养途径

创新意识是可以培养的，其培养是一个相对长期的过程，大学生培养创新意识，要注重以下几个方面。

（1）培养和保持好奇心。好奇是人的天性，是驱使人们去认识世界、改造世界的动力。爱因斯坦说："我没有特别的天赋，我只有强烈的好奇心。"要保持探寻和理解周遭事物的欲望，尽可能多地感受和学习各种知识，对事物形成自己的观点和看法，将自然产生的好奇心转变为主动求知的好奇心。要敢于在新奇的现象面前提出问题，并尝试解决这些问题。

（2）锻炼求异思维。不拘泥于常规，不轻信权威，提出问题，大胆质疑，是培养创新意识的重要途径。只有提出问题，才能解决问题，同一个客观事物，从不同的角度去理解和阐释，往往会得到不同的结论，因此，要有意识地关注客观事物的多样性，以怀疑和批判的态度对待一切事物，提出多种解决问题的方案及最佳方法。大学生要增强自己的开拓精神，提高自信心，做到既尊重权威，虚心学习知识经验，又敢于质疑权威，在原有劳动成果的基础上进行新的创造。

（3）养成创造习惯。在日常学习和生活中熟练运用发散性思维和联想思维。既要做到在面对问题时，首先想到"换个角度会怎样""有没有更有效的方法"，做到从问题出发，提出独出心裁的见解，设想出多个可供选择的方案，使一些似乎无法解决的问题迎刃而解；又要做到积极寻找事物之间的关系，积极主动地思考它们之间的联系，用相关事物的规律辅助当前事物问题的解决。

（4）增强学习动力。创新是对未知领域的探索和开拓，基础是知识和经验的积累。创新不是轻而易举的事，而是主客观条件组合的产物，没有一定的专业知识，创新就会变成空中楼阁。当今社会科技进步日新月异、知识更新不断加快，只有持之以恒加强学习，才能跟上时代的节奏。

（5）敢为人先。创新往往是对现有事物的突破或新事物的创造，存在一定的失败风险。只有敢为人先，敢想敢干才能创造性地开展工作，不断取得创新创造成果。

第二节　创业概述

随着社会的不断进步和经济的快速发展，以及国家对创新创业工作的日益重视，创业已经成为这个时代的主旋律之一，越来越多的人开始认识到创业对于一个国家或地区以及每个个体的重要价值，中国社会进入"大众创业、万众创新"时代。作为这个时代最具创新思维、最有创新激情的人群之一，越来越多的大学生投入到创新创业的大潮中，催生了很多大学生创新创业成功的典型案例，大学生创业逐渐成为当前社会各界关注的热点问题，也逐渐成为大学校园内一道亮丽的"风景线"。

一、创业的定义和内涵

（一）创业定义的解析

关于什么是创业，专家学者和普通人的理解并不完全相同。了解创业的基本概念，明确创业应具有的基本素质，理解创业的环境和创业的途径，可以为大学生创新创业做好基础知识的储备，埋下未来生根发芽的种子。

关于创业的定义，《现代汉语词典》（第7版）的释义是"创办事业"。在我国传统文化中，"创业"与"守成"一词相对应，"守成"是指保持前人已有的成就与业绩，而"创业"则是指自主地开拓、草创业绩和成就。古籍中提到创业的文字也有很多，如《孟子·梁惠王》中有"君子创业垂统，为可继也"；诸葛亮的《出师表》中有"先帝创业未半而中道崩殂"等。

国外学者对现代创业概念的研究较早。杰弗里·蒂蒙斯在其著作《创业创造》中提出：创业是一种思考、品行素质，是杰出才干的行为方式，需要在方法上全盘考虑并拥有和谐的领导能力。后续研究者从过程、方法等维度，对创业的概念进行了不同的阐述（表1-1）。

表 1-1 关于创业概念的不同解释

学者	概念	维度
哈佛商学院斯蒂文森	创业是一个人(不管是独立的还是在一个组织内部)不拘泥于当前资源条件的限制去追踪和捕捉商机,将不同的资源组合加以利用和开发并创造价值的过程,这一过程与当时所控制的资源无关	过程
美国百森商学院杰弗里·蒂蒙斯	创业是一种思考、推理和行动的方法,它不仅受机会的制约,还要求创业者有完整缜密的实施方法和讲求高度平衡技巧的领导艺术。创业不仅为企业主,也为所有的参与者和利益相关者创造、提高和实现价值,或进行价值再生	方法
美国鲍尔州立大学商学院库洛特克和佛罗里达国际大学霍志茨	创业是一个涉及远见、改变和创新的动态过程,它需要投入精力与热情来进行创新并实施新的构想和新的解决办法	过程+方法

我国当代学者也对创业的定义进行了大量的研究。精细管理工程创始人刘先明认为:"创业是指某个人发现某种信息、资源、机会或掌握某种技术,利用或借用相应的平台或载体,将其发现的信息、资源、机会或掌握的技术,以一定的方式,转化、创造成更多的财富、价值,并实现某种追求或目标的过程。"学者郁义鸿等在《创业学》一书中指出:"创业是一个发现和捕捉机会并由此创造出新颖的产品或服务,实现其潜在价值的过程。"国内学者张秀娥认为创业是创业者在实践中不断挖掘自己的潜能,找到市场痛点,抓住市场商机,最后生产受欢迎的商品,为自己和全社会创造财富的过程。

笔者认为创业的定义有广义和狭义之分。狭义的创业是指发现、创造和利用一定的商业机会,通过建立有效的商业模式,对各项资源和生产要素进行组合,创立某种形式的组织或企业,从而获得商业成功的过程或活动。广义的创业则是指创业者的各项创业实践活动,这类创业实践不一定是创办企业。比如到陌生的城市参加工作,通过自己的努力,取得事业和家庭的成功,也可以称为创业。

本书所谈的大学生创业属于狭义的创业,其定义为:大学生个人或团队通过寻找和把握创业机会,利用自己的专业知识、技能和资本,整合社会、学校等相关资源,通过创建新企业或新组织,为消费者提供产品或服务,并创造价值和财富的活动过程。

(二)创业的内涵和特征

1.创业的本质属性

创业的本质属性包括主体、过程、结果等多个方面的内容,可以从以下方面进行理解。

(1)创业的主体是个人或团体。按照教育部有关文件定义,大学生创业一般指在校或者毕业三年内的大学生创业,主体包含大学生个人或者创业团队(以下统称大学生创业者），从零开始创建一个企业实体，且产权属于大学生创业者，创业所带来的风险也相应地由大学生创业者承担。

由于绝大多数大学生都没有雄厚的资金实力，所以一般情况下，大学生创业者都不是资本型创业者。大学生创业者一般可以分为以下三类。

第一类是技术型创业者，主要依靠一定的技术优势，如自己或经过导师授权使用的发明专利等创建企业。一般而言，该种类型的创业者拥有某领域或关于某种新产品的独特技术或专利发明，运用这种技术生产的产品能在市场上占据竞争优势，获取超额利润。

第二类是创意型创业者，主要依靠关于某种产品或项目的新的创意和运营模式，依靠这种创意能产生独特的市场效果从而占领市场。这种创业类型往往会产生一些新的行业或全新的商业模式，给人面目一新的感觉，但容易被人模仿、复制。

第三种是社会资源型创业者，主要依靠继承家族产业，掌握某个领域的人脉资源、特许经营权等社会资源而创建企业，以期在市场上拥有同行所无法拥有的竞争优势，从而占领市场，拓展业务。此类大学生创业者人数非常少，且主要是利用家族的社会资源进行创业。

（2）创业是一个发现、识别、捕捉甚至创造机会，并借助创新手段进行有效资源整合的过程。创业的基本要素有四个，分别是人才、技术、资本与市场，其中人才最为重要。创业者需要熟悉这四个基本要素以及财务和法律等知识，通过招揽和科学使用人才，才能成功经营所创立的企业。

人才在创业和企业成长的全过程都极其重要，认识、发现并利用人才是创业的关键环节。人才不是特指拥有技术的科学家或工程师，而是指所有拥有综合创业素质和能力的人。创业者及其合作伙伴的能力和素质是创业成功的第一要素。

在创业领域，所谓的技术是指将知识运用到创业实践中的方法、途径或工具，并不完全等同于大众眼中的科学技术。创业所需要的技术要素，既要建立在科学的基础之上，又要能够在现实中实现并满足社会的实际需要。即使一项技术非常先进，也完全满足社会的需求，但若其生产条件无法满足产能需要、生产成本过于高昂或者生命周期非常短暂，则不适合应用于创业。所以，可以作为创业选项的技术，要满足具有独特性、创新性、竞争力，可带来高利润且有一定技术壁垒等要求。

资本是创业成败的关键要素。大学生创业失败的主要原因，很多时候并不是技术不好或团队不好，而是资金出现了问题，特别是现金流断裂。

满足市场的需要是创业的原始动因，如果没有市场需求，创业便失去了意义，企业也不能够长期存活。市场一般包含三个层次，分别是现有市场、潜在市场和创造市场。进入现有市场开展创业，要求产品具备比较优势；进入潜在市场开展创业，要求产品具备前瞻性，能够迅速抓住市场痛点并形成品牌效应；而通过生产产品来创造市场需求，则需要产品具备较强的创新性和引领性，帮助用户发现并满足其"隐藏"的需求。在创业之前，就应该对市场进行调研、分析和充分考察，内容包括市场的容量、已有同类产品的竞争情况、市场成长性和持续发展能力等因素。

创业者要突破当前资源条件的限制，追寻机会，投入知识、能力、社会资本等，利用和开发机会，实现资金、技术、人员等相关资源的组合，从而创造出新颖的产品或服务，实现其潜在价值。

（3）创业的首要特性就是创新性，它是一个新颖的、创新的、灵活的、有活力的创造过程。创业者要开创新业务，创建新组织，创造出某种新事物，通过创新实现个人价值与社会价值。

（4）创业在绝大多数情况下是一个艰难的过程，创业者在创业的过程中需要投入必要的时间和付出艰辛的努力。很多创业活动的初期是非常艰难的，需要花费大量的时间、精力，付出艰辛的努力。

（5）创业是一项风险较大的活动，创业者要有承担相应风险的意识和责任心。创业的风险包括金融风险、法律风险、心理风险和社会风险等，创业者需要具备超人的胆识，甘冒风险，勇于承担风险。

（6）创业是创业者通过价值创造达到"自我实现"目的的活动。创业在增加社会财富和就业机会的同时，能使创业者得到物质与精神回报，最终帮助创业者成功地实现个人价值。

2. 创业的基本特征

（1）主观能动性。大学生创业是创业者在其创业目标的驱使下做出的主动选择，反映了其主观能动性。

（2）创新性。创业的本质和基础是创新，创业者必须保持创新的精神和行动，不断寻求新思路、新方法、新模式和新出路，才能在激烈的市场竞争中为企业的持续发展提供保障和动力。

（3）风险性。创业是有风险的，这种风险主要由创业者来承担，这就要求创业者要具有勇气和胆识，在面对不确定性时制订行动策略和投资决策要做好承担风险的准备。

（4）曲折性。大多数创业者在创业的过程中都要经受各种困难和挫折，可能需要经过很多年的努力，付出大量的时间、精力和金钱，才能取得一定的成绩。创业者必须做好充分的吃苦准备，在困难面前不低头，在竞争面前不退缩，在诱惑面前不妥协，才能带领企业不断走向成功。

二、创业的要素

（一）创业基本要素

除了上面提到的创业四个基本要素（人才、技术、资本与市场）外，影响创业活动持续进行的要素还包括创业者、创业机会、创业资源、创业环境和创业精神等。

1. 创业者

创业者是创业企业的核心成员，包括个人和团队两个维度。创业者是创业的主体，在创业过程中起着关键的推动和领导作用，具体的任务包括激发创业意识、识别商业机会、确立创业目标、创建企业组织、组织创业过程、有效配置资源、开拓新市场、承担创业风险、享有创业成果等。因此，创业者的道德品质、心理素养、知识结构、能力水平等基本素质和能力，很大程度上决定着创业的成败。一个优秀的创业团队还必须具备良好的团队互补性，具有团结协作、成果共享、责任共担等多方面素质，这样才能促进新企业潜能的开发和未来的发展。

2. 创业机会

在创业的所有要素中，创业机会是最基本的要素。创业机会是指创业过程中可以利用的商业机会或市场机会。商业机会是指没有被满足的潜在的市场需求，它体现在能够为消费者或客户创造价值或增加价值的产品或服务之中。任何创业实践活动都是从发现、识别、把握、利用某个或某些商业机会开始的。

创业机会是具有商业价值的创意，创业者必须认知机会、关注机会、发现机会，从而产生创业意愿，采取创业行动，将这种有价值的创意转化为价值，才是一个真正意义上的创业过程。如果创业者没有发现并捕捉到适当的创业机会，创业就很难成功。

3. 创业资源

创业资源是创业过程中企业创立和运营所拥有或支配的、能实现企业战略目标的各种物质和非物质要素的组合，即创业过程中的各种投入，包括人、财、物、技术和信息。创业资源包括有形资产，如厂房、机器设备、资金、原材料等，也包括无形资产，如专利、品牌、商标、声誉等；不仅包括个人资源，如个人技能、经营才能等，也包括社会资源，如信息、权力、情感、金融资本等。不同的创业活动具有不同的创业资源需求，创业者拥有的可支配创业资源的数量和质量，对创业成功与否具有至关重要的作用。

4. 创业环境

创业环境是指能够影响创业企业成长变化的一切外部因素的总和，包括经济环境、产业环境、政策和法律环境、社会和文化环境等。其中，经济环境是指与新企业生存和发展相关的社会经济状况和国家经济政策的总称；产业环境指产业内的竞争程度及变化趋势等；国家的政策和法律环境等因素无疑会对新企业的创办和生存产生重要影响；社会和文化环境影响着人们对经济活动的态度、价值取向、生活方式、消费倾向、工作态度，以及企业的管理模式等。创业外部环境是创业企业生存和发展的关键影响因素。

5. 创业精神

创业精神指创业者的思想、观念、个性、意志、作风和品质等，通常也可以称为企业家精神。创业精神的本质特征就是将创业意识、创业思维与创业实践结合起来，通过追求商业机会，借助创新来满足社会需求并产生价值。没有创业精神，创业就缺乏动力和支撑，更不会成功。

总之，创业是具有创业精神的创业者与创业机会、创业资源、创业环境等因素相互作用，以创造产品或服务的动态过程。

(二)创业者素质要求

创业者是创业的主体,在创业过程中起着领导作用。创业活动对创业者提出了很高的能力素质要求。

1.掌握创业专业知识

无论是利用自己(或团队)的技术优势创业,还是利用雇员的技术优势创业(如创办软件开发企业),创业者都必须对创业所涉及的相关领域比较熟悉,具备该领域的基础专业知识,如与所创办企业经营方向有关的新技术的知识,所创办企业中主要岗位及职责的设置,以及所创办企业所在领域的环保、能源、质量、安全、经济、劳动、法律等专业知识。

2.具备科学决断能力

创业企业所面临的市场瞬息万变,创业的机遇更是稍纵即逝,创业成功的关键要素之一便是能够迅速地判断形势并做出科学的决断。这个过程主要包含三项能力:(1)信息获取能力。即创业者运用各种媒介和社会网络,搜集信息、加工信息和运用信息,以获取充足的信息用于科学决策的能力。(2)捕捉市场机遇的能力。信息获取后,对信息进行分析,发现机会、把握机会、利用机会、创造机会,是成功的企业家的必备能力。(3)分析决策能力。指通过消费者需求分析、市场定位分析、自我实力分析等过程,根据自己的财力、关系网、业务范围,做出正确决策的能力。

3.具有坚持不懈的精神

创业过程中难免会遇到各种困难和挫折,创业者会面临巨大的精神压力和来自社会、家庭、亲人的压力。因此,坚持不懈、永不言弃的精神是创业成功的必要支撑。只有以坚持不懈的精神,踏实奋进、求真务实的态度,认真地做好自己的产品和服务,取得消费者的认可和信赖,才能实现企业的持续经营。

4.具有创新创造能力

创新应是大学生创业的典型特征。创业者应该不断地进行知识的学习和市场的研究,并通过联想、迁移等创新方法,对创业企业的生产经营和产品服务进行创新创造,使自己的企业别具特色。只有这样,才能在竞争激烈的市场中取得比较优势。

5.具有企业运营能力

运营一个企业也是一项重要的能力。从申办企业需要做哪些物资、资料等准备,需要办理哪些手续,到怎样选择企业地理位置、安排企业内部布局;从如何发现和使用人才,对雇员进行选择、安排和优化组合,塑造有凝聚力的企业文化,到企业资金的筹措、分配、使用、流动、增值等,无不考验着创业者的企业运营能力。

三、创业的类型

如何选择一个适合自身条件的创业类型，是创业时必须考虑的问题。创业类型的划分有不同的维度和标准，一般可以从创业动机、创业项目、创业形式、创业风险、创业主体的性质和创业对个人及市场的影响程度等不同的角度，将创业分成不同的类型。

（一）机会型和生存型创业

根据创业者进行创业的内在动机，创业可以分为机会型创业和生存型创业两种。这种分类方式最早出现在全球创业观察（GEM）2001 年的报告中。[①]

1. 机会型创业

机会型创业是指创业者把创业作为其职业生涯的一种选择，其出发点并非谋生，而是以新市场、大市场为目标，为了追求一个市场机遇、商业机会而从事的创业活动。如比尔·盖茨的退学创业、俞敏洪的辞职创业都是典型的机会型创业。

机会型创业是创业者以市场机会为目标，受机会驱动，为了获得更多利润、更大发展空间或实现自身的社会价值而进行的主动性选择。它有三大特征：①产品或服务的科技含量高；②创建的新企业往往属于成长型企业，能创造出新的市场需要或满足潜在的市场需求；③可以带动新的产业发展，但并不加剧现有的市场竞争。

2. 生存型创业

生存型创业是指创业者迫于生存压力，且没有其他工作选择或对其他就业选择不满意而从事创业的活动。比如，某个大学生因为毕业时找不到工作而决定创业，就是生存型创业。

生存型创业是在现有市场上寻找创业机会。它有三大特点：①创业者属于被动创业，其动机是为了谋生，获得必要的生活来源；②生存型创业一般可确保创业者及其家人的生计，但无太大发展空间；③生存型创业大多属于尾随型和模仿型创业，主要解决创业者个人就业问题，一般不会雇用大量的劳动力，在企业发展到一定阶段后，创业者往往会失去创业动力，趋于平淡与保守，因此并不会创造出新的市场需求，反而会加剧现有的市场竞争。

创业动机虽然与主观选择相关，但并非完全由主观选择决定。创业者所处的环境及其所具备的能力对于创业动机类型的选择有决定性作用。因此，通过教育和培训等提高准备创业者的创业能力，就会增加机会型创业的数量，从而不断增加新的市场，减少低水平竞争。

（二）个体型和合伙型创业

根据创业者的实际数量，创业可以分为个体型创业和合伙型创业两种。

---

① 孙长林.大学生创业教育理论与实务[M].北京：现代教育出版社，2017：25-28.

1. 个体型创业

个体型创业是指创业者独自创办企业或组织，表现为独立决策、产权清晰、利润独享、自担风险，如个体工商户和个人独资企业等。由于创业者只有一个人，因此创业过程中所有的事项都需要由该创业者来处理，对创业者素质要求较高。同时，创业活动的成败受创业者个人能力、素质的影响也较大，相对而言创业风险较大。

2. 合伙型创业

合伙型创业是指创业者与他人合作，共同创办企业或组织，表现为集体决策、共同出资、共享收益、共担风险。如同学或朋友之间合作创办一个有限责任公司，就属于合伙型创业。合伙型创业的优势在于资源准备相对容易，风险均摊、决策制衡，能形成团队合力，可以发挥集体智慧、降低创业风险。但由于合作者在经营管理过程中容易产生分歧，也极易发生利益冲突，且响应速度慢，导致内部管理成本提高。

(三)传统技能型、高新技术型和知识服务型创业

根据创业项目的类型，创业可以分为传统技能型创业、高新技术型创业和知识服务型创业三种。

1. 传统技能型创业

传统技能型创业是指采用传统的技术、工艺进行的创业项目，如中药业、服装业、食品加工业、修理业等与人们日常生活紧密相关的行业。传统技能项目由于拥有独特的技术、工艺或配方等，具有一定的市场优势，表现出很强的竞争实力。

2. 高新技术型创业

高新技术型创业即通常所说的知识经济创业项目、高科技创业项目，是指借助于具有前沿性、研发性的新技术、新产品进行的创业。如大学生利用自己在校期间所取得的专利创办生物制药企业，就属于高新技术型创业。高新技术型创业的特点是知识密集度和技术密集度高、拥有自主的知识产权等，产品或服务具有很大的市场潜力和利润空间。

3. 知识服务型创业

知识服务型创业是指创业者为用户、为社会提供以知识和信息为基础的中间产品或服务的创业项目，适合通用型专业大学生。如管理咨询公司、广告公司等。知识服务型创业是适应信息量大、知识更新加快的当今社会，为满足人们节省精力、提高效率的需求，提供知识产品与知识服务的创业类型，具有投资少、见效快、易于转型等特点。今后，各类提供知识性咨询服务的机构还会不断增加和细化。

(四)格罗路斯对创业的分类

有"服务营销理论之父"之称的芬兰市场学家克里斯琴·格罗路斯根据创业对市场

和个人的影响程度，将创业类型分为以下四种。

1. 复制型创业

复制型创业是指对原有成熟公司的经营模式进行复制，延续原来的流程。比如某个中餐厅的厨师，离职后创办一家新的中餐厅，经营模式和原来的中餐厅类似。

2. 模仿型创业

模仿型创业是指对原有成熟公司的经营模式进行模仿，虽然不是创办相同的公司，但其经营模式与原有公司类似。比如某个西餐厅的经理辞职创业，开设了一家奶茶店。

无论是复制型创业还是模仿型创业，其创新含量都比较低，无法给市场带来较大的新价值。当然，相对于复制型创业，模仿型创业具有一定的学习成本，失败风险和创业成本更高，市场价值也大一些。

3. 安定型创业

安定型创业一般指企业内部的创业。比如某个公司内部将研发工作分成多个项目，每个新产品对应一个项目，某研发小组在完成某个新产品开发后，继续在该公司内部开发另外一种新产品。安定型创业不涉及成立新企业，创业者不用面临太大的风险和变化，但可以创造一定的新价值。安定型创业最重要的要素是创新意识和创业精神。

4. 冒险型创业

最典型的冒险型创业是高科技创新创业，其特点是高门槛、高风险、高回报、高价值。其对社会而言，具有很高的科技创新贡献；对创业者而言，会带来极大的改变，不确定性非常高，可能面临很高的失败风险，也可能因创业成功而得到惊人的回报。这种类型的创业者想要获得成功，必须在创业能力、创业时机、创业精神、创业管理、创业模式和策略等各个方面都具备很好的素质和潜质。

视野拓展

创业类型还可以根据创业的风险分为依附型创业、尾随型创业、独创型创业和对抗型创业；根据创业主体的性质分为自主型创业、企业内创业和社会型创业；根据创新内容分为基于产品创新的创业、基于营销模式创新的创业和基于组织管理体系创新的创业；根据创业机遇的选择分为先学习后创业、先深造后创业、先就业后创业、边学习边创业、休学创业等；根据创业融资分为独资创业、合资创业、引进各类（风险）投资基金创业；根据创业的行业领域分为餐饮、娱乐、批发零售、广告艺术设计、装饰装潢、信息咨询、法律服务、电子信息技术、金融衍生服务等各行业领域的创业；等等。

大学生在实际创业时，应结合自身情况，考虑各种因素，从而选择适合的创业领域和创业类型。

四、创业精神

创业精神是创业活动的核心与灵魂，也是创业者所必备的内在素质。所有杰出的创业家都具有很强的创业精神。培养创业精神，支持创业活动，大力发展创业型经济是实现"中国梦"的重要推动力。

(一)创业精神的定义

创业精神是指在创业者的主观世界中，那些具有开创性的思想、观念、个性、意志、作风和品质等，是能够帮助其完成创业过程、取得创业成功的精神品质。创业者将创业意识、创业思维与创业实践结合起来，通过追求商业机会，有效整合资源，借助创新等来满足社会需求，创造结果和价值。创业精神不仅引领着创业者获得财富，更支持着创业者追求理想、实现价值，在艰苦的创业环境中仍然保持积极的创业心态。

创业精神的概念最早出现于18世纪，其含义不断演化。熊彼特专门研究了创业者创新和求进步的积极性所导致的创业精神的动荡和变化，将创业精神看作"创造性的破坏力量"。创业者受创业精神所鼓舞，采用创新"新组合"取代原有的经营方式，淘汰旧的产业。德鲁克认为创业者是主动寻求变化、对变化作出反应并将变化视为机会的人，创业者所具备的精神就是创业精神。大多数当代的经济学家都认为创业精神是在各类社会中刺激经济增长和创造就业机会的一个必要因素。

创业精神与愿景、变革和创造有关，它处于一个动态的过程之中。创业精神要求人们充满活力、满怀热情地创造并实施新想法和创造性的解决方案。对于大多数大学生创业者而言，创业初期的主要动力往往是想通过成功创办一个小企业，从而为自己创造就业机会、增加收入。随着企业的不断发展变化，创业精神的内容也会发生变化。

(二)创业精神的基本要素

创业精神是创业者在创业过程中的重要行为特征的高度凝练，大致包括以下内容：①对机会的追求，就是要把握商机、抢占先机、赢得市场；②对创新的坚持，包含变革、革新、转换和引入新方法，创造新产品、新服务或者是做生意的新方式；③对增长的追求，不满足于停留在小规模或现有的规模上，希望企业能够尽可能成长壮大。创业精神的基本内涵包括创新的激情、敬业的精神、领导力和团队精神、冒险精神、诚信精神等方面。

1.创新的激情

创新是创业精神的核心，创业者必须要做到解放思想，积极开拓新的道路；必须做到实事求是，根据实际情况提出新的思路；必须做到与时俱进，不断开创新的局面。

对于一个企业而言，产品需要不断创新，服务需要不断创新，市场需要不断开拓，管理方法不能囿于传统，这样才会促进企业持续发展，使企业在市场竞争中立于不败之地。面对瞬息万变的经营环境，创业者必须有创新意识、创新能力、创新行为，要适应环境的变化，寻求思维的突破，敢于质疑，敢于向传统挑战，对新事物、新环境、新观念、新技术、新体制、新需求、新动向具有敏锐的洞察力、吸纳力、转化力，不断对生产要素进行新组合，不断开发新产品，采用新技术、新工艺，开辟新市场，建立新机制，启用创新人才，谋划新战略，制订新规章。

纵观国内外成功的企业家，虽然成功之路不尽相同，但他们都有一个共同的特点，即具有强烈的创新精神。正是因为聚集了一大批具有创新精神的人，形成了创新的观念和风气，建立起了创新的制度和环境，才造就了硅谷等创业密集区。

2. 敬业的精神

敬业精神是创业精神中源源不断、蓬勃向上的力量，是创业者对创业活动的痴迷和执着，这种力量往往源于对成功的渴望和对利润的追求。具有敬业精神的创业者往往视企业为自己的生命，把对成功的渴望和对利润的追求转化为目标和行动。

在创业过程中，创业者通过实实在在地创造一个企业，激发自己的聪明才智，使自身的能力得到淋漓尽致的发挥，并使企业不断地发展，以真正地实现自己的人生价值。创业者的进取精神是敬业精神的具体体现，是一种内在的根本动力，它使创业者拥有了永不满足的事业心、强烈的创业愿望和百折不挠的意志。只有富于敬业精神的创业者才能在市场中抓住有利机会，不断搏击，带领企业不断向前发展。

3. 领导力和团队精神

无论是个人创业还是团队创业，当企业发展到一定阶段，都一定会产生一个经营团队。带领经营团队完成创业各个阶段的任务，对创业者的领导能力提出了更高的要求。创业者应该具备很强的个人魅力和感召力，有强大驱动力，有富于灵感的领导风格，有道德感，有在组织里树立诚信原则的意愿。

团队是创业成功的保障。团队精神是为了完成既定目标，团队成员之间形成的大局意识、协作精神和服务精神。应在尊重成员个人利益和成就的前提下保证成员共同完成任务目标，在成员之间产生真正的内心动力，合理调动每个人的智慧、力量等资源，使之产生最大的效益。一个创业者只有具备强烈的团结合作意识，能善用他人之长，并使全体成员齐心协力达成企业目标，这个企业才能建立良好的企业文化，树立有效的团队精神，才能从整体上增强企业的核心竞争力。

4. 冒险精神

创业是一项风险较高的活动，企业管理和经营也存在各种风险，因此，冒险精神是创业精神的核心和重要表现。冒险精神不是投机、蛮干，而是本着实事求是的原则，以独特的眼光和有远见的判断为基础，以敢于承担风险的胆识、勇于开拓未知世界的魄力、善于降低乃至规避风险的能力，进行有目标、有计划、有策略、有价值的冒险行动。

冒险精神对于创业机会的把握非常重要，当一个机会突然出现时，风险肯定也随之而来。创业者只有拥有冒险精神，敢于冒险、敢担风险才能果断地抓住机会，这在市场竞争中至关重要。创业者要事前制订防范风险的措施，当风险来临时采用恰当的方法来降低或者防范风险，以化险为夷，增加成功的概率。

5. 诚信精神

诚实守信是创业者的立身之本，也是企业经营和长久发展的基本要求。市场经济是法治经济，更是信用经济、诚信经济。企业在生产经营活动中注重信誉，以诚信为本，对合作伙伴、客户、供应商、银行，甚至竞争对手，都要以诚相待，友好相处。只有诚信守法、注重声誉的企业，才能在激烈的市场竞争中获得最大的利益，并保证企业不断发展壮大。

除了上面的几个基本要素外，创业精神还包括学习精神、坚持不懈、勤奋务实、社会责任感强、适应能力强、积极进取等。

五、创新创业与人生发展

习近平总书记多次提道："创新是一个民族进步的灵魂，是一个国家兴旺发达的不竭动力。"21世纪是知识经济的时代，是科技迅猛发展的时代。更是个人能力和价值凸显的时代。作为中国最具活力的群体，大学生不应该安于现状和守成，社会环境也不允许大学生安于现状和守成。勇于投身创新创业活动，将创新创业的冲动和欲望付诸实践，是每个有志大学生应该努力的方向。即使创业失败了，或者仅仅进行了创业训练或尝试，也可以锤炼自己的创新意识和创业精神，对社会、对自身均有积极的价值和意义。

（一）创业对社会的意义

人类文明的进步离不开创新创业。在现代科技的萌芽阶段，很多发明创造被创造者严格保密，通过自己生产而获得超额利润。随着现代知识产权保护政策逐渐完善，科学技术获得了长足的发展。创业者通过和科研组织的合作，将人类创新的成果转化为创业成果，各种新技术、新行业层出不穷，彻底改变了人们的生活、工作和学习方式。

1. 促进社会财富的增加

创新是引领发展的第一动力，是建设现代化经济体系的战略支撑。创新创业与经济社会发展深度融合，对推动新旧动能转换和经济结构升级、扩大就业、改善民生、实现社会公平和社会纵向流动发挥了重要作用，为促进经济增长提供了有力支撑。

创新创业过程是增加社会财富的过程，企业在生产经营的过程中，通过创新为社会创造了财富，增加了社会价值。企业的产品和服务拉动了国内市场需求，满足了人民生活的需要，丰富了市场，促进了社会经济繁荣。创新创业活动促进了传统产业的转型升级和新兴产业的蓬勃发展，加速了经济结构的调整，社会资源得到优化配置，市场体系不断完善，市场竞争活力得以保持。

研究20世纪90年代以来美国经济高速增长的现象可以发现，是创新创业革命造就了经济社会的持续繁荣。以比尔·盖茨为代表的新一代创业英雄们创造了大量的社会财富，也使自己成为巨额财富的拥有者。这个规律在其他经济高速发展的国家中也可以得到验证。改革开放以来，我国的创业热潮催生了中小企业的迅速崛起。新创的中小企业是中国经济新的增长点，它们提供了大量的产品和服务，繁荣了市场，丰富了人们的生活，提高了人们的生活质量，对我国经济持续高速增长、促进我国的城市化进程和现代化建设起到了重要的作用，极大地增强了国家的实力，提高了我国的国际竞争力。

2. 促进生产力提高和科技创新

创业的核心是创新，包括技术创新、组织创新、管理创新和制度创新。创业是新理论、新技术、新知识、新制度的孵化器，即新创企业的产生，往往会伴随着新技术、新方法、新工艺等进入市场，这有利于创新要素向企业集聚，有利于先进技术向生产力转化。

视野拓展

2010年5月27日，苹果公司的市值超过微软，成为世界上最大的科技公司；2020年8月，苹果公司市值超过2万亿美元。苹果公司是如何让自己在短短的10年内发生颠覆性的变化，从而让世界刮起"苹果"旋风呢？归根结底是其可持续的技术创新能力。苹果公司在准确把握消费趋势的前提下，通过持续的技术创新使自己始终处于行业领先地位。

3. 缓解社会就业压力

党的十九大报告指出："就业是最大的民生。"我国人口众多，解决就业问题成为我国的一项长期任务。党的十八大报告提出："引导劳动者转变就业观念，鼓励多渠道多形式就业，促进创业带动就业。"目前我国的个体和私营企业正成为就业的主渠道，这些企业大多是中小型创业企业。中小型创业企业不仅能解决创业者本身的工作岗位问题，同时也为需要工作的社会成员提供了大量的工作岗位，在就业方面具有"倍增效益"，从而能扩大就业范围，降低失业率，大大缓解社会就业压力，稳定社会秩序，促进社会稳定和谐。

(二) 创业对创业者的意义

新东方集团创始人、董事长俞敏洪的创业故事很多人都耳熟能详。俞敏洪在回顾自己的创业经历时说："创业的过程是一个学习的过程，是一个失败的过程，是一个积累经验的过程，也是积累社会阅历的过程。"创业的起步可高可低，其发展却都有无限的空间。创业者能从创业实践中品味艰辛与快乐，体会一段激情燃烧的岁月，积累宝贵的创业经验，实现人生价值。

1. 充分发挥自己的才干

创业是实现自己梦想的行动，大学生在创业的过程中，应充分考虑自己的创意、想法，充分发挥主动性和积极性，摆脱在行为上受制于人的局面，主宰自己的人生事业。通过创业，大学生可以充分施展自己的特长和才干，发挥最大潜能，实现自己的愿望和人生价值。同时，创业能够使个人有机会和实力回馈社会，为国家和社会作出贡献，从中收获巨大的成就感。

2. 积累个人财富

通过研究当前社会富人榜名单可以发现，无论是中国的任正非、俞敏洪、马化腾，还是外国的比尔·盖茨、埃隆·马斯克，都在通过创新创业实现梦想的同时积累了大量的财富。

3. 丰富人生体验

创新创业都是从自己擅长和感兴趣的领域开始的。在创新创业的过程中，知识技能、专业特长、能力机遇、社会资源等要素通过各种方式结合起来，在客观条件的约束下，在充满风险的道路上，一步步走向成功，这本身就是一种难得的人生体验。创业的路不是一帆风顺的，在创业项目的选择、创业资金的积累、创业企业的筹建、创业团队的组织等过程中都会遇到意想不到的困难，创业者可以从中感受到无穷的变化、挑战和机遇，这是一个令人兴奋的过程。

总之，大学生通过创新创业活动，既可以响应国家号召，为社会作出应有的贡献，又可以实现人生的理想和价值，获得自身的全面发展。

第三节　大学生创业者的准备

创业是一项系统工程，开展创新创业活动既需要激情、勇气、胆识，又需要掌握广博的企业经营知识，具备一专多能的知识结构。

一、大学生创业的必备知识

（一）创业所在行业的专业知识

每个行业都需要具备一定的专业知识，包括行业政策、法律等明确的规则，也包含行业惯例等约定俗成的规则。同时，每个行业也都有行业所属的专业技术知识，这些规则和知识是成功创业的基本条件，会深刻影响创业活动的效率和成功概率。因此，学好创业行业领域的专业知识、掌握行业规则是十分必要的。如果创业所选择的行业是一个陌生的行业，则应尽量吸纳行业内的专业人士进入企业，尽快熟悉该行业的一些相关知识，掌握必要的技能，尽可能避免因行业陌生而带来的不利影响，确保创业成功。

（二）经济法律知识

创业不可避免地要涉及政府的监管和商务合作活动，需要经过各种审批和签订各种各样的合同，这些内容都要涉及相关的法律知识。法律知识在创业过程中的运用非常广泛，如工商登记、经济合同、知识产权、税收征管、担保融资等。虽然可以通过聘请律师或法务人员协助处理这些事务，但创业者仍然需要掌握一些必要的法律知识。特别是在当前商业竞争非常激烈的情况下，创业企业既要遵守法律法规、规范经营，又要善于运用法律来规避风险、维护合法权益、挽回损失。

（三）企业管理知识

创业后，创业者马上面临的问题就是企业的经营和管理。只要创业活动开始启动，无论规模大小如何，创业活动都会立即进入企业管理和市场营销的通道。大学生创业者需掌握人力资源管理、资产设备管理、资金财务管理、生产运营管理、市场营销等经营管理知识和方法，以提高对企业的经营管理水平。

（四）财务会计知识

无论是企业运营还是公益创业运营，处理好财务问题都是企业存活的关键，这就涉及企业日常收入、支出、费用、税金、办理银行结算等业务，需要处理大量的会计、财务、税务、银行等问题。因此，大学生创业需要掌握的财务会计知识包括企业的基本财务处理、会计报表的制作和分析、盈亏分析、利润率的计算、财务计划、依法报税纳税等。

（五）市场营销知识

所谓的市场营销，通俗地讲就是把企业及其产品或服务推销给消费者，让消费者购买企业的产品或服务，从而兑换创业价值。营销是创造、传播、传递客户价值，管理客户关系的一系列过程。大学生创业需要掌握的营销知识包括市场预测与调查、消费心理及特征、定价策略、产品促销策略、销售渠道和方式、营销管理等。

当然，一个人很难掌握创业所需的全部知识，不能要求创业者必须具备这些专业知识才能去创业。但是，创业者在创业过程中要不断地学习、积累和掌握这些知识，并加以运用。同时，可以组建强大的创业团队，发挥团队中每个成员的特长，从而提高创业的成功率。

二、创业必备知识的获取途径

当前，很多大学都非常重视大学生创新创业工作，采取了很多措施提升大学生的创新创业意识和能力，大学生应该充分利用这些资源。

（一）课堂、图书馆和实践活动

现在不少大学都开设了创新创业的相关课程，这些课程所提供的知识不仅包括就业的基础知识，还包括认知创业市场的方法论。通过这些课程的学习，创业者不仅可以掌握过硬的专业知识，还可以为今后的创业打下知识基础。大学图书馆是一个具有海量知识与资讯的数据库，通过它可以找到创业指导方面的图书和报刊，能学到许多创业所必需的专业知识，同时，还可通过一些有助于培养创业人格与意志的哲学、美学、心理学、文化学等人文知识拓展自己的知识面，提高认知水平，增加对创业市场的认识。此外，很多大学都针对有创业意愿的学生开设了大学生创新创业训练计划、创业实践训练营、创业苗圃等帮助大学生创新创业的实训活动。大学生还可以参加大学创业类社团活动以锻炼各种综合能力，提高社交与公关能力，这也是创业者积累经验必不可少的一个实践过程。

（二）各类学习媒体

创新创业已经成为当今社会的热门话题，传统媒体和现代网络媒体每天都提供大量的创业知识和信息，这无疑为大学生学习创业知识提供了有效的途径。

一是传统的纸质媒体。《创业家》《21世纪经济报道》《第一财经》等经济类刊物，可以帮助大学生掌握宏观经济形势，了解创业榜样的经验。《21世纪人才报》《经济观察报》《中国经营报》《中国青年报》《北京人才市场报》《商界》《科技与创业》《知识经济》《世界经理人》《财富》《福布斯》《中国大学生》等刊物，可以帮助大学生从微观层面了解创业的相关知识，拓展创新创业视野。

二是网络媒体。首先是创新创业教育类慕课课程，这些课程一般都是免费开放的，提供了创新创业的系统教学课程，大学生可以在相关平台系统地学习有关创新创业的知识。其次是管理类、人才类、专业创业类网站，如"创业网""营销传播网""商业策划网""中国策划网"等，可以帮助大学生学习企业管理等知识。

（三）创业实践

创业实践是学习创业知识的最好渠道，一般包括学校组织的模拟性创业实践和自己亲身体验的实操性创业实践。

模拟性创业实践包括学校创新创业课堂上的角色性、情景性模拟小组作业，或者学校组织举办的各类创新创业大赛、创业计划书大赛、工业设计大赛等。实操性创业实践包括兼职打工、求职体验、参与策划、参与市场调研、尝试办公司、尝试申请专利、尝试办理著作权登记、参加某些职业知识与证书培训班等。

此外，也可以通过参加创意项目活动、参加或参观创新创业展览、创建电子商务网站、谋划书刊出版事宜、尝试做自由撰稿人等多种方式来完成创业实践。

（四）工作中学习

很多大学生与社会接触较少，不太了解社会的现实状况，缺乏必要的社会阅历和经验，如果直接创业，可能会遇到很多麻烦。因此，先就业、再创业成为当下很多应届毕业生的明智之选。到某个实体单位去锻炼几年，在实际工作中，可以了解许多与创业项目相关的行业知识、创业经验等实用知识，同时还可以广泛积累人脉资源，为日后创业打好基础。

总之，大学生要充分利用各种学习途径，善于多角度、可持续地学习创业知识，为将来的成功创业奠定扎实的知识基础。

三、如何学习这门课

（一）创业教育的特征

要想学好创新创业课程，必须先对创业教育的特征有一定的了解。

1. 创业教育是普及性教育

正如前面内容所讲，创业分为广义的创业和狭义的创业，全体大学生都有必要了解创新创业的意义和内涵，掌握创新创业的基础知识和方法。创业是一种生活方式，每个人都可以是创业者，有的是主动创业，自己寻找项目、组建团队、进行企业运营；有的是被动创业，接受组织或领导的安排，到某个新领域去"开疆拓土"。创业的四大核心要素——创新、承担风险、快速行动、团队合作，是任何一个岗位都需要的素质，我们无法预见未来将要面临的工作，也不能用短期的价值去判断长期的趋势。因此，大学需要广泛开设课程，推动学生消化所学的知识，让全体学生掌握知识，埋下一颗种子，激发部分学生的创业热情，帮助他们付诸行动并取得成功。

2. 创业教育是精英化教育

在开展普及性教育的同时，学校还需要选择一批愿意主动创业的学生进行重点的教育、指导和孵化。这些学生有着创办企业的抱负和素质能力，希望成为社会生活方式的领导者。对于这样的学生，学校要提供一定的环境、一定的资源、一定的教育和鼓励，让他们能够巩固内心的冲动与热情，并且训练他们的创业思维，引导他们选择适合自身的行业去创业。

3. 创业教育是实践化教育

创业是通过创新行动创造新的社会价值的活动，表现为创造新的企业或组织，用产品和服务满足社会需求。因此，创业的本质和核心是知识的转化。"纸上得来终觉浅，绝知此事要躬行"，创业者需要加深对知识的理解和认识，将知识与现实需求，特别是那些新的需求与深入的需求联系起来，并通过实践将动机转化为行动。因此，创新创业关键在于实践。

（二）课程学习建议

（1）在思想意识层面，通过学习了解创新创业的内涵，树立创新创业意识。

（2）在知识学习层面，掌握创业机会、商业模式、团队管理、资源利用、市场建设、企业经营、政策法规等内容，为创业打好知识基础。

（3）在行动实践层面，充分利用学校提供的各类创新创业平台，将创新创业知识应用于实践，将知识转化为创新创业能力。

拓展阅读

俞敏洪的创业演讲[①]

现在人们一天到晚在谈互联网、谈颠覆，但我觉得创业者最重要的是从内心拥抱变化，并在变化中寻找机会的素质。这是保持企业可持续发展的一个最根本的保证。

想要取得成功，最重要的是修炼自己

不管时代和技术怎么变迁，每个人想要取得成功，最重要的还是修炼自己，把自己修炼成了，你就把企业或者你做的事业修炼成了。

在中国的人群中间，我最佩服的就是企业家。理由非常简单，因为这些企业家每时每刻都在接受新思想、新思维、新挑战，并且勇于改变和改造自己。另外，他们还具备非常敏锐的判断能力，要能够立得住，站得定，坐得稳，这是很难的。七年以前，马云和王健林有一段对话。王健林当时要做万达影院，马云建议王健林别做影院，所有的电影一放在网上就能查到，中国盗版又那么猖獗；家庭影院兴起，家庭的屏幕和音响根本就不比电影院的差，如果做万达影院肯定死路一条。我记得当时王健林只说了一句话："小马哥，你能想象两个年轻人谈恋爱，在家里看电影，父母坐在他们后面一起看的场景吗？"其实这就是商业的判断。

颠覆并不容易，一定要有颠覆性思维

有很多人说要把新东方颠覆掉。2013年底到2014年一年的时间，喊出颠覆新东方口号的公司大大小小有40家左右，说得最夸张的一家是"三个月就让新东方从地球上灭绝"。我今天还像恐龙一样站在这，但是那家公司去了哪里，我不知道。要颠覆不是那么容易的，一定要有颠覆性的思维。

四年前我们十几个企业家去呼伦贝尔草原旅行，路过一片特别漂亮的草原，但是山包下面围着一圈铁丝。大家都想跑到山包上去看看整个草原的壮观景色，但是谁都不敢跨过这个铁丝网。最后还是我踩下了铁丝网往前走，当时还被另一个企业家一把抓回

---

① 学人智库.俞敏洪最新创业演讲[EB/OL].[2021-06-20].http://www.unjs.com/z/274997.html.

来，说铁丝网围着意味着是牧民自己的领地，进去的话说不定一枪被牧民给崩了。我就想牧民也是人，不能说看见人就一枪给崩了，所以我就爬到山顶上去了，发现景色极其壮美。结果大家看我在上面没事，一股脑全部爬上去了。眼前这个铁丝网可能不是挡你，是挡牛羊，免得跑到别人家的领地上去，结果你把它看成挡住你的东西。我们内心有多少东西会挡住自己？太多了。

如果你不做，这个世界就跟你无缘

我在北大整整自卑了七年，没有追过任何女孩子，也没有参加过任何学术活动，只有一个理由，就是我觉得我做了也是失败，反而丢了自己的面子。我追女孩，女孩会拒绝；我去参加学生会竞选，根本竞争不过别人。我干脆不做，就不会失败了。

但是如果你不做，这就跟你无缘。我有没有谈恋爱的能力呢？一定有，我追第一个女人就追成了。我有没有做事情的能力呢？有，我第一次创业就是新东方，就做成了。所以当你的能力被自己否定掉的时候，你是做不成事的。不否定自己，就会变得越来越有能力。所以我常常说我非常庆幸我一次把新东方做成了，要是做不成的话，我没有勇气进行第二次创业。

所以你只有改变自己，才能改变别人。改变自己必须从思维上来改变。当你要拥抱变化的时候，你的内心深处必须认为我就是那个人。当我把自己定位为中国民办教育产业的领路人的时候，我才发现自己找对了路子。你把自己定位定准了，你就会改变。

抓住思维、抓住变革、抓住先机

我发现在这样一个跨界的时代，光努力是不管用的，你还必须抓住变革、抓住先机。现在不论是讲互联网，还是讲O2O，都已经不管用了，讲颠覆也不管用了，因为颠覆是自然发生的，我们要做的是在被别人颠覆以前，就把自己的一些商业模式颠覆掉；在被别人打劫我们以前，就把自己的一部分先打劫掉。真正是你敌人的人，根本就不在你敌人的名单上。现在做教育的人没有一个人是我害怕的，我害怕的是不知道从哪冒出来一个跟教育没有关系的人，靠一个想法就把新东方颠覆掉了。

虽然我们要勇于变革，但是我们还要静下心来想在哪些方面我们不要急于颠覆自己。在去年的时候，新东方就开会讨论，我们干脆把线下门店全部关掉，全部转到线上。后来我说这件事情还不能随便做，因为我认为尽管教育的有些东西会被全部颠覆到线上去，比如说18岁以上的分散性人群的教育，但我认为线下的教育更加能让在校学生健康成长。任何变化都要根据你对自己产业深入的了解，和对自己客户群体的深入了解来进行，而不能听别人一说，你就变了。如果当时王健林听了我们的话，万达影院就不做了，现在丢的是500亿人民币市值的公司。所以最终要理解生意的本质，你才能开始动手术，或者说你才能开始做生意。

最后用《阿甘正传》中的一句英文台词来结束我的演讲。我最喜欢的一句台词是"I know I am not smart, but I know what love is"，就是我知道我不聪明，但是我却知道爱是什么。商业模式是任何时候都可以学习的，但是爱却来自你的内心。当你爱你的事业，当你爱你的生命，当你愿意把你的生命和你的事业结合起来的时候，我相信一定会无往而不胜！

实战案例

何银萍：创业成功最大的体会是要不断创新

新华网北京 7 月 31 日电 何氏浩生（北京）国际中医药科学研究院院长何银萍日前做客新华网《双创群芳谱》节目时表示，只有通过不断创新，让传统中医技能插上科技的翅膀，才能解决更多健康问题；女性创业者一直在做着改变世界的事情，女性要有自己的光芒，在平凡的工作中创造非凡。

何银萍介绍，她自 18 岁开始创业，至今已近 30 年，虽然历尽艰辛，但终究还是创业成功了。她博采众长，将何氏祖传技艺与现代医学相结合，形成独特的"何氏通络开结术"，经过审核，该项目在 2017 年被正式确立为北京市海淀区非物质文化遗产。纵观 30 年创业历程，何银萍虽然饱尝了千辛万苦，但是始终怀着感恩的心，不忘身上的责任和使命，把"专注、坚持、重复、感恩、责任、使命"何氏 12 字方针渗透到旗下企业集群，坚持向前行，孜孜不倦传承中医传统文化和中医技能，为越来越多的患者找回健康。

谈起创业成功经验，何银萍将其中最重要的秘诀归结为两个字：心、新。展开来说，第一是不忘初心，始终铭记自己传承的这份责任和使命，不断地去研发、去探讨，应对不同时代出现的健康问题。第二是不断创新。随着社会的发展、人们生活水平的提高，越来越多稀奇古怪的病症出现，这光靠传承的中医技能是解决不了的。只有通过不断创新，让传统中医技能插上科技的翅膀，才能解决更多问题，给更多患者带来健康。

创业过程中遇到困难时，如何解决？她介绍，创业中遇到过的大大小小的问题不计其数，但是依靠团队的智慧，问题往往会迎刃而解。在发现问题的时候，她的团队一般都会寻找原因在哪里，再分析原因，不断地换位思考，然后找到问题的根源。很多时候，失败了再重新来，在大家的努力下，都能最终克服重重困难。

谈起传统中医药发展现状，何银萍说，随着相关政策的出台，在经济发展的带动、人们认知的深化、社会需求的释放等多方面因素的合力助推下，国内中医药保健行业正迎来良好发展态势，许多人开始倾向于选择中医药进行疾病治疗和预防。中医药文化本来就是中华民族最具特色的传统文化之一，它应该为老百姓的健康保驾护航。

关于女性创业优势，她分析称，女性通常心思比较细腻；在创业过程中，女性更能坚持；在创业发展方面，比较节制；在思考问题方面，比较依靠直觉。现在社会发展日新月异，很多女性走出家门，走入社会。女性创业者一直在做着改变世界的事情。女性要做自己的一盏灯，要有自己的光芒。我们可以不辉煌，但是一定要有属于自己的光，照亮自己的前程。

实操训练

创业案例讨论

以小组为单位，从网络上搜集大学生创新创业的相关案例。经过小组讨论，选出大家认为与本校或本专业实际情况最为相近的创新创业案例。推选小组代表，以个人陈述的方式将案例介绍给全班同学，陈述中要有该案例中创业成功或失败的主要原因、在校大学生可以吸取的经验和教训等。

小组成员可以自由组合，也可以由教师指定成员组成，每组6~8人，选出组长1名，陈述代表1名，总结代表1名。陈述前，小组组长对本组成员及各自承担的任务进行介绍。陈述时，需要使用PPT辅助进行。

陈述结束后，小组接受其他同学的提问，提问者可指定某个小组成员回答问题。

总结代表进行小组总结陈述。

小组间互相打分。

第二章

创业机会及商业模式

名师金课

第一节 创业机会

哲学家苏格拉底曾说过："最有希望成功的人，并不是才华出众的人，而是善于利用每一次机遇，并全力以赴的人。"关于创业机会，李嘉诚曾有一句名言："每一批富翁都是这样成功的：当别人不明白他在做什么的时候，他明白他在做什么；当别人不理解他在做什么的时候，他理解他在做什么；当别人明白了，他富有了；当别人理解了，他成功了。"识别并抓住创业机会，是创业开始的必要条件。创业的本质是创造价值，创业者需要通过企业或组织为客户提供产品或服务，使消费者的需求得到满足。客户的需求往往是变化不定的，创业者需要迅速、准确地识别客户需求变化时造成的"供给真空"，创造性地整合资源，并做出科学合理的决策，才能取得创业的成功。

一、创业机会的基础知识

(一)创业机会的定义

创业机会是机会概念的延伸。《辞海》将"机会"定义为"机遇；时机"；《现代汉语词典》定义为"恰好的时候；时机"。从这个意义上讲，创业机会就是创业者进行创业活动"恰好的时候"。具体而言，创业机会是指因为技术、经济、政治、社会、风俗和人口等复杂因素的变化，产生的一系列的创意、信念、思想和行动的集合，并且借助这些因素的集合产生创造新事物(产品或服务)的潜力，从而产生创造价值的机会。

创业机会实际上是一个动态发展的概念。随着市场需求被创业者精确定义出来，未得到利用或充分利用的资源也被更精确地发现其潜在的用途，创业机会就从其最基本的形式中发展起来，形成了一个商业概念。因此，创业机会是适于创业的商业机会。

商业机会也称市场机会，产生于市场中尚未被满足的需求，是能够将商业价值兑换为盈利的切入点，这一概念的核心是如何满足市场需求或如何利用资源。从市场需求角度出发，创业机会要确认满足市场需求所需资源的类型和数量，于是，现金流、活动日程安排和资源的需求都被精确地加入这一概念中来。

从创业机会的最初形式到商业机会和新企业的形成，理论上是一个有序的系统化过程。但在实践中，这一过程很少是有序或完全系统化的。在创业者的不断开发下，机会从一个简单的概念发展得越来越复杂。

本书对创业机会的定义为：创业机会就是把商业资源创造性地结合起来，满足市场需求并实现价值的时机。

(二)创意的定义

创意有两种含义,一种是指创新的意识,是引发创新行为的引导,先有创意,再有创新实践,才能获得创新的成果;另一种是指某种具备创新特征的思想、概念或想法。一旦创意具有了经济意义或产生了可供交换的产品,创意就转化为经济概念。

创意是一种原创性的知识,既可以是某种点子和想法,也可以是策划方案、解决思路或方法;既可以是某种新发明或新技术,也可以是某种新要素的组合方式、新商业模式或某种新的市场需求的前瞻性判断。随着市场经济的不断发展,创意成为一种越来越重要的生产要素,具有高度抽象性、不确定性等鲜明特点。

创意往往是创业的开端,一个好的创意像一颗优良的种子,是创业成功的前提条件。

但是,创意并不等于创业机会。创意不一定注重创意实现的可能性,它可以漫无边际,异想天开,多数创意并没有良好的市场机会。创业机会是市场上尚未满足的需要,它可以是现有产品(或服务)找到了新的或潜在的消费群体,也可以是开发新的产品(或服务)来满足人们变化了的需求。创业机会源于创意,但创业机会必须能够为企业带来价值。

创业者需要具备的一种能力,就是在创意中识别出机会,并将其转化为创业的机会。大多数创业者对创意都很敏感,但创业者在机会识别方面最常犯的错误是只考虑创意自己是否喜欢或擅长,而不考虑创意是否具备市场价值。因此,不管创业者以哪种方式创建新企业,机会都很难识别,许多企业失败不是因为创业者没有努力,而是因为没有找到真正的机会。

(三)创业机会的类型

创业机会具备特定的市场定位,必须满足市场的某种需求,带来价值的增加。一般而言,创业机会可以分为以下四种类型。

1.现有创业机会和潜在创业机会

现有创业机会是在市场中已经存在但明显未被满足的市场需求。此类创业机会往往是市场参与者都知道的机会,市场竞争者众多,竞争激烈。潜在创业机会是在市场中已经存在但未明显显露,或者需要被引导和"创造"的市场需求。此类创业机会辨识的难度较大,竞争非常小甚至暂时没有竞争,蕴藏着巨大的商机。

2.行业内创业机会和边缘创业机会

行业内创业机会指在某一个行业内部的市场需求。它比较容易发现和识别,具有一定的行业专业知识壁垒,竞争者众多,竞争激烈。边缘创业机会是指在不同行业之间的交叉结合部分出现的市场机会,处于行业与行业之间出现"夹缝"的真空地带。它难以发现,需要创业者有丰富的想象力和开拓精神,一旦机会得到开发,成功的概率也较高。

3. 当前创业机会和未来创业机会

当前创业机会是指在当前市场环境变化中出现的机会。未来创业机会是指创业者对市场进行调研和分析预测，判断将会在未来某个时期出现的机会。当前创业机会一般竞争激烈，而未来创业机会的预测较难，但如果能提前预测到创业机会，创业者就可以在市场机会到来前做好充足的准备，获得领先的优势。

4. 局部创业机会和整体创业机会

局部创业机会指存在于市场局部或某个细分领域的未被满足的需求。整体创业机会指存在于整个市场范围的未被满足的需求。在大市场中寻找和发掘局部或细分创业机会，有利于创业者集中优势资源，减少创业的盲目性，增强竞争的主动性，创业更容易成功。

(四) 创业机会的特征

创业机会有四个本质特征：隐蔽性、时效性、偶发性和时代性。

1. 隐蔽性

生活中充满了各种各样的机会，其中有很多是具有价值的创业机会。但这些机会往往都是隐蔽存在的，或者说是需要根据创业的目标进行挖掘的。优秀的创业者和普通人的区别，就是创业者能够在看似不是机会的地方发现创业机会。正是创业机会的隐蔽性，才使创业机会具备较高的价值。如果所有的人都发现那是一个"机会"，那么这个机会的价值也就非常小了，甚至可能是一个"陷阱"。

2. 时效性

创业机会往往是稍纵即逝的。一方面，很多机会都有其特定的产生条件，这些条件往往是随时变化的，一旦条件发生了变化，创业机会也就消失了。另一方面，一个创业机会产生后，可能会有多个创业者同时发现这个机会，这时候谁能够及时抓住这个机会，谁成功的概率就会高一些。

3. 偶发性

创业机会的产生，是客观事物在客观规律作用下的必然结果，但是创业机会常常是偶然出现的。有时候创业者越是刻意地寻找创业机会，就越是难见其踪影；而当创业者放松心态专注于自我提升的时候，它却突然出现在面前。所以，创业者应该注重加强平时知识的积累和对生活的探索、思考，提高对创业机会的敏感性，以免与创业机会失之交臂。

4. 时代性

我们都生活在一个特定的时代中，创业机会也不可避免地带有鲜明的时代特色。不同的时代对创业者的影响是不同的，如果创业者身处一个鼓励创新创业的时代，就更能够在广阔的领域中寻找到各种创业机会，也就更能发挥自己的主观能动性。当前，整个社会都对创新创业充满了认同、渴望和支持，为创业者提供了丰富的创业机会和条件。

(五)创业机会的来源

关于创业机会的来源,不同的学者从不同的角度进行了解释。熊彼特认为创业机会主要来源于新产品或新服务的引入、改进或质量提升,生产或销售的新方法,新市场的开辟,产业内部组织新形态的创造,等等。德鲁克认为,创业机会主要来源于意外的事物(如意外的成功或失败、意外事件的发生等)、不协调(如经济现状不协调、客观事实与假设不协调、设想与客户价值或期望不协调、程序的步骤或逻辑中发生不协调等)、程序需要、产业和市场结构、人口变化、认知的变化、新知识的产生等。蒂蒙斯认为,创业机会的来源主要包括法规的改变、技术的快速变革、价值链或配销通路的重组、技术的创新、现有管理者或投资者的不良管理等。还有学者认为,创业机会来源包括技术变革、政治和制度变革、社会和人口因素的变化、行业差异等。

综上,创业机会的来源主要有以下几个方面。

1.市场环境的变化

市场环境是在不停变化着的,市场环境的变化必然催生创业机会。市场环境的变化包括人口结构变化、政府政策变化、经济发展方式变化、产业结构变化、消费观念变化、生活方式多元化等。比如随着老龄化社会的到来,养老、保健市场将会更有潜力,这类市场中的创业机会将会增多。引发市场环境变化的每个因素都可能会发生变化,这些变化综合在一起,会引发市场环境的大幅变化,创业者可以通过这些变化发现创业机会。

2.新兴产业的诞生

随着社会的进步,人们的生活观念、生活习惯和消费需求等都会发生变化,从而产生新的创业机会。如近些年人们对共享理念的认同和习惯,催生了共享产业,从而诞生了与共享经济有关的大量创业机会。科学技术的变革所带来的重大发明创造,提高了人们的办事效率,改变了人们的日常行为,也会引起产业结构的重大变革,创造大量的创业机会。还有一个重要因素是国家产业政策的实施。为了加快转变经济发展方式,推动产业结构调整和优化升级,完善和发展现代产业体系,国家会定期推动一些产业的发展,比如当前的新能源、节能环保、高端技术服务等领域,具有自主创新能力、发展潜力的新企业将会获得国家的大力支持。当一个新产业出现后,就会有一段市场发育期,必然会催生出很多的创业机会,引发创新创业热潮。当然,新兴产业的创业机会价值很大,同时风险也会很高,在进入新兴产业创业前要做好调研工作,谨慎选择。

3.顾客需求的升级

创业的根本目的是满足顾客的需求,创业机会的基本价值在于能否为消费者带来新的价值。要发现新的顾客需求,就要研究顾客的需求差异,从中找出未得到满足的顾客需求,或者对已有的市场进行细分,找到市场空白。

二、创业机会的识别

(一)创业机会识别的影响因素

同样的一个创业机会,有的创业者可以识别出来,有的却不能。同时,面对同样一个市场,不同的创业者所关注的创业机会也是不同的。创业机会的识别过程,是创业者和创业机会的互动过程,以下是影响创业机会识别的主要因素。

1.历史的经验

历史经验可以帮助创业者把握行业的特征和发展趋势,有助于创业者识别特定产业中的创业机会。很显然,大多数情况下,一位资深的 IT 工作者比一位律师更能捕捉 IT 行业内的创业机会。很多创业机会是产生于以往创业机会之中的,是对创业经验的复制、移植、升级和创新,创业者之前积累的市场知识对于创业机会的发现极为重要。

2.创业者人格特质

创业者的人格特质对于创业机会的发现具有决定性的作用。不同创业者在相同条件下发现和把握创业机会的能力差异是非常大的。有的创业者好像具备发现创业机会的"天然第六感",能看到别人错过的机会;有的创业者对信息具有高度的敏感性,可以通过对行业知识的把握、对市场的分析发现创业机会。

3.社会网络和资源

建立了广泛社会关系网络和掌握了大量社会资源的人更容易把握住创业机会。广泛的社会关系网络可以大大拓展创业者的视野,让他们更容易把握行业和市场的宏观情况和发展趋势,更容易得到启发和支持。大量的社会资源可以帮助创业者更容易提早获取创业政策的发展方向,以更小的成本调动社会资源,从而把握住更多的创业机会。

古今中外的成功创业者都有一个共同的特征,那就是通过社会网络的经营广交朋友,善于借助别人的长处,从而调动起大量的社会资源,建立起自己的事业。社会网络和资源的建立对于创业者而言是一个非常重要的课题,需要创业者时刻保持诚信、友善、开放、包容的态度,以满足客户需求为目标,以合作共赢为手段,用心经营。

4.创造能力

创业机会的发现、识别和运用需要不断地进行创造性思考,这对创业者的创造能力提出了要求。创造能力强的创业者可以"改造"一个普通的机会,从而创造一个有价值的创业机会。

美国有一位名叫海曼的画家，虽然非常用功，但由于画法不当，又缺乏名师指点，绘画技能平平，一直没有成名，是一位地地道道的穷画家。海曼经常用铅笔和橡皮画素描，经常一不小心就把橡皮给弄丢了。贫苦的画家为了防止橡皮丢失，把橡皮切得很小，用铁丝把它固定在铅笔的顶端，发明了"带橡皮头的铅笔"，这样使用起来就方便了许多。后来海曼为这项发明申请了专利，由此成了百万富翁。

（二）创业机会的识别方法

创业机会识别是创业者与外部环境互动的过程，在这个过程中，创业者利用各种渠道和各种方式获取并掌握了有关环境变化的信息，从而发现现实世界中在产品、服务、原材料或组织方式等方面存在的差距或缺陷，从而找出改进的可能性，最终识别出可能带来新产品、新服务、新原料或新组织方式的创业机会。

1.开展系统性分析

借助市场调研等手段开展系统性分析，从环境变化中发现机会，是机会发现的一般规律。系统性分析可以分为宏观和微观两个维度，企业的宏观环境包括政治（政策）环境、法律环境、技术环境、文化环境、人口环境等；微观环境包括顾客群体、竞争对手、供应商等。

市场调研是指为实现搜集、分析信息的目的而进行研究的过程，包括将相应问题所需的信息具体化、设计信息收集的方法、进行数据收集、分析所收集的数据、得出结论等。市场调研可以由创业者自己进行，也可以委托外部供应商或顾问进行。

20世纪60年代初，日本汽车商利用政府、综合贸易商社、企业职能部门甚至美国市场研究公司广泛搜集信息。通过市场调研，他们发现，美国人把汽车作为身份或地位象征的传统观念正在逐渐削弱，人们把汽车作为一种交通工具，更重视其实用性、舒适性、经济性和便利性；美国的家庭规模正在变小，核心家庭大量出现；美国汽车制造商无视环境变化，因循守旧，继续大批量生产大型豪华车，因而存在一个小型车空白市场。于是，日本汽车商设计出满足美国顾客需求的美式日制小汽车，以其外形小巧、价格便宜、舒适平稳、耗油量低、驾驶灵活、维修方便等优势敲开了美国市场的大门。

2. 开展趋势分析

通过对事物变化趋势的分析也可以发现创业机会，具体包括分析产业与市场结构变迁的趋势，如《国务院关于做好当前和今后一段时期就业创业工作的意见》提出"大力发展研究设计、电子商务、文化创意、全域旅游、养老服务、健康服务、人力资源服务、服务外包等现代服务业"，这些行业将会诞生出很多创业机会；分析人口统计资料的变化趋势，如我国正在加速进入老龄化社会、青少年对优质教育的需求增长迅速等，必然会出现很多相关领域的创业机会；分析价值观与认知的变化趋势，如人们对食品安全的关注和餐饮业消费升级，造就了健康食品等行业的兴起等。

创业者在创业前要识别出各种最能反映趋势的要素，观察这些要素的变化，分析这些变化中存在的规律，及时发现变化中出现的各种机会。

3. 开展顾客问题分析

顾客所反映的问题、意见和建议对创业者而言是非常重要的创业机会来源。在很多时候，顾客的反馈可能是非常具体、凌乱和琐碎的，但创业机会往往隐藏在这些反馈中，创业者不应该忽略这些反馈。针对顾客的反馈，创业者要全面分析顾客的需求，以及可能用来满足这些需求的手段。

很多成功的创业企业都是从解决问题起步的。我们在创业时应着眼于那些令人们"苦恼的事"和"困扰的事"。因为是苦恼、困扰，所以人们总是迫切地希望解决它。对于这些问题，创业者如果能提供解决的办法，实际上就是找到了创业机会。

4. 发现市场缝隙

市场缝隙是现有市场存在的盲点或盲区。随着市场经济的发展，消费者个性化的需求越来越强烈，市场的细分也越来越深入，从而产生了很多的市场"缝隙"。只要善于发现市场缝隙，就能开拓新的商机。

创业者需要做一个市场的有心人，对市场始终保持着高度的敏感度，能随时随地发现市场缝隙，随时随地准备创新。当消费者需求发生变化时，企业的产品结构、包装、设计也要随之而变，快速对接新需求。

5. 追寻社会热点

创业者如果能紧密追踪社会热点产业和社会热点发展趋势，就赶上了时代发展的大潮，掌握了创业的主动权。我国目前有许多具有发展趋势性特点的社会热点现象，例如环境污染产生的低碳消费热、食品安全热、绿色食品热、保养品热，下岗失业产生的岗位技能培训就业热，网络时代产生的网络游戏热等。此外还有单亲家庭问题、城市扩大与农民转入城市问题、农民工子女教育与留守儿童问题、大学生就业难问题、疾病问题、出国留学与旅游问题等催生的社会热点问题。这些热点问题都聚集了庞大的人群，有着极大的市场需求空间。根据他们的需求去确定创业项目，就能赢得市场群体的支持和拥护，创业成功的机会自然就会多一些。

6. 分析进入门槛

每个市场都存在进入的门槛，这些门槛一般包括规模壁垒、技术壁垒、资本壁垒等。如当前的精密制造业、钢铁、冶金、汽车等行业存在规模效应，迫使新加入者必须以较大的生产规模进入，并准备承受现有企业强烈的反击。而在以商业、服务业为代表的第三产业中就没有那么高的进入门槛，这对大学生创业者来说就容易得多。

7. 开展创新创造

创新创造是造就企业核心竞争力的关键手段，也是创造创业机会的最好方式。新的发明专利、新的知识产权具备天然的利益排他性，能给创业者带来良好的创业机会。通过开展创新创造进行创业，在高新技术行业最为常见。通过创造获得创业机会比其他任何方式的难度都大，风险也更高。同时，如果能够成功，其回报也更大。

三、创业机会的评估

（一）创业机会评估的内容

要对创业机会进行评估，首先要明确创业机会所包含的内容。

1. 初始市场规模

初始市场规模是指创业刚刚开始时对应的市场规模。初始市场规模决定着新创企业最初阶段的投资活动可能实现的销售规模，对应的是初期的创业利润，这对创业企业是否能够创业成功并持续存活非常重要。一般而言，初始市场规模往往是非常有限的。随着企业的持续经营和不断开拓，市场规模会不断增长。

初始市场规模是否越大越好，要视企业具体状况而定。一般而言，对那些资本能力、技术能力、运营能力强的新创企业而言，初始市场规模越大越好，因为规模较大的市场可以让企业获得相对较大的商业利润。同时，由于市场规模足够大，因此会吸引非常多的竞争者，甚至是超级规模的竞争者，对于资本能力弱、技术能力差、运营能力低的新创企业来讲，往往是不利的。对于这些新创企业来说，初始市场规模较小的创业机会可能更为可取，因为在这种创业机会下，新创企业可能只需要面对较少、较弱的竞争者，并且可以根据市场的成长性和发展进程不断地调整自己，使自己适应市场的成长。

2. 创业机会的存续时间

创业机会的一个显著特征是时效性。一切创业机会都只存在于一段有限的时间之内，对于不同的行业，创业机会的存续时间长度差别很大。对于创业企业而言，创业机会存在的时间跨度越长，企业调整自身、整合市场、与其他企业竞争的操作空间就越大。

虽然创业者自己估计的创业机会的时间跨度可能长于实际的时间跨度，也可能短于实际的时间跨度，但是为了使企业安排生产经营活动更有计划，对这一时间跨度有一个估计是绝对必要的。

特定的创业机会对应于特定的商品需求或行业需求，商品或行业变化了，创业机会的存续时间就会发生变化。同时，特定的创业机会也是替代性商品或替代性行业的函数，假如有替代性商品或替代性行业出现，创业机会的存续时间就可能会缩短。

3. 市场规模的大小和增长速度

一般来说，市场规模和价值越大，创业机会就越有价值。因为创业者如果进入一个市场规模巨大而且还在不断发展的市场，即使只占有很小的份额，也能够生存下来度过发展期。即使存在竞争对手也不用担心，因为市场足够大，竞争对手无法对自己构成威胁。相反，如果市场规模和价值小，则往往不足以支撑一个企业的长期发展。

市场规模的增长速度在很大程度上决定着一个新创企业的成长速度，并且与新创企业的成长速度存在着互动关系。市场规模的增长速度越快，新创企业可利用的成长空间就会越大，随着企业的成长扩大，有可能会引导和创造新的市场规模。

特定创业机会可能带来的市场规模总是随着时间变化的。如移动通信技术、产品和服务进入中国时，它的市场规模是极为有限的。一些人甚至认为，这一行业在中国不可能成长起来。然而，随着我国市场经济的发展，企业商务空间的扩大，人们居住流动性的增强，移动通信产品和服务在我国迅速成长起来，发展成通信行业的骨干力量，成为政府、企业、居民的必需品。

特定创业机会可能带来的风险和利润也会随时间而变化，特别是股市运营、房地产经营、耐用品产销和高新技术创业等，其风险和利润都是随着时间变化的。在特定创业机会存在期的某些时段，可能比其他时段更具有商业潜力，创业者只要在此期间利用好相应的机会，就可能谋求到较大的商业利益。

只有在迅速成长的商业空间中，新创企业才可能逐步成长壮大。创业者需要根据特定创业机会的市场成长速度，不断调整企业自身的成长战略和运营策略。特别是当创业者推动新的创业项目时，需要通过对特定创业机会的时间跨度及进程进行分析，以确定相应商业计划的时间期限，使特定的商业计划更为可行和可靠。

4. 创业企业经营指标

并非每个创业机会都会给创业者带来益处，但是每个创业机会都存在一定的风险。只有企业能够持续经营，创业才能成功。因此，创业企业经营指标也是创业机会评估的内容。

(1)盈利时间。除了少数行业外，一般要求创业机会具有较短的盈利时间。有价值的创业机会应使项目在两年内盈亏平衡或取得正现金流，否则就容易使投资者和合作伙伴失去耐心，对企业的持续经营造成很大的打击。当然，也有的行业，如互联网、共享经济行业等，由于存在较高的未来预期，盈利时间也可以很长。

(2)启动资金需求量。大多数创业都需要相对较大量的启动资金，只需少量或不需要资金的创业机会是罕见的，且一般而言潜力越大，所需要的启动资金量就越大。如果需要非常大量的启动资金，就会对企业的发展潜力提出很高的要求，这样的创业机会就缺乏吸引力；有着较少或中等程度的资金需求量的创业机会是比较有价值的，创业者应根据自身的资金实力和可以动用的资源来评估创业机会，对超出自己能力范围的创业机会不予考虑。

（3）投资回报率。对于创业者和投资人而言，获得投资回报是主要目标，这要求创业机会能够有合理的盈利能力，包括较高的毛利率和市场增长率。毛利率高说明创业项目的获利能力强，市场增长率高说明市场的发展潜力能使投资的回报增加。如果这两项指标较低，就不能对创业者和投资者产生很大的吸引力。

（4）成本的优势。较低的成本会给创业企业带来较大的竞争优势，使该创业机会的价值较高。成本优势主要来自新的发明创造、技术和工艺的改进、管理方式的优化等，如果创业机会有这些方面的优势，那么对创业而言是非常有利的。

（5）市场准入壁垒。因为市场中存在资源的限制、政策的限制、市场的准入控制等限制性因素，新创企业进入一个市场往往会面临准入壁垒，所以，如果创业机会面临过高市场准入壁垒，或者进入市场后不能迅速对其他企业建立准入壁垒，就不是一个好的创业机会。

（6）退出机制。退出机制的设立，有利于创业者和投资者获取资金及实现收益，因此，有吸引力的创业机会应该有比较理想的获利和退出机制。

（7）资源控制能力。原材料来源、销售渠道、市场份额、价格的决定权等，都会影响企业的生产经营和成本利润。如果能够对渠道、成本或价格有较强的控制力，这样的创业机会则是比较有价值的。

5.是否有致命缺陷

创业机会不应该有致命的缺陷，否则将使得创业机会变得没有价值。

（二）创业机会的优劣判断

创业机会的好坏与初始市场规模、创业机会的存续时间、市场规模的大小和增长速度等因素有直接的关系，但即使某个创业机会有着较合适的初始市场规模，创业机会的存续时间较长，市场规模也会随着时间以较高的速度增长，创业者也需要进一步分析、判断该机会是不是较好的创业机会。

较好的创业机会有以下几个特征：

（1）在创业后的前5年时间内，该创业机会对应的市场需求稳步且快速增长。如果某个创业机会的市场需求不能稳步且快速增长，则新创企业将不可能拥有足够大的盈利空间，也就不可能迅速成长起来，在激烈的市场竞争中，新创企业的生存压力将会非常大，这对创业者是极为不利的。

（2）创业者能够获得利用该创业机会所需的关键资源，包括政策、技术、资本、财力、信息、公共关系等。如果创业者缺少利用该机会所需的关键资源，即使竞争小、盈利空间大，也无法将创业机会变为创业实践。

（3）创业者不会在该创业机会上形成路径依赖。市场千变万化，科技日新月异，政府政策不断调整，创业者需要根据这些变化不断调整创业的战略思路、组织结构、运营策略、市场技巧、技术路线等。如果创业者利用该创业机会的创业路径是不可调整的，创业者就不可能真正抓住和利用相应的创业机会。

（4）创业者可以通过创造市场需求来创造新的利润空间。市场是可以创造的，企业要占领市场、获取利润，往往需要通过创造市场需求来创造和扩大利润空间，占领市场，获得额外的企业利润。如果创业者在该创业机会对应的市场上难以发现潜在的客户需求，或者企业创造市场需求的努力得不到潜在用户的响应，那么新创企业的创业努力就不可能获得市场的利润回报，企业也不可能获得较大、较快的发展。

（5）创业机会的风险是明确且可控的。如果某一创业机会的风险不明朗，无法搞清风险的具体来源及结构，那么创业者就无法把握风险、规避风险或抑制风险，也无法降低风险损失、提高风险收益。同样，如果一个创业机会的风险非常高，超出了创业者的承受能力，也不是一个好的创业机会。

（三）创业机会需要与创业者适配

即使客观上某个创业机会是较好的机会，创业者也需要进一步分析其现实条件，以判断该创业机会是不是自己可以利用的机会，该机会是否值得自己利用。

1. 创业者是否拥有利用该机会所需的关键资源

创业者不必拥有全部资源，但必须拥有利用这一创业机会的所需关键资源，如企业运作能力、技术设计与制造能力、营销渠道、公共关系等。

2. 创业者是否拥有调动和整合资源的能力

多数情况下，面对一个特定的创业机会，企业不可能拥有所需的全部资源。因此，创业者必须有能力通过商务合作的方式，搭建企业和资源拥有者之间的合作关系，以弥补相应的资源缺口。在市场经济中，创业者只有勇于和善于"架桥"跨越资源缺口，组合利用市场资源，才可能取得创业的成功。

3. 创业者是否有能力在市场博弈中胜出

随着某个创业机会被越来越多的人发现，市场中的竞争者将会不断增多，竞争变大，利润变小。市场中所有的企业都必须和其他企业进行竞争，必然会有企业被淘汰，也会有企业逐渐成长壮大。创业者必须有强于他人的创业精神和创新能力，才能在市场博弈中胜出。

4. 创业者能否找到可以创造的新增市场及可以占有的远景市场

值得创业者利用的创业机会，除了要有足够大的原始市场规模之外，其市场也应是可创造、可扩展的，具有足够的成长性，存在远景市场。随着现有市场的竞争越来越激烈，创造新增市场，是企业成为市场领军者并获得高速成长的关键。

5. 创业者是否可以承受特定创业机会的风险

创业者要想利用某个创业机会，就必须具备利用该机会的风险承受能力，包括技术风险、财务风险、市场风险、政策风险、法律风险和宏观环境风险等。如果利用特定创业机会的风险是该创业者不可承受的，那么该创业机会对该创业者而言也是不合适的。

总之，对于创业者而言，适合的创业机会才是可以成功利用的创业机会。

四、创业机会的确定

创业机会的确定是创业者做出创业决定的前提，在经过了创业机会的识别和评估之后，就到了创业机会的确定阶段。对于创业者而言，创业机会的识别和确定是一个连续的过程，可以分为五个阶段。如果在某个阶段因故停下来或没有足够的能力继续下去，创业者的最佳选择就是返回准备阶段。

1. 创业准备阶段

创业准备是指创业者根据自身的背景、知识、经验和社会资源等，做出是否创业的决定，然后思考创业的方向，去寻找创业的机会。创业的准备可以是创业者有意识的主动行为，也可以是创业者无意识的被动行为。很多创业者在一开始的时候并没有萌生创业的念头，他们在某个行业中认真地工作，积累工作经验。在某个特定的时刻，创业的念头可能就会出现在创业者的脑海。对于是否要创业这个问题，需要创业者进行深思熟虑并和周围的利益相关者进行协商，最终做出决定，其间也可能会经过多次的反复。

2. 创业机会发现阶段

创业机会的发现可以是创业准备的结果，是经过创业者深思熟虑后所采取的行动；也可以是创业准备的起因，即创业者发现了一个有价值的创业机会，从而决定要创业，并进行创业准备。创业机会的发现是一个洞察的过程，往往产生于问题的解决方案、新的创意、新的创造发明。同时，创业机会阶段和创业准备阶段会产生多次往复，创业者在经过了创业准备后，在机会发现阶段可能会发现需要对创业准备进行补充，从而重新进入创业准备阶段。

3. 创业机会评价阶段

创业机会评价是对前两个阶段的总结分析，通过仔细审查创业机会并分析其可行性，避免创业的盲目性，避免进行不切实际的创业。创业机会的评价要求创业者对创意进行一种客观公正的评价，以确定其符合创业机会的标准，并且与创业者的能力、目标、价值观相符合。创业者不能跳过这个阶段直接进入下一个阶段。

4. 创业机会阐述阶段

创业机会经过评价后，相关的细节内容得以确定，创业机会就具备了商业价值，并产生了新的产品、服务或商业概念。此时，需要将创业行动和市场进行实际商业对接，将原先概念化、抽象化或天马行空的想法进行数字化商业分析，从而成为可以向资本提供者进行阐述的内容。这种内容常常表现为创业计划书，表现形式通常为路演。创业机会阐述是对问题的进一步落实和解决，是创业机会选择和决策的依据。在这个时候也有可能会发现创业机会不可行，需要重新回到创业准备阶段。

5. 创业机会决策阶段

创业者需要根据自身的条件和环境的限制，决定是否把握创业机会进行创业。不同的时代有着不同的社会环境，不同的社会环境造就不同的商界英雄。他们成功的经历也许各不相同，但有一点绝对是相同的，那就是他们每一个人都善于根据各自所处的特殊时代制订相应的经商方针。

第二节　大学生创业机会的选择

由于大学生缺乏必要的社会经验，因此我们周围创业成功的大学生不是很多。在创业机会的选择上，除了前面所讲的创业机会的有关内容外，大学生创业者还要考虑以下问题：当前的创意是否已经有人成功将其转化为创业项目？在获取创业支持资源方面，自己是否具备其他创业者所不具备的优势？面对激烈的创业竞争，自己是否有了充分的能力储备？自己的创业项目是否很容易复制，是否有一定的技术壁垒？自己是否能够创造新增市场？自己能否承担创业失败所带来的各种风险？

一、大学生创业机会选择的原则

创业是一个复杂的问题，需要考虑的因素很多，大学生创业机会的选择应该遵循下列基本原则。

（一）充分发挥自身的优势

知识和技能对于经济发展和社会进步的推动作用是巨大的，知识和技能水平高是大学生创业群体最显著的特征。因此，很多大学生在创业的时候希望能够结合自己大学的专业知识。大学生接受了系统的高等教育，积累了诸如语言表达、写作、管理等技能，以及大量的金融、会计、营销等专业知识，这为大学生创业搭建了更高、更广阔的平台。大学生在创业中应避免与行业中的强势企业展开硬碰硬的直接竞争，而应该集中优势做强自身的特色。

（二）发挥兴趣主导的优势

大学生创业者在创业时如果能结合自己的兴趣，通过创业的方式让自己的爱好转变成职业，将兴趣爱好发展成为具有商业可行性的创业项目，将有助于创业的成功。俗话说"兴趣是最好的老师"，爱好是不竭动力的源泉。如果创业者基于自身的兴趣来选择创业项目，就能够对顾客的心理需求有着很好的把握，在顾客服务方面有着优势，能够将心比心，凭借细致入微的服务赢得顾客的认同，从而为创业成功打好基础。

(三)加强日常积累

新技术的出现、新产品的研制意味着生产及生活条件的改善，带来的是人们行为和生活方式的改变，其中蕴含着大量未被开发的商机。大学生创业者在日常生活中要寻找创业榜样，注重研究前人的创业经验，查找他人创业项目的不足，思考如何改进。还要关注政府的相关产业政策和对大学生创新创业的扶持政策，充分利用大学提供的课程和实训平台，开展知识的学习和创业的训练。

(四)谨慎论证并大胆实践

前期做好充足的调研论证工作，抓住机会在实干中摸索，逐步确定发展方向。当今时代，在选择创业项目的时候要认识到选择创业行业的重要性，不能只注重行业现在的发展情况，还要根据该行业现在的发展势头、政府的相应政策、世界经济的发展趋势、高科技产业的发展速度、该行业自身的特色和经营模式等一系列外在因素，综合考虑该行业在未来的世界发展浪潮中所占据的位置和所面临的发展前景。

二、大学生创业项目选择的步骤

(一)市场分析

市场分析是进行创业项目选择的前提。可靠的市场容量及其增长速度，可以为创业企业带来商机，相反就可能限制创业企业的灵活性与发展空间。创业项目的市场分析主要包括三个部分，即行业环境分析、目标市场分析和竞争对手分析。

行业环境分析的方法主要有行业专家访谈法和文献资料分析法。行业专家访谈法的访谈对象包括行业协会、政府主管部门、大学和研究院所的专家、竞争对手的雇员、客户所在单位的专家等。文献资料分析法的文献资料来源包括专业网站、综合经济网站、专业报刊、行业协会报告、专利数据库、中央及省级政府部门行业发展计划、专业展览会、专业研讨会、专业咨询顾问机构报告等。

目标市场分析首先必须确定市场细分的标准。如果是个人消费者，一般的细分标准有年龄、性别、家庭人数、收入、地理区域等；如果是单位客户，一般的细分标准有行业、地区、规模、利润、购买目的、产品性能等。确定细分的目标市场后，可以通过调查问卷的方法对目标市场进行分析。如对单位客户的基本调查信息包括行业、地址、销售额、利润、员工数、主要产品/服务、现有供应商、购买决策者、需求数量等。制订调查问卷之前可结合行业研究状况试访几个潜在客户，以使问卷更具可信度。

竞争对手分析，既有助于创业者摸清对手的情况，又能从中学习竞争对手的长处，从而提高创业者新建企业的竞争能力。分析竞争对手不但要了解现有多少竞争对手，竞争对手提供什么样的同类产品，销售额是多少，还要确切地了解竞争对手的产品优势、研发能力、技术储备、目标市场及其营销策略、目前的盈利状况和潜力、核心竞争能力、技术人员和管理人员、生产设备和生产能力、供货商的情况、成功或失败的根本原因、采取的战略、销售渠道及销售系统、主要客户、主要客户对其产品/服务的评价、客户对其的忠诚度等。

（二）产品与技术评价

评价产品的创新程度，主要是考察新产品的创新情况，看其功能是否有所增强，性能是否有所改善，是否能更好地满足用户的需求。评价产品的独特性，则要看新产品是否具有独一无二的特点，市场上是否存在同类产品，以及是否难以仿制。

评价技术的先进性可以用三个方面的指标来衡量，即技术功能指标、技术性能指标和技术消耗指标。技术功能指标是否先进直接决定着产品功能水平的高低。由于产品功能是通过技术功能实现的，顾客买的是功能、解决方案，因此一定要保证让顾客获得先进的技术功能。技术性能指标是否先进主要表现为技术参数的先进与否，即是不是采用目前最领先的技术。技术消耗指标是否先进，主要是指实现技术功能、技术性能的各类消耗水平的高低。技术的实现对消耗的要求可能很高，降低消耗就意味着节约成本。评价技术的可靠性体现在核心技术的成熟性、技术整体的配套性和技术的风险性三个方面。核心技术的成熟性主要是看技术效果的稳定性和产品的均一性，以及核心技术能否经过工业性试验。技术整体的配套性主要是看一项工业生产中所用的所有技术是否配套。如果所有的技术都很先进，但是在使用过程中却不能相互协调，那么这样的技术组合就是失败的。技术的风险性是指新思想与新技术本身的先天不足（技术不成熟、不完善）及可替代的新技术出现的时间短等多种因素带来的风险。此外，还包括制造技术和使用技术的不确定性所带来的风险等。

（三）财务评价

财务评价是对过去财务状况的总结分析和对未来财务状况的预测。对过去财务状况的分析主要是研究企业的财务状况和财务方面的能力，而对项目未来财务状况的预测，主要是通过对项目的未来收益进行预测，看项目是否能够给投资者带来高额回报，其重点是项目的预期收益。

财务预测主要通过预测损益表和预测现金流量表进行，重点考察投资资本需求、资本支出维持水平、计划资本支出、计划折旧与摊销时间、资产寿命、融资需求等。其中，预测损益表重点考察各科目的变动情况及其合理性，以及销售和损益的对照。预测现金流量表主要是根据创业投资项目的特点，选择和确定能够正确反映项目风险的贴现率，建立合理的现金流量模型，并用这一贴现率计算项目的投资收益、净现值、投资回收期、投资回报率等。

内部收益率是进行财务评价的一个重要指标。考虑到新事业开发可能面临的各项风险，合理的投资回报率应在25%以上。一般而言，15%以下的投资回报率表明这个新事业机会不值得考虑。通常，越是知识密集的新事业机会，对资金的需求量越小，投资报酬率反而越高。因此，在创业之初，不要募集太多的资金，最好通过盈余积累的方式来获得资金。毛利率高的新事业机会，相对风险较低，也比较容易实现损益平衡；反之，毛利率低的新事业机会，相对风险较高，遇到决策失误或市场产生较大变化的时候，企业很容易遭受损失。一般而言，理想的毛利率是40%。

（四）风险评估

在对创业投资项目进行风险评估时，需将定性分析与定量分析结合起来，通过系统且充分的考虑，定性分析出与项目有关的各种不确定因素，确定这些不确定因素的概率分布，并在多方案比较和选择下，定量地分析出与项目有关的各种因素在发生变化时对项目投资效果所产生的影响。

风险评估的内容主要有以下几点。

（1）评估技术和产品的风险。重点分析核心技术的含金量有多少，是否具有完全的自主知识产权，技术和产品的持续发展能力如何。

（2）评估创业团队的风险。是否拥有优秀的创业团队是企业能否经营成功的关键。应重点分析企业家的素质、核心技术人员的稳定性、团队与企业利益的关联度及管理的开放性等。

（3）重点分析企业无形资产价值、企业核心资产价值、资本增长倍数与回报率即投资回报风险。

（4）注重对政策环境、人文环境等风险因素的分析。

（五）缺陷分析

如果创业项目存在比较大的缺陷，创业失败的可能性就会非常大，创业者必须审慎地对待。创业的致命缺陷一般包括以下内容。

（1）创业团队缺乏相关的产业经验与企业管理能力。

（2）缺乏为顾客创造价值的能力，无法通过专业化经营获取更多的利润，不具有明显市场竞争优势。

（3）创业项目的市场机会不明显，市场规模不大或实现盈利遥遥无期。

（4）运营创业项目的资源能力有限，无法达到具有竞争优势的经济规模。

（5）通过毛利率、投资报酬率、损益平衡时间等企业经营指标的计算，看不到创业项目能够获得显著利润的机会。

（6）不具备市场控制能力，关键资源与渠道均掌握在他人手中。

第三节　商业模式搭建

传统企业之间的竞争往往是商品或服务的竞争。进入信息化时代之后，商业模式的竞争成为企业之间主要的竞争。好的商业模式能够帮助新创企业快速、健康地成长，从而提高创业的成功率。因此，创业者必须重视商业模式的搭建。

一、商业模式的基础知识

"商业模式"一词出现在 20 世纪 50 年代，但直到 20 世纪 90 年代才被广泛使用和传播。当前，商业模式已经成为媒体、商界和投资界关注的焦点问题。通俗地讲，商业模式就是创业企业通过什么途径和方式获取利润。比如，传统商业通过低买高卖来赚钱，快递公司通过快递服务来赚钱，这种赚钱的方式，就是商业模式。

商业模式对应着企业存在的目的和意义，因此对商业模式的理解在不同的历史阶段差别较大。传统的经济学认为企业存在的目的和意义是"追求利润的最大化，从而增加股东的价值"，这种观点是从企业的角度出发的，只考虑了企业的利益。随着社会的进步，人们渐渐意识到，一味地追求利润会使企业忽视其他应负的责任，忽视客户的利益。所以，企业存在的目的被认为是生产产品、提供服务，为客户创造价值，为社会发展做贡献。但无论怎样定义企业存在的目的，企业都是以生存和发展作为首要目的的，盈利是企业发展的基础。商业模式作为企业的盈利模式，在企业的生存和发展中显得尤为重要。

（一）商业模式的定义

对商业模式的理解，直到今天也没有统一。因此，关于商业模式的定义也没有一个权威的版本。美国经济学家泰莫斯认为商业模式是指一个完整的产品或服务、信息流体系，包括每一个参与者及其在这个体系中所起到的作用，以及每一个参与者的潜在利益和相应的收益来源与方式。在分析商业模式的过程中，主要应关注企业在市场中与用户、供应商和其他合作方的关系，尤其是彼此间的物流、信息流和资金流。

也有很多学者给出了商业模式的不同定义，其主要观点包括：

（1）商业模式表示了产品或服务、信息流的架构，是对不同商业参与者及其角色、潜在利益和收益来源的描述。

（2）商业模式是指企业赚钱的方式，清楚说明了一个公司如何通过定位价值链赚钱。

（3）商业模式描述了企业提供了何种价值给其顾客，定义了企业将如何满足顾客以创造价值，决定了企业要满足顾客的什么需求，还决定了企业将不做什么。

（4）商业模式是一种包含了一系列要素及其关系的概念性工具，用以阐明某个特定实体的商业逻辑。它描述了公司能为顾客提供的价值，以及公司的内部结构、合作伙伴网络和关系资本等用以实现（创造、营销和支付）这一价值的要素。

（5）商业模式是一个组织在明确外部假设条件、内部资源和能力的前提下，用于整合组织本身、顾客、供应链伙伴、员工、股东等利益相关者来获取超额利润的一种战略创新意图、可实现的结构体系及制度安排的集合。

（6）商业模式是企业创造价值的核心逻辑。这个价值包括为企业股东创造的利润，也包括为顾客、员工、合作伙伴乃至整个社会提供的价值。

（7）商业模式本质上就是利益相关者的交易结构。它由六部分组成，分别是定位、业务系统、关键资源能力、盈利模型、自由现金流结构和企业价值。

（8）商业模式是一个正在形成和发展中的关于企业盈利的理论和操作体系，涵盖了企业从资源获取、生产组织、产品营销、售后服务到研究开发、合作伙伴、顾客关系、收入方式等几乎一切活动。

商业模式没有一个权威的定义，这是因为商业模式是非常复杂的、不容易复制的。对一个企业而言，商业模式涉及企业如何获取利润，如何兼顾社会、顾客、员工、合作伙伴等多方面的利益，如何对企业运营的各个环节进行系统性管理、企业战略管理等问题，具有系统性、全局性和复杂性的特点。因此，不能只根据企业在某个节点上的成就，去推测企业的商业模式。

综上，本书将商业模式定义为：商业模式是指企业创造价值、传递价值、获取价值的核心逻辑和运行机制，是企业为持续实现各方利益，将资源合理配置，并有效适应市场需求的高效运转系统。

（二）商业模式的本质

商业模式是一个由不同的部分组成的结构化的系统，其本质就是为企业创造价值、传递价值和获取价值，这三个核心要素构成一个封闭的循环，缺一不可。

创造价值是满足客户需求，帮助客户解决问题，提供解决方案。

传递价值是进行资源配置，通过企业经营活动，交付产品或服务价值。

获取价值是建立盈利模式，通过某种特有的模式来持续获取利润。

（三）成功商业模式的基本特征

一个成功的商业模式不仅可以帮助企业实现快速发展，而且可以帮助企业形成不易被复制的核心竞争力。因此，成功的商业模式必须能够突出企业不同于其他企业的独特性，具备创造价值与竞争优势的特点。一般来说，成功的商业模式具有如下基本特征。

1. 帮助企业持续盈利

商业模式是企业获取利润的方式，因此，一个成功的商业模式首先就要帮助企业实现盈利这个核心目标。同时，企业的竞争不是一朝一夕的，只要企业存在，竞争就一直存在，企业只有能够持续盈利，才能实现持续生存。因此，在设计商业模式时，盈利和如何持续盈利也就自然成为重要的原则。

2. 实现客户价值最大化

持续盈利是与实现客户价值最大化必然相关的。如果一个企业不能满足客户价值，即使盈利也一定是暂时和偶然的，是不具有持续性的；如果一个企业不能实现客户价值的最大化，客户就有可能会选择能够实现其价值最大化的其他企业，企业的盈利也不会持续。相反，一个能使客户价值最大化的商业模式，即使暂时不盈利，终究也会走向盈利。

3. 合理整合企业资源

企业资源包括企业内部相关的资源，也包括企业外部的合作伙伴和资源。创业者应根据企业的发展战略和市场需求对有关的资源进行重新配置，寻求资源配置与客户需求的最佳结合点，通过对企业资源的优化组合，整合出一个为客户服务的系统，从而通过组织安排和管理运作协调来增强企业的竞争优势，提高为客户服务的水平。

4. 获取有效融资

企业的创立、生存、发展和成长都需要资金，能够解决资金问题的企业，往往能够抢占市场先机，获得竞争的主动权。因此，商业模式的设计很重要的一环就是要考虑融资模式。

5. 推动持续创新

持续创新是企业获得核心竞争力的关键，成功的商业模式可以使创新贯穿于企业生产经营的整个过程，贯穿于企业资源开发研发过程、制造过程、营销体系、市场流通等各个环节。所以，成功的商业模式不仅指在技术上的突破，还包括对某一个环节的改造，或是对原有模式的重组、创新，甚至是对整个企业规则的颠覆。

6. 提高组织管理效率

企业文化包含企业的愿景、使命和核心价值等内容，是企业生存和成长的动力。成功的商业模式往往与企业文化融为一体。设计科学的激励方案，让企业员工能够分享企业成果，从而增强员工的向心力，调动员工的积极性和主动性，提升员工的工作效率。同时，成功的商业模式也能够帮助企业建立科学、实用的运营管理系统，解决企业系统协同、计划、组织和约束等问题，提升企业管理效率。

7. 适当把控风险

当前，企业的生产经营和对外合作所面临的来自政策、法律和行业等的风险越来越大，同时，产品、人员、资金变动所引起的企业内部风险也在一定程度上存在。好的商业模式应该能够抵御和规避企业在经营过程中所遇到的风险。

（四）商业模式的要素

一个完整的商业模式由企业价值定位、价值创造模式、竞争战略模式和企业价值模式四个要素组成。

1. 企业价值定位

企业价值定位是指企业在一个价值链网络中所确定的自身定位，是企业战略选择的结果，也是商业模式体系中其他有机部分的起点。一个企业要想在市场中赢得胜利，必须明确自身的企业价值定位，只有明确了定位，才能决定企业应该提供什么样的产品或服务来实现客户的价值。任何一个企业都属于某个价值链网络中的一部分，企业依据其价值定位，在价值的创造过程中与其他企业相互竞争或相互依存。比如，相对于三级甲等医院，社区医院的作用是分担技术要求低的医疗需求，使得社会对稀缺的高端资源的使用更有效率。

2. 价值创造模式

价值创造模式是指企业实现价值的具体运营操作，具体包括企业的业务系统、关键资源能力、盈利模式等。业务系统是价值创造模式的核心，也是商业模式的核心，一般包括企业达成价值定位所需要的各个业务环节、合作伙伴扮演的角色、利益相关者合作与交易的方式和内容等。关键资源能力是指企业让业务系统运转所需要的重要的资源和能力。盈利模式指企业在价值链定位已经确定的前提下，与利益相关者就如何分配利益所达成的结果，也就是企业如何获得收入、分配成本、赚取利润。

3. 竞争战略模式

竞争战略模式是企业为了应对其在价值链网络中角色的变化可能而制订的指导方针。对企业来说，竞争战略使得其自身与竞争者相区别，从而使自身不容易被其他企业所取代。

4. 企业价值模式

企业价值模式是指企业从自己创造价值的过程中获得利益的方式和能力，反映了企业在价值定位、业务系统、关键资源能力、盈利模式等方面的差异，体现企业商业模式的不同特征，并影响企业成长速度的快慢，决定企业投资价值的高低、企业投资价值递增速度及受资本市场青睐的程度。

商业模式的这四个要素是互相作用、互相影响的，相同的企业价值定位和企业价值模式可以通过不同的价值创造模式实现；同样的，价值创造模式也可以有不同的企业价值定位和企业价值模式。

二、商业模式画布

商业模式是一个企业成败的关键，所以创业者如何设计商业模式成为必须考虑的问题。进行商业模式的设计，可以使用思维管理工具：商业模式画布。

商业模式画布是通过科学的系统分析流程和工程化设计步骤进行商业模式设计的工具，用于确保最终的商业模式设计方案科学有效。一个成功的商业模式设计是经过多次整合优化后才获得的成果，必须运用科学的工具和正确的方法对商业模式的各个要素进行分析和拆解，逐项进行优化后，再进行合理的整合。

　　商业模式画布能够帮助创业者理清创业思路，能够使商业模式可视化，使用统一的语言讨论不同商业领域，催生创意，减少猜测，确保企业找对目标用户，进而合理地解决问题。商业模式画布可以将商业模式中的元素标准化，并强调元素间的相互作用，不仅能够提供更多的灵活多变的计划，而且更容易满足用户的需求。

　　具体来讲，商业模式画布包括如下九个模块的内容（见图 2-1）。

重要合伙人	关键业务	价值定位	客户关系	客户细分
	核心资源		渠道通路	
成本结构			收入来源	

图 2-1　商业模式画布包含的模块

这九个模块是相互作用、相互关联的，具体含义见表 2-1。

表 2-1　商业模式画布每个模块的内容

模块	内容
客户细分	找出你的目标用户。用来描述一个企业想要接触和服务的不同人群或组织。 我们正在提供给客户细分群体哪些系列的产品或服务？
价值定位	你所提供的产品或服务。用来描述为特定客户细分创造价值的系列产品或服务。 我们该向客户传递什么样的价值？ 我们正在帮助我们的客户解决哪一类难题？ 我们正在满足哪些客户需求？ 我们正在为谁创造价值？ 谁是我们最重要的客户？
渠道通路	分销路径及商铺。用来描述公司如何与其客户细分群体接触、沟通，从而传递其价值主张。 通过哪些渠道可以接触到我们的客户细分群体？ 我们如何接触他们？ 我们的渠道如何整合？ 哪些渠道最有效？ 哪些渠道成本效益最好？ 如何把我们的渠道与客户的例行程序进行整合？

续表2-1

模块	内容
客户关系	用来描述公司与特定客户细分群体建立的关系类型。 我们每个客户细分群体希望我们与其建立和保持何种关系？ 哪些关系我们已经建立了？这些关系成本如何？ 如何把它们与商业模式的其余部分进行整合？
收入来源	用来描述公司从每个客户群体中获取的现金收入（需要扣除成本）。 什么样的价值能让客户愿意付费？ 他们现在付费买什么？ 他们是如何支付费用的？ 他们更愿意如何支付费用？ 每个收入来源占总收入的比例是多少？
核心资源	资金、人才等。用来描述让商业模式有效运营所必需的最重要的因素。 我们的价值主张需要什么样的核心资源？ 我们的渠道通路需要什么样的核心资源？
关键业务	市场推广、业务流程。用来描述为了确保其商业模式可行，企业必须做的最重要的事情。 我们的价值主张需要哪些关键业务？ 我们的渠道通道需要哪些关键业务？
重要合伙人	让商业模式有效运营所需的供应商与合作伙伴的网络。 谁是我们的重要伙伴？ 谁是我们的重要供应商？ 我们正在从伙伴那里获取哪些核心资源？ 合作伙伴都执行哪些关键业务？
成本结构	运营一个商业模式所引发的所有成本。 什么是商业模式中最重要的固有成本？ 哪些核心资源花费最多？ 哪些关键业务花费最多？

在使用商业模式画布时，一般按照以下顺序进行：首先从目标用户群（客户细分）出发，确定客户的需求（价值定位），规划如何将价值传递到目标用户（渠道通路）并和用户建立长期关系（客户关系），如何实现盈利（收入来源）。然后确定实现上述目标的手段（关键业务）和资源（核心资源），能够开展合作的人（重要合伙人）。最后根据上述流程进行综合定价（成本结构）。商业模式画布的核心价值是帮助使用者理性、全面地思考，只要按照上述的步骤进行这九个方面问题的思考，就可以设计出一份合格的商业模式画布。

图2-2以小米公司的商业模式为例，说明商业模式画布的设计思路。

重要合伙人 合作企业	关键业务 软件+硬件+互联网服务	价值定位 "为发烧而生"	客户关系 用户黏度	客户细分 个人用户+ 运营商
	核心资源 软件技术+电商平台		渠道通路 网络平台	
成本结构 平台设计维护+硬软件开发			收入来源 网络广告+产品服务+周边产品	

图 2-2   小米公司的商业模式画布

客户细分：小米的客户分为几大类——年轻人的大众市场；移动、联通、电信运营商的利基市场；提供商品给第三方平台或供应商的平台式市场；销售手机周边商品的多元化市场。

价值定位：小米以"为发烧而生"的价值观来打造产品差异化、服务差异化、形象差异化。

渠道通路：小米以网络平台为主要渠道，还有可利用的合作伙伴的渠道。

客户关系：小米以运营网络社区的方式提高用户黏度，除此以外还有专用个人助理、自动化服务等维护客户关系的手段。

收入来源：网络广告、产品服务、周边产品、手机、知识产权等。

核心资源：软件技术、电商平台、实体资产、人力资源、知识产权、金融资产。

关键业务："铁人三项"——硬件、软件、互联网服务。

重要合伙人：如富士康负责硬件生产、凡客诚品负责小米商城物流等。

成本结构：平台设计维护，软、硬件开发。

三、新创企业商业模式建构

当前我国企业间的商业竞争已经从产品竞争、企业竞争、产业链竞争阶段过渡到商业模式竞争阶段，相对于技术、规模等要素，商业模式更容易让企业实现竞争优势，从而获得更多的市场机会，并以此促进商业模式的升级，形成正循环，使企业在商业模式竞争阶段获得先发优势和结构性竞争壁垒。

因此，对于新创企业而言，商业模式的建构是一个非常重要的关键环节。一般来说，商业模式的建构方法可以归纳为整体复制和借鉴提升两种。

(一)对优秀商业模式进行整体复制

对优秀企业的商业模式整体上进行直接复制，是新创企业构建商业模式最简单的方法。这种方法一般适用于行业内的企业，特别是同属一个细分市场或拥有相同产品的企业，直接竞争对手之间也可互相进行商业模式复制。对优秀商业模式的整体复制不是机械地进行复制，而是需要根据本企业的实际情况对其进行一定的修正，但整体上仍保留原商业模式的内容。在电子商务领域，对商业模式进行整体复制的案例很多，比如在电子商务刚刚登陆中国的阶段，亚马逊公司是全球电子商务企业中最早做 B2C 商业模式的企业，这种模式拥有独立的销售平台，具有成本低、容量大、长尾效益高等优点，主要依靠销售商品及服务盈利，解决了传统零售业面临的经营成本偏高、店面过度膨胀、零售利润下滑、经营品种受限等问题。当当网、淘宝网等中国本土企业复制了亚马逊的商业模式，当亚马逊想进入中国市场时，发现中国 B2C 市场已经被当当网和淘宝网垄断，以至于亚马逊为了进入中国市场只能直接并购卓越网。

整体复制模式对新创企业的信息捕捉能力和快速执行能力有较高的要求，一般情况下，谁能够快速捕捉有关可复制的商业模式的信息，并能够率先复制，谁就可能具备先发优势。

（二）对优秀商业模式进行借鉴提升

1. 借鉴核心内容和创新概念

先对优秀企业商业模式中的核心内容或创新概念进行学习思考和对比研究，找到本企业现有商业模式的不足，然后根据本企业的实际情况，将这些核心内容或创新概念进行适当的提炼和选择，并与本企业商业模式进行有机融合，从而使本企业的商业模式得到提升。这种方法不需要了解优秀企业完整的商业模式，对信息搜集要求不高，因此适用范围广泛，适用于不同行业、不同竞争定位的企业。

2. 进行延伸扩展

通过对优秀企业最新商业模式的学习，寻找使用这种商业模式的企业所在的行业及细分市场，然后将该种商业模式的主体框架率先运用在同行业的不同细分市场，并针对细分市场的特点对商业模式进行优化和调整。这种方法的优点是借助商业模式的研究，寻找到尚未开发的有效细分市场，并有机会形成先发竞争优势，且使用范围更为广泛，适用于行业内的所有企业。如果行业外的企业想进行多元化发展，寻找新的业务发展机会，也可以直接复制或学习这种商业模式，从而顺利进入该行业。

拓展阅读

那些创业成功的人，是如何发现创业机会的？①

凡是大众赞同的，我们就要去思考；凡是大众反对的，我们就要去研究；凡是大众厌恶的，我们就要去搞懂。

很多人想创业，但绞尽脑汁还是找不到一个机会。实际上，创业机会是可以循着规

---

① 余味营销.那些创业成功的人，是如何发现创业机会的？［EB/OL］.［2021-06-20］. https://www.sohu.com/a/278775909_518385.

律去发现的。

如果你身边有很多人叫你去干的机会，那么你去干的话基本上会血本无归，因为被很多人发现的机会不叫机会，而是一片火海，俗称"红海"。按照供需平衡关系分析，如果你贸然进入这片火海，无疑是往"供"的一方加重砝码，而"需"的一方没有变化，相当于给本来就身处水深火热之中的商家加了一把火，自己也陷入困境。按照这个逻辑，市场上90%以上的行业几乎都属于红海，是不是就没有创业机会了？

当然不是。你可以举起创新之刀，用产品上的优势攻城略地，也可以在火海之外寻找一片净土，引入五湖四海的小流水，建立自己的创业洼地。

1. 抓住小众需求

你缺少的并不是创业机会，而是一双发现机会的慧眼。

如果你在一个成熟的行业创业，发现产品同质化太严重，你该怎么办？放弃让人眼红的大众市场，抓住毫不起眼的小众市场。

比如，如果你想在朋友圈或者淘宝卖东西，发现很多人在卖水果、卖零食，如果你也选择卖水果、卖零食，那么很有可能你就会像大多数保险业务员一样只做熟人生意，后面就再也无人问津。你不如就抓住小众需求的市场（比如说卖地瓜），然后你跟朋友说你在朋友圈卖地瓜，如果他很惊讶，那就大胆去做吧。因为这样的小众产品也许平时很少人需要，但是移动互联网的到来打破了地域限制，一个个小需求最终都会累积成大需求。

再比如，你爱好设计，可能在同一个城市设计爱好者并不多，但你可以通过互联网把全国甚至全世界的设计爱好者聚集起来建一个社群，然后走上内容创业之路。现在随处可见的健身打卡群、阅读打卡群就是这样创建的。

又比如，现在大多数人都喜欢时尚的穿衣风格，但是，仍有一部分群体喜欢个性化定制，所以就有了私人定制的衣服，比如说旗袍，所以淘宝上有一家个性化定制的旗袍店一年轻松赚几百万元。

这些都是抓住了小众需求的案例。与其贸然跳入火海，不如尝试寻找另一片海洋，去赚别人不在意的小钱，最后很有可能会堆积成金山。

2. 未被满足的需求

如果一个市场只是满足了一部分人的需求，但无法满足另一部分人的需求，说明这个市场存在未被满足的需求。

比如说养生馆给人的感觉一般是上了年纪的大叔才会去的地方，年轻人和女性一般不好意思去。后来，四川的一家叫"常乐"的足疗店从传统的街边店做成了商场店，设计的风格也非常简单，没有了大电视大沙发，只有一张干干净净的按摩床。因为逛商场的大多数都是年轻人，所以商场店的年轻人消费群体增加了很多。也就是说，对于传统养生馆来说，之前服务的客户基本上是上了一定年纪的大叔，而年轻人是未被满足消费需求的一个群体，所以常乐足疗店抓住了机会。

类似的创业例子还有哪些呢？

有一些小孩或者老人，或者跟我一样经常需要理发的年轻人存在一个问题：发型很简单，浪费近百元去剪发很不划算。我在万达的一些超市入口，发现了有一种叫"快剪"的理发店，他们就采取了非常简单的模式，只需要15元，不用洗头也没有其他服务，几分钟就理完一次发。

再比如说，花就一定是别人才能送吗？就一定是男人送给女人吗？有没有一种未被满足的消费需求呢？一家叫"花点时间"的花店重新定义了人们对于花的需求，自己也可以给自己送花，每周一次，包季只需要99元起，结果大获成功。

实际上，市场上未被满足需求的消费者并不少见，你只需要思考以下两个方面就能发现身边的创业机会：他们对价格很在乎，但是对服务不在乎(比如说快剪)；他们对价格不在乎，但是对环境很在乎(比如说按摩)。

如果你听到身边有抱怨，不妨尝试着去发现创业机会。

3. 别人去挖矿，你应该卖水

如果以上的创业机会你发现不了，那你完全可以考虑为某些行业提供服务，从而抓住身边的创业机遇。

比如说有人开了一个加油站，如果你也想在这个地段做点生意，你应该怎么做呢？当然是开一家便利店，而不是继续开一家加油站。

类似的例子屡见不鲜。比如说很多人只看到了现在的年轻妈妈疼爱孩子，愿意为宝宝花钱，所以接二连三地都去开母婴店。但他们并没有考虑到母婴行业已经趋近成熟，更没有意识到中国近些年婴儿出生率一直在下降。聪明的做法是在母婴店旁边开一家小儿推拿中心，而不是继续开母婴店，与竞争对手进行困兽之斗，把自己逼入绝境。

那么，这个思路还可以在哪些领域运用？

我之前有一个同事是做建材行业的，后来他觉得做建材没有发展空间，就干脆在建材市场开了一家广告店。因为建材商家经常搞活动，所以基本上每个商家都需要大量的物料，如单页、地贴、吊旗等。一个月下来，他的收入比做建材的时候还高。

再比如说，家居行业有很多的小工厂都在模仿大企业，但其实大企业的家具市场同样也遇到了瓶颈，而且国内品牌在产品差异化上也没有什么太大区别，所以现在模仿它们并不是一件很好的事情。如果你想在家居行业创业，就不应该再去模仿千篇一律的国内产品，而应该挖掘那种小而美且简单的产品的市场。

补充说明：

(1)并不是每个人都适合创业。就像很多人觉得奶茶的利润很高，然后就都去开奶茶店，但美团数据显示：去年开了18万家奶茶店，倒闭了18万家。

(2)别人去挖矿的时候，不一定都不应该去挖，比如说你知道哪里有矿或者你知道怎样能够挖到矿，那你当然应该果断地选择挖矿；反映到创业中就是，如果你的产品或者营销比别人做得更好，同样也可以进入。

(3)创业机会不局限于以上思路，也有很多创业成功的案例在以上分享的创业思路之外。但以上三个创业方法论，几乎是最适合普通人发现创业机会的思路。

实 战 案 例

苹果的秘密：成功的商业模式①

苹果公司成功的秘密在哪里？这是每个人都想弄明白的问题。然而，上至乔布斯，下至苹果公司的普通员工，都没有向外界提供一个明确的答案。有的或许是讳莫如深、无可奉告，而更多的人则是认为：苹果的成功天经地义。

终于，苹果的一位高管在接受采访时说的一句话泄露了天机："苹果成功的秘密在于把最好的软件装在了最好的硬件里。"

最简单的语言往往直指人心，苹果如此诱人的秘密就在于其创造的商业模式。商业模式就是如何创造和传递客户价值和公司价值的系统。商业模式创新比产品创新和服务创新更为重要，其对企业的价值丝毫不亚于伟大的技术发明。

商业模式创新可以改变整个行业格局。沃尔玛、百思买、西南航空和亚马逊都是商业模式创新造就成功的典范案例。

从 1998 年到 2007 年，成功晋级《财富》500 强的企业有 27 家，其中有 11 家认为它们成功的关键在于商业模式的创新。

一个完整的商业模式由四个密切相关的要素构成：客户价值、营利模式、关键资源和关键流程。其中，客户价值是指你能为客户带来什么不可替代的价值，营利模式是指你如何从为客户创造价值的过程中获得利润，关键资源是指企业内部如何汇聚资源来为客户提供价值，关键流程则是指企业如何在内部以制度和文化确保客户价值的实现。客户价值和营利模式分别明确了客户价值和公司价值，关键资源和关键流程则描述了如何实现客户价值和公司价值。

苹果公司称霸世界科技企业的原因，绝不仅仅在于它为评论者所称道的时尚设计，也不仅仅在于表面上的明星产品创新，关键的是，苹果创造了一个属于新时代的卓越商业模式。正是商业模式的改变让苹果扫除了过去传统电脑厂商的暮气，成为移动互联网时代的领航者。

客户价值创造最重要

苹果连出重拳，iPod、iTunes、iPhone、AppStore、iPad，先后改变了传统音乐、手机和出版行业，建立了这三个行业的新秩序，而苹果自己也因为掌握了硬件、软件和服务的产业关键环节，从而有"一统江山"之势。

一个成功的商业模式，最根本的就是要提供新的客户价值。最初的时候，对于苹果而言，提供客户价值意味着苹果公司为用户提供领先于同行的最新技术，而自从乔布斯

---

① 财知行.苹果的秘密：成功的商业模式［EB/OL］.［2021-06-20］. http://www.360doc.com/content/18/0528/17/7639283_757730308.shtml.

归来后，苹果开始重新审视客户价值，破除封闭的老思维，兼收并蓄，纵横捭阖，将先进的技术、合适的成本和出众的营销技巧结合起来。

苹果的产品并没有什么特别前沿的技术，也往往不是业界第一个"吃螃蟹的人"，但总能够在合适的时机将合适的技术以最适合消费者体验的方式设计出来，从而取得成功。

营利模式创新最关键

成功商业模式的第二步就是明确营利模式。苹果公司有两个主要营利路径：一是靠卖硬件产品来获得一次性的高额利润；二是靠卖音乐和应用程序来获得重复性购买的持续利润，以及获得运营平台的报酬。

这两个营利方式还会形成良性循环。由于有优秀的设计，以及 10 万个以上的音乐和应用程序的支持，因此，无论是 iPod、iPhone 还是 iPad，都比同类竞争产品的利润高很多。同样，由于有卓越硬件和苹果高销量的支持，那些应用程序也更有价值，也就更能促进新程序和软件的开发，拉动更多更好的内容进入苹果的供应链。

苹果控制了移动互联网产业中最核心的也是利润率最高的设计、渠道和销售环节，而且苹果的硬件、操作软件和 iTunes、AppStore 等渠道平台只适用于苹果帝国自身，对外界的厂商实行技术封闭。因此，苹果帝国的壮大也意味着苹果的营利能力足够强，从而在业内具有持续的强大竞争优势。

实操训练

创业能力测试

当你想要拥有一个自己的公司的时候，有必要先进行下面的测试，它可以帮你判断自己是否适合创业、有无创业潜力。当然，这个测试的结果仅供参考，因为一个人创业能否成功要受到诸多因素的制约。

测评题目

请根据自己的第一印象作答，不要过多思考。

1.你是否曾经为了某个理想而设下两年以上的长期计划，并且执行计划直到完成？	是□ 否□
2.在学校和家庭生活中，你是否能在没有师长和亲友的督促下自觉完成分派的任务？	是□ 否□
3.你是否喜欢独自完成工作，并做得很好？	是□ 否□
4.当你与朋友在一起时，你的朋友是否经常寻求你的指导和建议？你是否曾被推举为领导者？	是□ 否□
5.你有没有赚钱的经验？你喜欢储蓄吗？	是□ 否□
6.你是否能够专注地做自己感兴趣的事连续 10 小时以上？	是□ 否□
7.你是否习惯保存重要资料，并且整理得井井有条，以备需要时可以随意提取查阅？	是□ 否□
8.在平时生活中，你是否热衷于社会服务工作？你关心别人的需要吗？	是□ 否□

续上表

9. 你是否喜欢音乐、艺术、体育以及其他各种活动？	是□ 否□
10. 你是否带领其他人员完成过一项大型活动或任务？	是□ 否□
11. 你喜欢在竞争中生存吗？	是□ 否□
12. 当你在别人的管理下工作时，发现其管理方法不当，你是否会想出适当的管理方式并提出改进建议？	是□ 否□
13. 当你需要别人的帮助时，是否能充满自信地提出要求，并且说服别人来帮助你？	是□ 否□
14. 在你筹款或者义卖时，是不是充满自信而不害羞？	是□ 否□
15. 当你要完成一项重要工作时，是否总是给自己留出足够的时间仔细完成，而绝不让时间虚度，在匆忙中草率完成？	是□ 否□
16. 参加重要聚会时，你是否会准时赴约？	是□ 否□
17. 你是否有能力安排一个恰当的环境，使你在工作中能不受干扰，有效地专心工作？	是□ 否□
18. 你交往的朋友中，是否有许多有成就、有智慧、有眼光、有远见、老成稳重的人？	是□ 否□
19. 你在团体中被认为是受欢迎的人吗？	是□ 否□
20. 你自认为是理财高手吗？	是□ 否□
21. 你是否可以为了赚钱而牺牲自己的娱乐？	是□ 否□
22. 你是否总是独自挑起责任的担子，彻底了解工作目标并认真地执行工作？	是□ 否□
23. 在工作中，你是否有足够的信心和耐力？	是□ 否□
24. 你能否在很短的时间内结交许多新朋友？	是□ 否□

测评说明

一、测评计分

答"是"得 1 分；答"否"不得分。请统计所得分数。

二、测评结果分析

0~5 分：目前不适合自己创业，应当训练自己为别人工作的能力，并学习技术和专业知识。

6~10 分：需要在旁人指导下创业，才有创业成功的机会。

11~15 分：非常适合自己创业，但是在"否"的答案中，必须分析出自己的问题并加以纠正。

16~20 分：你的个性足以使你从小事业慢慢开始，并从妥善处理中获得经验，成为成功的创业者。

21~24 分：有无限的潜能，只要懂得掌握时机和运气，就将是未来的商业巨子。

（资料来源：中国大学生创业网 http://chinadxscy.CSU.edu.cn/）

第三章

创业者与创业团队

第一节　创业者

创业的成败受到很多因素的影响，其中最核心的要素是人。创业者及创业团队在创业活动中发挥着决定性的作用。

一、创业者的含义

（一）创业者的定义

1880 年，法国经济学家萨伊首次对"创业者"作出定义，他认为创业者是将经济资源从生产率较低区域转移到生产率较高区域的人，并认为创业者是创业过程中的代理人。由于创业过程的复杂性，因此就如创业领域的其他概念一样，对创业者的定义，不同的学者从不同的角度有不同的观点。

熊彼特认为创业者应为创新者，即具有发现和引入新的、更好的、能赚钱的产品、服务、过程能力的人。20 世纪 80 年代，许多学者深入进行创业研究，有学者认为创业者是有愿景、会利用机会、有强烈企图心的人，是愿意担负起一项新事业、组建经营团队、筹措所需资金且承担全部或大部分风险的人；有学者认为创业者是那些在充满不确定性的环境中承担风险并进行决策的人；也有学者对创业者的定义进行了扩充，如尼尔森肯定了愿意承担风险是一个人成为成功创业者的关键，同时还强调成功的创业者还兼具运气、时机、资金和毅力等条件。蒂蒙斯认为，创业者是由强力承诺与毅然耐性所驱使的人。这些定义可以帮助我们对创业者进行更深入的理解。

创业者的定义还可以从狭义和广义两个角度来阐述。

从狭义角度理解，创业者是指创业活动的发起者或核心人员，强调了创业中核心人员对整个创业活动的重要性。如果没有核心人员，大部分创业活动都将无法进行下去。在实际的创业过程中，核心人员的能力直接影响创业最终的结果。

从广义角度理解，创业者是指创业活动的全部参与人员。随着创业企业规模的扩大，创业团队会不断地扩大，相关的工作人员也会不断增加。创业的全部参与人员承担着企业发展过程中的不同任务，角色定位也在不断发生变化，所承担的风险和最终的收益也各不相同。

在创业过程中，狭义的创业者将比广义的创业者承担更多的风险，也会获得更多的收益。

(二)大学生创业者

大学生创业者是指那些有理想、有胆识，掌握一定的技术或资源，利用自己的知识、才能和技术，以自筹资金、技术入股、寻求合作等方式主动参与社会竞争，创立新企业，成为为自己、为社会创造就业机会的在校或刚毕业的大学生。

当前，国家和地方政府大力支持大学生创新创业，为大学毕业生创业制订了一系列的优惠政策，各高校也积极为大学生创业创造各方面的条件，大学生自主创业的环境不断改善。

二、创业者的分类

从不同的角度进行划分，创业者的分类也各不相同。

(一)按创业者的作用划分

按照创业者在创业过程中的作用来划分，创业者可以分为独立型创业者、领导型创业者和参与型创业者。独立型创业者一个人开展创业活动，一个人承担创业的全部风险，创业成功后获取应分配给创业者的全部的利润。领导型创业者领导一个创业团队开展创业活动，相比于创业团队其他成员，享有较高的股份、权利和管理权限。参与型创业者与领导型创业者相对，属于创业团队成员，只参与企业的经营活动，但不具备领导权限。

(二)按创业的内容划分

按照创业内容划分，创业者可分为生产型创业者、管理型创业者、市场型创业者、科技型创业者、金融型创业者、服务型创业者等6种类型。这种划分方法比较容易理解，如果创立的企业是服务型企业，如企业从事教育、培训、家政、文化、演艺等经营活动，那么创业者就属于服务型创业者。

(三)按创业的目的划分

按创业的目的划分，创业者可分为生存型创业者、变现型创业者和主动型创业者。生存型创业者是指为了生存，没有其他选择而无奈进行被动创业的创业者。变现型创业者是指把赚钱，作为唯一目标的创业者，比如他们看到房地产赚钱，就会将资源投入房地产行业进行创业，觉得教育培训赚钱，就会投资教育行业。主动型创业者是指基于自己的技术、资源、兴趣、经验等创业要素开展创业活动的创业者。

(四)按创业者的能力划分

不同的创业者具备不同的专长，基于自己掌握的专长，创业者可以在创业过程中发挥自己的优势，创业更容易成功。

1. 技术型创业者

技术型创业者一般具备较强的技术能力，掌握某项技术，并以该技术作为创业企业的核心优势。技术性创业者想要取得成功，就要虚心向懂市场和营销的人学习，或者与他们组成一个团队共同创业，以更好地从用户的角度考虑问题。

2. 销售型创业者

销售型创业者一般具有在某个行业内丰富的销售经验和熟练的销售技巧，对于客户的需求有较深入的把握。销售型创业者想要取得成功，就要学会发挥团队的力量，而非总是依赖自身单打独斗的能力。

3. 管理型创业者

管理型创业者一般在团队管理、人员激励、财务管理等方面都有丰富的经验。管理型创业者想要取得成功，就要充分和团队中的其他创业者、基层员工、客户进行沟通交流，掌握经营管理的细节，并团结好团队成员。

4. 学者型创业者

学者型创业者一般具有在大学或科研机构进行科研活动的经验，甚至是从国外带着技术回国创业的"海归学者"，他们有丰富的理论研究经验，看问题的角度往往更加宏观，更具远见。学者型创业者想要取得成功，就要多向有创业或企业经营管理实践经验的人学习，有面对挫折的勇气。

5. 实践型创业者

实践型创业者往往具有把企业从小做到大的丰富实践经验，对创业过程中可能遇到的困难有充分的预期。实践型创业者想要取得成功，就要做到与时俱进、克服经验主义、努力突破自己、大胆进行新尝试。

三、创业者典型特征

生活中，我们经常可以看到形形色色的创业者，每个创业者的性格特征、精神教养都各不相同，但如果深入研究成功创业的创业者，就会发现他们具备一些共同的特质。

(1)有理想抱负。成功创业者不会满足于当下的境遇，对不确定的环境和全新的事业充满期待。

(2)充满激情。成功创业者将大量的时间和精力放在实际行动上，面对问题和挑战充满了激情，愿意为自己创立的事业投入全部的精力。

(3)敢为人先。成功创业者愿意承担更多的风险和挑战，投入充满风险和机遇的社会竞争中，从事机遇与风险并存的商业活动。

(4)善于发现。善于观察和思考，尤其是善于对不合理的、习惯性的东西追问"为什么"，然后从中挖掘出商机。

四、创业者的素质特征

素质是指人与生俱来的以及通过后天培养、塑造、锻炼而获得的身体上和人格上的特质，它决定着个人如何与自然、社会和他人相处，还决定着个人的理智、情感、意志等方面的表现。创业素质是创业行动和创业者所需要的主体要素，包括知识、技能、经验和人格等。

创业者只有具备了优秀的素质，才能为开创事业打下良好的基础。大学生要开展创业活动，首先就要培养自身良好的内在素质，以提高创业的成功率。大学生创业的必备素质可以概括为思想素质、知识素质、心理素质和身体素质等四个方面。

（一）思想素质

思想素质是指人对社会现象的认识和行动，是一种较为稳定的属性，对创业者的各种行为起到长期的、持续的影响甚至决定作用。因此，思想素质是创业者开展创业行动的根基。具体包括以下方面：

1. 诚实守信

诚信是创业者为人处世的基本准则，也是企业家的立身之本和商业活动的灵魂。诚信决定了人如何在社会上立足、如何与人相处。诚信对于资源稀缺的创业企业来说必不可少。诚信的缺失会扰乱市场经济的正常秩序，破坏人与人之间的信任、合作关系。

诺贝尔经济学奖得主弗利曼曾明确指出："企业家只有一个责任，那就是在符合游戏规则的前提下，运用生产资源从事营利的活动，亦即须从事公开和自由的竞争，不能有欺瞒和欺诈。"创业者要强化诚信意识，树立诚信观念，做一个讲信用、守信用、重信用的人，按照"先做人，后做事"的原则，才能赢得尊重和信任，在今后的创业历程中获得长足发展。

2. 创业欲望

创业欲望不仅促使创业者迈出创业的第一步，更能够支持创业者坚持走好创业的每一步。只有拥有强烈的创业欲望，创业者才能克服创业过程中所遇到的各种困难，在面对创业过程中不可避免的各种不确定性时，才不会摇摆不定，能够坚持到最后，从而获得创业的成功。与普通的欲望不同，强烈的创业欲望往往需要创业者敢于突破现状，勇于行动和付出。

3. 市场意识

创业活动必然要经历市场的考验，因此创业者必须具备较强的市场意识，能够用市场经济的思维处理创业过程中的各种事务。在市场竞争环境中，要时刻以满足用户需求作为第一宗旨，增强服务意识，在经营过程中时刻关注销售额、利润、现金流等企业经营核心指标，在头脑中建立竞争意识、创新意识，做好企业战略发展谋划，守好合法经营的底线，增强法治意识。

4. 强烈的冒险精神

创业在本质上就是一项冒险活动，因此冒险精神是创业最重要的内驱力。机遇与风险经常是相伴而行的，高风险伴随着高收益。创业意味着要改变现状，在创业过程中，无论创业者投入了多少资本，都必须承担压力和失败的风险。创业者只有正确地认识到风险的存在，并合理地管理创业风险，才能在获得高收益的同时把风险降到最低限度。

5. 风险意识

市场竞争是残酷的，机遇与风险共存，没有敢于冒险的精神，往往就抓不住创业机会。如果没有风险意识，则可能导致巨大的损失，导致创业的失败。因此，创业者应该具有较强的风险意识，采用科学的方法合理控制创业风险。

(二) 知识素质

创业活动是一项专业性较强的活动，特别是对于开展专业技术项目的创业者来说，只有熟悉和掌握本领域创业所需的专业知识体系和技术，将这些知识融会贯通并应用到创业的全过程，才能在创业项目、产品或服务中提高工作质量。

创业者应具备的知识素质主要如下。

1. 人文社科知识

创业过程就是为人和社会服务的过程，因此，创业者应丰富自己的人文社科知识，特别是关于哲学、政治、文化、道德、法律和历史方面的知识，以确保做出正确的决定，并有效地加以实施。特别重要的是，一些大型项目的创业者，必须能够从政治的角度看问题，从哲学的角度思考问题，对他们在人文社科知识方面的积淀理应有更高的要求。

2. 科学技术知识

科学技术是第一生产力。科技发展日新月异，谁掌握了先进的技术，谁就能在竞争中稳操胜券。创业者应力求在自己从事的业务领域中成为专家，同时又要有比一般的专家更广博的知识面。

3. 管理知识

管理既是科学，也是艺术。现代管理理论是一切领导者的必学科目，也是创业者的护身法宝。在实践中创造性地应用管理知识，就会形成独具特色的领导艺术。

(三) 心理素质

创业是一种人生的挑战，创业者需要有良好的心理素质，才能更好地从事创业实践活动。

1. 坚强的意志力

意志力是一种巨大的精神力量，它调节着人的外部活动和心理状态。坚强的意志力是创业者走向成功不可或缺的心理素质，意志坚强的创业者在遇到困难时不会轻易放弃，而会百折不挠地努力克服一切困难和障碍，不达目的誓不罢休，永不服输。

2. 敏锐的直觉

灵活敏锐的商业意识是兴业之源。直觉是运用已有的经验和知识，以一种高度凝练的方式洞察问题的实质，并迅速解决问题或对问题做出某种猜测和判断的思维形式。直觉在寻求商机和科学发现等创新行为中具有极为重要的作用，任何一种商业模式、产品、服务都有其生命周期，创业者要对变动不居的社会、消费行为、商业模式具有敏锐的直觉，从而通过学习与实践为未来可能的变化做好准备。

直觉并非与生俱来，它往往是个人经验和水平的一种厚积薄发的表现。正如乔布斯在一次对全体斯坦福大学毕业生的演讲中所言："不要让他人的见解淹没你内心的声音。最为重要的是，需要有勇气追随你的心灵和直觉。"

3. 敢于竞争

企业竞争是市场经济最重要的特征之一，竞争精神是创业者立足于社会不可缺少的一种精神。随着我国经济的不断发展，竞争愈来愈激烈，创业者只有敢于竞争、善于竞争，才能取得成功。值得一提的是，竞争要遵循自愿、平等、公平和诚信原则，要遵守公认的商业道德，不能滥用权力。

(四) 身体素质

创业是一项艰苦而复杂的活动，没有健康的体魄和充沛的精力，就不能适应创新企业外部协调和内部管理的繁重工作。所谓良好的身体素质是指身体健康、体力充沛、精力旺盛、思路敏捷。创业需要付出艰苦的体力劳动和脑力劳动，在创业之初，受资金、环境等各方面条件的限制，许多事情都需要创业者亲力亲为，他们要不断思考如何改进经营的方法，还要为协调各种关系东奔西走，加上工作时间长，经营的风险与压力大，若无充沛的体力、旺盛的精力，必然力不从心，难以承担创业重任。因此，创业者需要通过平衡膳食和科学的体育锻炼，努力提高身体素质。

需要说明的是，要求一个创业者完全具备以上素质是很困难的。创业者本人既要有不断提高自身素质的自觉性和实际行动，通过不断的学习和改造，努力提高自身的素质，又要充分发挥创业团队的力量，以避免个人负担过重。

五、创业者的能力特征

(一) 创业者能力概述

能力是完成一项任务所时所体现出来的综合素质。现代社会竞争日趋激烈，一个人能否在竞争中占据优势、成功创业，主要取决于他所拥有的或者能够运用的各种能力。

1. 开拓创新能力

创新的实质是通过科学研究、生产活动和管理实践，创造新的理念、产品或服务成果并将其转化为生产力，以促进社会经济的发展。创业的本质就是创新，无论是发现新的创意、捕捉新的机遇、寻找新的市场，还是创业融资、创办公司和企业运作、管理和控制，都需要开拓创新。创业者是创业活动的主体，因此，创业者的优秀创新能力是企业化解外界风险和取得竞争优势的重要基础，是企业发展的必备条件。

2. 持续学习能力

学习能力是指获取知识和信息的能力，包括对知识的接受、转换和应用，对信息的获取、筛选和利用。当今社会瞬息万变，新的技术革命使社会产业结构发生巨大变化，社会产业向着技术型、知识密集型和智能型转化，这必然要求人们加快对新兴知识的学习。

创业者必须善于学习，坚持学习和不断学习。提升学习能力要做到以下几点。

(1)尊重学习。不满足于已取得的成绩、已学习的知识和已具备的能力，时刻保持对环境变化的敏感度，不断学习新知识。

(2)学有所长。人的精力是有限的，应学会取舍，在某些领域要精益求精，具备一技之长；在某些领域要涉猎粗通。让自己既可以在技术上独当一面，也可以在管理上游刃有余。

(3)心态开放。善于发现学习的榜样，取其长处，补己之短；善于接纳新事物和新观点，不断地找到自身存在的不足，并通过努力学习来弥补。

(4)终身学习。创业者的学习能力在很大程度上决定着企业的发展后劲，影响着创业的进程和效果，只有树立终身学习的理念，才能跟上时代的步伐，实现事业的发展。

3. 人际交往能力

人际交往能力是指妥善处理组织内外关系的能力，包括与周围环境建立广泛联系和对外界信息的吸收、转化能力，以及正确处理组织内部各种关系的能力。创业的过程就是不断和社会交互作用的过程，企业的发展更是离不开社会各界的支持与帮助。因此，只有具备较强的沟通协调能力，妥善处理各种社会关系，才能促使创业成功。

人际交往能力包括表达能力和反应能力。表达能力是充分、有效地将自己的观点向他人阐释的能力。创业者向客户充分有效的表达能够使客户充分理解企业的产品情况，也有利于推销自己；向创业团队充分有效的表达能够使大家领悟新企业的目标、面临的环境和要采取的对策，从而更加有效地为完成共同的目标而努力。

反应能力是表达能力的有效补充，在交际过程中，良好的反应能力能够帮助创业者随时领会和把握表达对象的需求和所表达的内容，从而有效调整自身表达的方式和内容。

4. 团队合作能力

创业是一个复杂的过程，很多事情靠一个人的力量难以完成或无法取得最好的效果。因此，团队合作能力成为创业者必备的一项基本能力。创业者要想与他人合作并有所作为，既要做到知已，清楚自己的性格类型、素质特点、能力专长，选定一个合适的目标；又要知彼，注意分析别人的特点，找到互补性和差异性。

创业过程中，团队合作需要遵循两个原则：首先是平等合作。创业者与合作伙伴在人格上完全平等，为了共同的目标并力前进。其次是互利合作。合作者之间是互惠互利的关系，为了共同的目标和利益需求进行物质和精神的相互配合协作。

5. 分析决策能力

分析决策能力是创业者在科学分析主客观条件的基础上，因地制宜，正确地确定创业的发展方向、目标、战略以及具体选择实施方案的能力。

在创业的过程中，需要从错综复杂的现象中发现事物的本质，找出存在的真正问题，分析原因，从而正确处理问题，这就要求创业者具有良好的分析能力。大学生创业者培养分析能力需要做到：多调研，平时多进行市场调研，在调研的基础上进行决策；多思考，对可能出现的结果进行分析，同时准备好应对的措施；多学习，多向前辈学习，多向同行学习，集思广益。

创业者的决策能力是各种综合能力的体现，它包括前瞻性、全局性、果断性、正确性等内容，包含选择最佳方案的决策能力、风险决策能力和当机立断的决策魄力等。

6. 经营管理能力

经营管理能力是指企业经营活动的组织、管理及运营的能力，它涉及企业中人、财、物、信息等各项资源，以及对这些资源的计划、组织、指挥、协调和控制的能力。经营管理能力是一种较高层次的综合能力，是解决企业生存问题的第一要素。

大学生创业者要提升经营管理能力，需要从以下几个方面去努力。

(1)学会用人。市场的竞争首先是人才的竞争，谁拥有人才，谁就拥有市场。一个创业者不仅要与德才兼备、志同道合的人合作，还要善于吸纳比自己强或有某种专长的人共同创业。

(2)学会经营。为了在激烈的市场竞争中取得优势，创业者必须学会经营，树立经营的理念，将创造经济效益作为企业的第一要务，实现利益最大化。

(3)学会管理。在创业中，需要创业者掌握一定的管理知识和方法，以现代管理理论为指导，有计划地组织、指挥、协调和控制各项活动，达到事半功倍的效果。

(4)学会理财。在资金使用上要注意预算和决算的把握，开源节流，掌控好资金的进出和周转，做好资金投入的论证。心中要时刻装有一个算盘，每做一件事、每用一笔钱，都要衡量该决策是否有利于事业的发展，效益好不好，会不会使资金增值，只有这样才能理好财。

7. 专业技术能力

专业技术能力是创业者掌握和运用专业知识、组织产品生产或提供服务的能力。创业者应具备的专业技术能力包括在创业行业所必备的从业能力，接受和理解与所办企业经营方向有关的新技术的能力，以及把环保、能源、质量、安全、经济、劳动法律法规等知识运用于本行业实际的能力等。专业技术能力的形成具有很强的实践性，创业者要重视创业过程中专业技术知识的积累和技能的训练，并逐步发展和完善，形成具有特色的创业经验，不断提高专业技术能力。

（二）大学生创业能力的培养

彼得·德鲁克曾说过："创业不是魔法，也不神秘。它与基因没有任何关系。创业是一种训练，就像任何一种训练一样，人们可以通过学习掌握它。"对于大学生创业者而言，通过接受创业教育，可以获得创业所需的知识、技能和素质。

1. 充分利用专业教育资源

对于大学生而言，专业知识和技能是个人的核心竞争力之一。通过专业教育，大学生可以掌握相关专业的专业知识和技能，甚至可以通过学校提供的各类专业训练平台、实验室、导师的指导等资源，于在校期间申请各类专利和著作权，为将来的创业积累原始资源。大学生也可以在专业知识的学习和训练过程中，了解和掌握本专业所对应行业的相关知识，了解行业内现有企业的发展情况，甚至有机会通过学校安排的专业实习或个人申请的就业实习到相关企业内实际体验，掌握企业经营管理的实际情况。还可以通过专业学习获得本专业相关导师的指导和帮助，争取进入导师的团队，甚至可以展开和导师的合作，通过知识产权转化等路径，利用导师已有的专利或其他知识成果进行创业。

总之，大学生应该提高自主学习能力，关注所学专业领域的变化趋势，积极阅读文献，夯实专业知识基础，不断思考，不断发现问题，甄别各种市场机会并大胆尝试，从而提高识别市场机会的能力。

2. 充分利用通识教育资源

通过之前的内容可知，创业对于创业者的素质和能力要求较高，其中很多能力和素质是需要经过长期的学习和训练才能获得的。大学生在学好专业知识的同时，要充分利用学校的通识教育平台，充分利用公共选修课、辅修课程等资源，根据自己的专业情况，补充其他相应的知识和能力。如学习理工科专业的同学，可以选修经济管理、法律等专业的相关通识课程；学习经济管理专业的同学，则可以参加自己感兴趣的或目标创业领域相关专业的通识类课程，不断提升自己的综合素质。

另一方面，目前很多高校开展了创新创业类的通识教育，通过创业基础课程、创新创业训练计划、创业讲座和沙龙、创业训练营等方式，培养大学生的创新创业意识和能力。甚至有的大学提出了"思创融合"（在大学思政课程中融入创业教育内容）"专创融合"（在大学生专业学习全过程中融入创业教育内容）和"科创融合"（在大学生科学研究开展中融入创业教育内容）的概念，为大学生创业能力的培养提供了良好的学习资源。

大学生应珍惜一切学习机会，充分利用学校提供的各类平台，在学好专业技能的同时，掌握更多的经营管理知识，努力提高自身的综合能力。

3. 充分利用第二课堂资源

第二课堂是在教学计划之外，引导和组织学生开展各种有意义的课外活动，内容包括大学生社团活动、社会实践、志愿服务、科技竞赛、就业实习、学术讲座、兴趣活动等，是大学生开展朋辈学习、拓展人脉资源、提高综合素质的重要途径。

当前很多大学都鼓励大学生参加各类型的课外学术科技竞赛和创新创业竞赛，比如"互联网+"大学生创新创业大赛、"挑战杯"全国大学生课外学术科技作品竞赛和创业计划大赛等。创业竞赛是提高学生实际创业能力的有效途径，参加创业大赛的过程既是从事市场调研、建立创业团队、最终形成创业计划书的过程，也是向专家、学者、知名企业家学习的过程。在答辩中通过思考评委会的提问和听取他们对创业计划的点评，可以在很大程度上培养创业意识、增长创业知识、提高创业能力。

此外，学校还会组织一些高质量的创业竞赛活动，鼓励大学生积极组队参加，培养大学生制订商业计划的能力和团队领导决策能力；开展各种创业讲座、沙龙和创业实训，充分发挥校友和成功企业家的示范作用，在校内进行鼓励自主创业等方面的宣传活动，营造良好的创业氛围，激发学生创业实践的热情。

实践是检验真理的唯一标准，大学生应充分利用第二课堂的有关资源，在实践活动中对自己的创业想法、创业知识和创业能力进行检验。

4. 开展创业实践

当前，党和国家高度重视大学生的创新创业问题，国家、各省市和高校为大学生的创新创业实践提供了很多优惠政策和场地、资金、辅导等软硬件环境和资源，如很多大学建立了创业见习基地和大学生创业园，为大学生提供免费的注册服务和一定期限的免费办公场地等。有创业梦想的大学生应利用在校学习的时间充分利用这些资源，提出一项具有市场前景的创新性产品或服务，并以此为基础开展创业实践，熟悉各种职业特点和自己的能力特点，积累创业经验，增长创业才干，减少将来创业的盲目性，甚至直接创业成功，实现自己的人生梦想。

第二节　创业团队

"一个人可以走得很快，但一群人可以走得更远！每一个创业英雄的背后，一定有着创业团队的支撑。"创业所要求的知识和能力涵盖经济、管理、技术、营销、财务等多个方面，仅靠创业者个人的力量是不够的，因此就需要组建和打造一支具有共同价值观和目标，能相互协作、共同奋斗的创业团队。

一、创业团队的内涵

创业团队是指在创业初期由多个愿景相同、技能互补、责任共担、贡献互补的创业者组成的特殊群体，该群体在一定的程序规范下，为达成高品质的创业结果而共同努力。随着行业竞争的日趋激烈，团队创业已成为一种普遍现象。

(一)创业团队的组成要素

一般而言，创业团队由以下五大要素组成。

1.创业目标

明确的创业目标是创业团队存在的基础和凝聚力的源泉，它有利于促进每个成员共同为实现目标而努力，是创业成功的关键要素。创业目标在新企业的管理中常以新企业的愿景、战略的形式体现。创业团队必须有一个相对明确的目标，为团队成员指明前进和奋斗的方向。同时，创业目标一旦建立，就要确保整个创业团队齐心协力共同实现目标。

2.团队成员

人是创业计划的最终实施者和受益者，因此，人是构成创业团队最核心的要素。人员选择是组建创业团队中非常重要的工作，要求团队成员间有共同的创业理念、目标和价值观，同时在知识、性格、能力、经验和资源等方面形成互补。

3.角色定位

角色定位包含两层意思：①创业团队的定位，包括创业团队在新企业中处于什么位置，创业团队最终应对谁负责等；②创业团队成员的定位，包括个人作为成员在新创企业中担任的职务和承担的责任。合理的角色定位能使每个团队成员的潜能充分发挥出来，共同推动企业的发展。

4.权利分配

创业团队中的每个成员都有一定的角色定位，这就必然要求为每个成员进行科学的权利分配。这种权利分配包含团队成员对创业过程的某种控制能力，也包含对创业成果的获取份额。创业活动面临着动态多变的环境，管理事务也比较复杂，为每个团队成员设定权利分配方案，有利于划定权力和利益边界，实现创业团队成员的良好合作。

5.创业计划

计划是为达到目标所做出的安排。创业是一项复杂的活动，创业目标的最终实现，需要将一系列具体的创业行动方案和工作顺序制订成计划。有了明确的创业计划，创业团队成员和企业员工才能了解企业的发展目标、任务的轻重缓急、工作的先后顺序等，只有按计划进行操作，创业团队才会一步一步地贴近创业目标，从而最终实现目标。

为了充分推进创业过程,创业团队成员必须不断磨合,才能形成一个拥有共同目标、人员配置得当、定位清晰、权限分明、计划充分的团队。

(二)创业团队的类型

创业团队从不同的角度、层次和结构可划分为不同的类型。根据创业团队的组成者的关系划分,可分为伙伴型创业团队、领袖型创业团队和核心型创业团队三种类型。

1. 伙伴型创业团队

伙伴型创业团队一般没有明确的核心人物,大家根据各自的特点进行自发的角色分配,大学生创业团队很多都是伙伴型创业团队。伙伴型创业团队成员主要来自因为经验、友谊和共同兴趣而结缘的伙伴,一般在创业之前就有密切的关系,比如同学、亲友、同事、朋友等,大家互相之间比较熟悉,共同认可某一创业想法,进而共同进行创业活动。

这种创业团队的特点是:

(1)创业团队没有明显的核心,整体结构较为松散。

(2)一般采取集体决策的方式,通过大量的沟通和讨论达成一致意见。

(3)团队成员在团队中的地位相似,容易形成多头领导的局面。

(4)当团队成员之间发生冲突时,一般采取平等协商、积极解决的态度消除冲突,团队成员不会轻易离开。

(5)一旦团队成员间的矛盾变得不可调和,就容易使团队团体成员对创业价值产生怀疑,导致某些成员撤出团队,从而导致整个创业团队解散,甚至会使创业失败。

2. 领袖型创业团队

创业活动由核心人物发起,在创业阶段根据创业的需要逐步组建创业团队,核心人物是创业团队的领袖,其他团队成员在加入时角色定位基本上已经明确,且都属于支持者的角色。

这种创业团队的特点是:

(1)组织结构紧密,向心力强,领袖人物在团队中的行为对其他个体影响巨大。

(2)决策程序相对简单,组织效率较高。

(3)容易形成权力过度集中的局面,从而使决策失误的风险加大。

(4)当其他团队成员和领袖人物发生冲突时,因为领袖人物具有特殊权威,所以团队其他成员在冲突发生时往往处于被动地位。当团队其他成员和领袖人物冲突较为严重时,团队其他成员一般都会选择离开团队。

3. 核心型创业团队

这种创业团队一般由伙伴型创业团队演化而来,其特点介于伙伴型创业团队和领袖型创业团队之间。团队中的核心人物是在创业过程中经"推选"形成的,具有较强的团队认可度,是整个团队的代言人而不是领袖。核心人物在团队中必须充分考虑其他团队成员的意见，获得团队成员的支持。

这种创业团队的特点是：

（1）核心成员地位的确立是团队成员协商的结果，因此，该核心成员具有一定的威信，能够作为整个团队的主导人物。

（2）团队的领导模式是在创业过程中形成的，决策权既不像领袖型创业团队那样集中，又不像伙伴型创业团队那样分散。

（3）核心成员的行为必须充分考虑团队其他成员的意见，不像领袖型创业团队中的核心主导人物那样有特殊的权威。

（三）创业团队的作用

创业团队对企业的成功有着重要的影响，团队成员之间的互补、协调以及团结合作精神，对于新企业的成功创办及其健康成长起着至关重要的作用。

1. 优势互补

优势互补是指通过组建创业团队来发挥各个创业者的优势，弥补彼此的不足，从而达到知识、能力、性格、人际关系资源等方面的平衡，创建出一支优秀的创业团队。

2. 工作分担

创业是一个系统工程，有大量的工作需要完成，分担工作成为团队协作的一个基本功能。公司运营涉及人力资源、财务、行政、产品控制、市场推广等不同的工作，需要多岗位协同工作，共同参与、共同推进、相互配合，借助团队的力量来完成创业。

3. 科学决策

团队决策可以尽量缩小决策偏差，换句话说就是最大限度地保证决策的正确性。大型企业决策错误的概率较小，一个很重要的原因就是有科学的决策流程。重大事项的决策流程，是先提出一个初步可行的方案，再经过集体讨论进而确定决策结果。

4. 资源整合

一个人所能协调的资源是有限的，而由拥有不同资源的人组成的团队可以更好地解决创业过程中遇到的困难。在组建创业团队时，除了要考虑资金问题，还需要考虑市场资源、客户资源、公共关系、行业经验、渠道等隐性的资源问题，通过组建创业团队实现资源互补。

二、大学生创业团队

大学生是整个社会中文化素质较高的一个群体，他们接受了良好的高等教育，拥有专业化知识和技能，容易接受新生事物，自我实现意识较强。但大学生往往由于个人专业、能力、社会资源和资金的限制，很难凭一己之力创办新的企业，因此，大学生自主创业的主要模式是团队创业。

（一）大学生创业团队的特点

（1）团队成员一般均为大学生，他们思维活跃，充满激情，具有强烈的创新意识和自我实现意识，接受新鲜事物能力强，也能很快通过学习将知识转化为产出。

（2）团队成员拥有较强的专业基础知识和丰富的知识背景，在能力、技术水平等方面具备一定的优势，通常会选择高新科技和一些技术性较强的方向进行创业。

（3）创业团队通常会选择成本少、风险较小的项目进行创业。这样既可以克服资金不足、融资渠道单一等困难，又可以避免创业失败会带来巨额损失的情况。

（二）大学生创业团队的优势与劣势

1. 大学生创业团队的优势

（1）大学生们思维活跃，精力充沛，想象力丰富，对创业具有极大的热情，创新意识和能力较强。

（2）大学生们具有较强的专业基础知识和技能，如从事本专业或与之相关的创业活动，成功的概率较高。

（3）大学生们勤于学习，善于领悟，能够快速地学习和掌握新鲜事物的相关知识，善于寻找商机和把握机会。

2. 大学生创业团队的劣势

大学生创业团队在创业过程中，因其知识结构、社会经验、人生阅历等方面的限制，要想获得成功也面临着很大的考验。

（1）团队的稳定性较差。大学生对社会认知不足，缺乏市场经验，处理事情较理想化，遇到挫折、困难，很多创业者会选择放弃，脱离创业团队。同时，很多大学生创业团队在创业之初没有明确职责和利润分配等问题，在创业过程中容易产生争议和纠纷，从而导致创业团队不欢而散。

（2）大学生创业团队技术力量缺失。大学生虽然拥有专业技术知识，但是往往停留于知识层面，并未转化成为真正的技术。大学生创业团队必须经过长时间的探索和努力才能将知识真正转化为企业的技术力量。

（3）经验不足，社会资源缺乏。大学生往往缺乏全真环境下的企业生存技能，无法正确地评估市场和把握机会，要么对市场的判断过于乐观，要么过低地判断自己对市场的把握能力，从而错失机会。

三、创业团队的组建和管理

（一）创业团队组建的原则

创业团队的组建对于创业成效有着非常重要的影响。组建创业团队时，应充分考虑创业计划实施过程中相关人员应具备的基本知识与能力，从而按照实际需要组织能够担当各种职能的团队成员。

组建创业团队一般要遵循以下几个原则。

1. 目标明确合理原则

明确合理的创业目标能够激发所有团队成员的凝聚力，使大家的行为能够紧密围绕在创业目标的周围。著名心理学家马斯洛认为，杰出的创业团队的显著特征是所有团队成员具有共同的愿景与目标："每一个自我实现的人都献身于某一事业、号召、使命和他们所热爱的工作，而且在特别出色的团队里，个人目标与团队愿望已经无法分开了。"

2. 能力互补原则

组建创业团队的一个重要理由就是发挥团队的力量，弥补创业目标与自身能力间的差距，因此，创业团队成员之间应该在知识、技能、经验等方面实现互补。只有这样，才能通过团队成员间的相互协作，发挥"1+1>2"的协同效应。创业团队应包括的基本人才有：管理型人才，负责团队工作调配与应急事务处理等；营销型人才，负责创业计划书的起草修正及市场调研推广等；技术型人才，负责创业项目研发、技术支持和专业服务等。

3. 特色搭配原则

除了能力需要互补外，要实现创业团队的效率提升，团队领导者和支持者还应该互相协调。领导者在寻找其他团队成员(支持者)时，除了要关注其能力上是否胜任外，还要关注其性格特征、价值观等是否和团队相协调；支持者选择领导者会考虑这个项目、项目的灵魂人物、项目的团队有无吸引力。

团队成员之间也应该做到志趣相投，不仅要在创业理念上保持一致性，也要有知识结构方面的相近性。人们总是愿意和与自己志趣相投的人交往，因为这些相似者彼此之间更加了解，容易预测彼此的未来发展。人员志趣相投增加了沟通的便利性，有利于形成良好的人际关系。

4. 精简高效原则

为了降低创业期的运作成本、最大比例地分享成果，创业团队成员的构成应在保证企业能高效运作的前提下尽量精简。一般而言，创业团队的人数一般控制在 2~12 人为宜。人数合理，便于领导工作与任务分工协调工作有效开展，保证各项工作完成的速度和质量，提高办事效率，从而使企业占据有利的市场地位。

5. 动态开放原则

创业过程是一个充满不确定性的过程，创业团队的组建也要保持动态开放的状态。一方面要保持团队的稳定性，避免创业团队成员频繁变动，以保证团队创业文化的一致性和连续性，为在前期成果的基础上不断开发更多新成果提供更大的便利。另一方面也要针对客观条件的变化及时做出相应的调整。团队中因为能力、观念等多方面的原因可能会不断有人离开，同时不断有人加入。因此，在组建创业团队时，创业者应秉承发展的理念，坚持动态性和开放性原则，使企业真正需要的人员能被吸纳到创业团队中来。

6. 权责利制衡原则

为了减少创业团队中领导者与其他团队成员、团队成员与团队成员之间的摩擦，必须对相关权责进行合理的分配，以提高工作效率和团队成员的参与意识。一方面，要通过科学的授权授责使得每个团队成员权责统一；另一方面，要建设监督系统，为保证严肃性和公正性，监督机构和执行机构应该分开，以对各项权力进行监督。

（二）创业团队组建注意事项

在组建创业团队的过程中应注意以下几个方面的问题。

1. 要控制团队成员人格特质的差异

如果创业团队成员的人格特质（如年龄、性别、受教育水平、专业知识技能、职业能力等）比较相近，他们在价值观和认识方面就会具有高度的相似性，成员间的冲突就会相对较少，能够对团队产生一定的正面影响，但有时高度的同质性很难满足创业时的多方位需求。因此，在组建创业团队时，要保持和控制团队成员人格特质的差异性，以充分利用创业团队所具有的多元化特点，使团队成员的思维在创业中相互碰撞，迸发出火花，对创业产生正面的影响。同时，坚持和倡导相互学习、相互协作、相互包容，避免因团队成员人格特质差异较大而产生矛盾。

2. 创业团队人员结构要完整

创业团队承担了创业过程中全部的职能，如战略管理、市场营销、企业经营、生产技术、资本合作、会计核算等，每个职能都需要由专业水平较高的成员负责。因此，创业团队的人员结构必须完整。一般来说，完整的创业团队至少应包括以下6种角色。

（1）团队领导者。一个让人尊敬和信赖的领导人物，可以统一团队成员的不同意见、协调团队成员的工作步伐。团队领导者应具备较强的交际能力和管理能力，以获得更多的人脉资源；有较强的策划能力，能够全面周到地分析问题，把握企业所面临的机遇，正确处理风险，考虑投资、收益的来源和预期收益；有独到的战略眼光与识别力，能够决定企业未来的发展方向；具有个人魅力和感召力，可以把成员团结起来，使被领导者心甘情愿地为实现企业的既定目标而努力奋斗；具备担当精神，面对困难时敢于承担责任，并善于解决问题，能履行好自己应尽的义务。

创业团队的领导者不一定是资金、技术、专利等资源的主要拥有者，但一定是创业团队成员在共事过程中发自内心认可的人。在创业中，发现创业机会并且组织起团队成员的初始创业者有可能成为核心领导者。但是，随着创业活动的进一步深入，如果他的素质无法跟上创业活动的发展，就有可能出现取代者。

（2）高水平科研人才。企业的生存和发展离不开核心技术，想要在市场中占据一席之地，就必须不断推出新颖的产品或服务。全新产品或服务的开发必须依靠先进的技术，先进技术的开发则需要高水平的科研人才。尤其是在高科技企业中，具备高端技术知识的人才能够引领企业的技术进步。作为技术革新的主体，他们掌握了较高的专业研发技能，拥有较高的人力资本存量，决定着高新技术企业在行业中的优势地位。

对于高科技创业企业来说，创业者往往自身就是技术领域的佼佼者，其创业活动往往基于自己研发出的项目。但是在很多情况下，核心创业领导者不能兼任技术研发工作，因为核心领导者关注更多的是企业战略层面的问题，而技术研发的问题需要另外的专业人员来专门管理。

（3）行业资深人士。行业资深人士一般拥有多年的本行业工作经历，是行业专家，对本行业发展历程有着非常深入的了解。创业团队最好邀请具有丰富经验、真正了解行业的资深专业人士加盟，因为他们懂得一个特定的行业需要的是什么，从而能够提出专业的、有价值的建议，提升企业的整体竞争力。

（4）市场销售人才。市场销售人才是懂得如何把产品卖给客户的人，他们直接与市场打交道，贯彻企业的销售决策，保证各种产品销售顺畅，从而使企业在市场竞争中获胜。市场销售人才主要负责市场的开发和现有客户的维护工作，应熟练掌握销售工作的每个环节，具有较强的营销能力，能够顺利完成企业制订的销售计划，并对外树立和宣传企业的良好形象。

创业团队中应当具备拥有相关领域内从业经验的人员。一个人的市场开拓能力在很大程度上与其过去的工作经历和社会阅历有关，拥有相关领域内的销售工作经验，可以有效进行市场开拓。新创企业能否快速打开市场，也与企业所拥有的社会关系密切相关，创业团队应当积极吸收拥有丰富的工作经验和广泛的社会关系的市场开发人员。

（5）高效的执行者。无论多么完美的创业计划，最终都需要有人严格、高效地执行。因此，创业团队需要执行能力较强的成员，以使工作任务能够保质保量地完成，否则企业的工作计划就会落空，既定的工作目标便无法实现。

（6）财务会计人才。企业在日常经营过程中必然会产生各种复杂的财务往来，这就要求创业团队中有全面负责企业的财务会计工作的人员，为企业审核原始单据，办理日常的会计业务，分析和检查财务收支状况与预算的使用情况，确保企业顺利经营。

（三）组建创业团队的步骤

创业团队的类型不同，组建创业团队的步骤也不尽相同。但通常情况下，创业团队的组建一般有以下几个步骤。

1. 明确创业目标

创业目标是团队存在的理由，也是团队运作的核心动力，在团队的组建过程中具有特殊的价值。创业者为了吸引合适的创业伙伴以组建创业团队，一方面应明确自己的创业思路，另一方面则必须形成一定的创意，进而形成一个创业目标，即要为组建创业团队而设立目标。

团队通过一个共同的目标，把工作上相互联系、相互依存的人组合成一个群体，使团队能够以更加有效的方式达成组织的目标。总目标确定之后，为了推动团队最终实现创业目标，要将总目标加以分解，设定若干个可行的、阶段性的子目标。

2.制订创业计划

创业计划是在对创业目标进行具体分解的基础上，以团队为整体来考虑，确定在不同的创业阶段需要完成的阶段性任务，并针对这些任务制订周密的创业计划，通过逐步实现阶段性子目标来最终实现创业的总目标。

3.招募合适成员

招募合适的成员是组建创业团队最关键的一步。创业团队成员的招募主要应考虑两个方面的因素：一是要考虑互补性，即考虑其能否与其他成员在能力或技术上形成互补。这种互补性有助于强化团队成员间的合作，保证整个团队的战斗力，更好地发挥团队的作用。二是考虑适度规模。适度的团队规模是保证团队高效运转的重要条件。团队成员太少则无法发挥团队的功能和优势，而过多又可能产生交流的障碍，甚至导致团队分裂成若干小团体，进而大大削弱团队的凝聚力。

一般认为，团队的规模控制在2~12人之间为最佳。

4.进行职权划分

为保证团队成员严格执行创业计划、顺利开展各项工作，必须预先在团队内部进行职权的划分，以明确团队成员的职责定位，使创业团队形成合力，共同实现创业目标，同时也可避免因职责不明、权力分配不明确而引发的冲突。

创业团队职权划分是根据执行创业计划的需要，具体确定每个团队成员所要担负的职责以及相应的所具备的权限。团队成员间职权的划分必须明确，既要避免职权的重叠和交叉，也要避免无人承担责任而造成工作上的疏漏。此外，由于创业环境是动态而复杂的，会不断出现新的问题，也可能会出现团队成员不断变动的情况，因此创业团队成员的职权也应根据需要不断进行调整。

5.构建团队制度

制度是团队运行的规则，做出决策、工作运行等都要靠制度约束。创业团队制度体系体现了创业团队对团队成员的控制和激励能力，主要包括团队的各种约束和激励制度。一方面，创业团队通过各种约束制度（主要包括纪律条例、组织条例、财务条例、保密条例等）指导其团队成员，实现对其行为的有效约束，避免出现不利于团队发展的行为，保证团队的稳定秩序；另一方面，创业团队要实现高效运转，需要建立有效的激励机制（主要包括利益分配方案、奖惩制度、考核标准、激励措施等），从而达到充分调动团队成员积极性、最大限度发挥团队成员作用的目的。

6.团队调整融合

完美组合的创业团队并非在创业之初就能够建立起来，而是往往经过一定时间以后随着企业的发展而逐步形成。随着团队的运作，团队组建时在人员匹配、制度设计、职权划分等方面的不合理之处会逐渐暴露出来，这时就需要对团队进行调整融合。由于问题的暴露需要一个过程，因此团队的调整融合也是一个动态持续的过程。在进行团队调整融合的过程中，最为重要的是要保证团队成员间经常进行有效的沟通与协调，培养团队精神，不断提升团队士气。

四、创业团队的管理

创业团队管理主要有两个目标：维持创业团队的基本稳定，以及在此基础上发挥团队的多样性优势。有效的团队管理能使具有不同能力、不同个性的人组成一个有共同目标、相互协调的整体。

（一）培养团队精神

团队精神是团队成员的精神支柱。一个没有团队精神的团队无法形成向心力、凝聚力和塑造力，更无法实现创业的想法和愿望。

1. 树立正确团队理念

正确的团队理念包括诚实正直、凝聚力、承诺价值创造、为长远考虑等，它排斥纯粹的实用主义或利己主义，拒绝狭隘的个人利益和部门利益。拥有正确的团队理念的团队成员相信他们处在一个命运共同体中，共享收益，共担风险；相信他们正在为企业的长远利益工作，正在成就一番事业，而不是把企业当作快速致富的工具；承诺为了每个人而使"蛋糕"更大，包括为顾客增加价值，使供应商随着团队成功而获益，为团队的所有支持者和各种利益相关者谋利。

2. 确立团队发展目标

目标对于团队的发展而言具有重要的意义，共同的未来目标是创业团队克服困难、齐心协力取得胜利的动力。通过团队发展目标的确立，把团队长期地凝聚在一起，激励团队成员长时间同甘共苦，协调个性、能力各不相同的团队成员步调一致地书写生命中具有重要价值的一页，实现创业的成功。

3. 塑造团队文化

团队文化是由团队价值观、团队使命、团队愿景和团队氛围等要素综合在一起而形成的。高效的团队注重团队文化的塑造，尤其是共同价值观的培养。塑造团队文化的关键就在于在团队形成与发展的过程中确立团队的价值观、团队使命和团队愿景，并以此为基础逐渐形成相应的团队文化氛围。

（二）设置组织结构

在设置团队的组织结构时，必须以团队的战略任务和经营目标为依据，这是设置企业组织结构的出发点和归宿。在设置组织结构时要注意以下几点。

1. 权责分明

只有落实责任、权责分明，才能使团队成员在紧密结合的基础上协调一致、统筹合作，从而增强团队的士气，提高团队的工作效率。很多初创企业的创业团队人员分工粗放，很多事情不分彼此一起决策、共同实施，这不利于企业的长远发展。随着企业的发展壮大，应该进行适当的分权，根据每个成员的专业特长和优势确定其职责和职权。

2. 分工适当

在设置不同组织结构时，分工要适当。分工并不是越细越好，分工过细会导致工作环节的增加和工作流程的延长，从而削弱分工带来的益处。恰当的分工能使团队成员在团队精神的指导下相互协调以实现总体目标。

3. 适时联动

适时联动模式适用于已经具有一定规模的大学生创业企业，它是指为了完成某种特定任务，成立打破部门分工、跨越部门职能的专门工作小组。小组成员具有双重身份，既要向本部门主管人负责，又要向跨部门小组组长汇报工作。跨部门功能小组从组织结构上保证了团队精神的实现，提高了工作效率。

(三)建立责、权、利相统一的团队管理机制

1. 做好决策权限分配

创业团队内部需要妥善处理各种权力和利益关系。一是要妥善处理创业团队内部的权力关系。在创业团队运行过程中，团队要确定谁适合于从事何种关键任务和谁对关键任务承担什么责任，以使权力和责任明晰化。二是要妥善处理创业团队内部的利益关系。一个企业的报酬体系，不仅包括诸如股权、工资及奖金等金钱报酬，还包括个人成长机会和相关技能提高等方面的因素。

2. 制订创业团队的管理规则

创业团队制订管理规则，要有前瞻性和可操作性，要遵循先粗后细、由近及远、逐步细化、逐次到位的原则，这样有利于维持管理规则的相对稳定，从而有利于团队的稳定。

首先是治理层面的规则，主要解决剩余索取权和剩余控制权问题。治理层面的规则大致可以分为合伙关系与雇佣关系，除了利益分配机制和争端解决机制，还必须建立进入机制和退出机制，约定团队成员退出的条件和约束，以及股权的转让、增股等问题。

其次是管理层面的规则，主要解决指挥管理权问题，最基本的原则有三条：一是平等原则，制度面前人人平等；二是服从原则，下级服从上级，行动要听指挥；三是秩序原则，不能随意越级指挥，也不能随意越级请示。大学生创业团队内部管理界限没有那么明晰，但也一定要把决策权限理清，做到有权有责。

3. 建立业绩评估体系

业绩考核必须与个人的能力、团队的发展、扮演的角色和取得的成绩结合起来。传

统的绩效评估体系和绩效管理只关注个人绩效如何，而不去考虑如何将个人绩效与团队绩效更好地进行结合。先进的绩效管理办法不会只注重个人的绩效，而是更加注重团队整体表现；也不仅仅关注某一阶段的业绩，而要以团队成员在整个创业过程中的表现为依据。这样的考核能让员工个人了解团队合作的重要性，个人需要不断进行自我调整以适应不断变化的环境和业务。

拓展阅读

马化腾五兄弟：难得的创业团队①

从当年 5 条电话线和 8 台计算机所组成的局域网，到今天为 4 亿注册用户提供基于 QQ 和微信的各种通信服务、全球市值名列第三位的创新型互联网企业；从当初 5 个人的创业团队、5 万元的创业资金，到 2004 年 6 月上市后的 8.98 亿港元身价；从 10 多平方米的一间办公室，到今天高 190 多米、建筑面积 8.8 万平方米的腾讯大厦。腾讯公司 2010 年实现收入 196.46 亿元，同比增长 57.9%；实现净利润 80.54 亿元，同比增长 56.2%。

腾讯创造出如此奇迹，靠的是团队。

1998 年的秋天，马化腾与他的同学张志东"合资"注册了深圳腾讯计算机系统有限公司。之后又吸纳了三位股东：曾李青、许晨晔、陈一丹。为避免彼此争夺权力，马化腾在腾讯创立之初就和四个伙伴约定清楚：各展所长、各管一摊。马化腾是 CEO(首席执行官)，张志东是 CTO(首席技术官)，曾李青是 COO(首席运营官)，许晨晔是 CIO(首席信息官)，陈一丹是 CAO(首席行政官)。

之所以将这创业五兄弟称之为"难得"，是因为直到 2005 年的时候，这 5 人的创始团队还基本保持着这样的合作阵型，不离不弃。直到腾讯做到如今的规模，其中 4 个还在公司一线，只有 COO 曾李青挂着终身顾问的虚职而退休。

在企业迅速壮大的过程中，要保持创始人团队的稳定合作尤为不易。在此背后，工程师出身的马化腾一开始对于团队合作的理性设计功不可没。

从股份构成上来看，5 个人一共凑了 50 万元，其中马化腾出资 23.75 万元，占 47.5% 的股份；张志东出资 10 万元，占 20% 的股份；曾李青出资 6.25 万元，占 12.5% 的股份；其他两人各出 5 万元，各占 10% 的股份。

虽然马化腾的出资占比很高，他却自愿把所占的股份降到一半以下，即 47.5%。"要他们的总和比我多一点点，不要形成一种垄断的局面。"同时，他自己又一定要出主要的资金，占大股。"如果没有一个主心骨，股份大家平分，到时候也肯定会出问题，同样完蛋。"

---

① 李时椿，常建坤.创业基础[M].北京：清华大学出版社，2013.

保持稳定的另一个关键因素，在于搭档之间的"合理组合"。

《中国互联网史》作者林军回忆说，"马化腾非常聪明，但也非常固执，注重用户体验，愿意从普通用户的角度去看产品。张志东是脑袋非常活跃，对技术很沉迷的一个人。马化腾技术也非常好，他的长处是能够把很多事情简单化，而张志东更多的是把一件事情做得完美化。"

许晨晔和马化腾、张志东同为深圳大学计算机系的同学，他是一个非常随和而有自己的观点，但不轻易表达的人，是有名的"好好先生"。陈一丹是马化腾在深圳中学时的同学，后来也就读于深圳大学，他十分严谨，同时又是一个个性非常张扬的人，他能在不同状态下激起大家的激情。如果说其他几位合作者都只是"搭档级人物"的话，那么只有曾李青是腾讯5个创始人中最好玩、最开放、最具激情和感召力的一个人。与温和的马化腾、爱好技术的张志东相比，曾李青大开大合的性格比马化腾更具备攻击性，更像拿主意的人。不过也许正是这一点，导致他最早脱离了团队，单独创业。

后来，马化腾在接受多家媒体的联合采访时承认，他最开始也考虑过和张志东、曾李青三个人均分股份的方法，但最后还是采取了成立5人创业团队，根据分工占据不同的股份结构的策略。即便是后来有人想加钱、占更大的股份，也被马化腾拒绝了："根据我对你能力的判断，你不适合拿更多的股份。"因为在马化腾看来，未来的潜力要和应有的股份匹配，否则就要出问题。如果拿股份多的不干事，干事的股份又少，矛盾就会产生。

可以说，在中国的民营企业中，能够像马化腾这样，既包容又拉拢，选择性格不同、各有特长的人组成一个创业团队，并在成功开拓局面后还能依旧与创业伙伴保持着长期默契合作的企业家，是很少见的。马化腾的成功之处，就在于其从一开始就很好地设计了创业团队的责、权、利分配。

实战案例

勇于尝试的美团团队

王兴创办的美团在初创时困难重重，总落在拉手、糯米甚至酷团、24券的后面，这并不是一段好过的日子。2010年9月，美团获得超过千万美元的风险投资，其来源正是曾经放弃王兴的红杉资本，不过随之而来的资本寒冬让美团差点面临灭顶之灾。在整个2012年，收缩规模的美团一个新的城市都没有进入，而同年，中国团购网站倒闭了一半以上，但美团最终艰难地闯了过来。根据第三方数据显示，美团网已占据团购行业过半的市场份额，并在2013年年底首度宣布全年盈利。王兴坦承："除了运气之外，美团能存活下来主要还是因为能够把消费者放在第一位，在目标明确之后做正确的事情、抵御诱惑、克服困难、制造条件。"

2011年，美团试图摆脱身上的团购标签，同时也试图摆脱 Groupon 模仿者的身份。

Groupon 更像是一家广告营销平台，瞄准的是商家推广的需求，而不是交易的需求，其佣金率非常高，通常超过40%；而王兴将美团定位为中间交易渠道，因此它必须既讨好线下消费者，又努力让合作商家从每笔合作中赚到钱。这看起来和现在流行的 O2O（Online to Offline，线上网店与线下消费融合）几乎完全相同，但美团的特点在于采用了垂直领域分头进击的策略。扮演排头兵的是美团的优势项目：电影票。这是因为和餐饮服务相比，电影业的信息化程度较高，而且产品极为标准。此外，过高的电影票价以及整体的供过于求，也为团购业务留下了足够的空间。随后，猫眼电影成了美团深入垂直领域 O2O 的一个重点尝试。借助完全基于移动端的猫眼电影，美团将业务覆盖到了电影营销、团购、订座、评价和交流的所有环节。在王兴看来："O2O 的机会在于形成闭环，把以往置于线下的交易环节逐渐转移到线上。线上付款、线下消费体验的 O2O 交易是我们整个行业的核心。"王兴始终坚持自己的初衷，即提供消费者和商户之间连接的纽带。

在多次创业过程中，王慧文对王兴始终不离不弃。在他看来，他之所以选择连续多次跟王兴创业，是因为王兴是一个很正直的人："这点很重要，这是你选择伙伴的一个重要基础。"在王兴的几次创业过程中，几个重要人物分分合合，但最终还是走到了一起。在王兴看来，团队中的每个人各有特点："这个团队里，有人是典型的清华理工男，做事系统有计划；有人是十几年的销售团队管理者，对销售和管理非常擅长；还有人时不时会有一些奇思妙想。"在王慧文的眼里，王兴是一个很努力而且学习能力很强的人："王兴并不聪明，但是他的学习能力很强。"

实操训练

一、创业者潜质的自我测试

通过下面的小测验，可以发现你是否具有创业者的潜质。请选择符合你的情况的选项。

(1) 你追求什么？ （　　）

A. 安稳　　　　　　　　　B. 自由

(2) 你认为哪一种情况更可怕？ （　　）

A. 不知道明天会怎样　　　B. 每天都一样

(3) 人生更重要的是什么？ （　　）

A. 挫折少　　　　　　　　B. 经历多

(4) 面对未知的难题你会怎么做？ （　　）

A. 看别人怎么做　　　　　B. 自己试试

(5) 哪种情况更容易？ （　　）

A. 遵守别人的规则　　　　B. 自己制订规则

(6) 哪一种情况更有安全感？ （　　）

A. 有人可依赖　　　　　　B. 独立

（7）遇到问题更倾向于说什么？　　　　　　　　　　　　　　　（　　）

A. 这不是我的责任　　　　　　　　B. 我承担全部责任

（8）更愿意思考什么问题？　　　　　　　　　　　　　　　　　（　　）

A. 有标准答案的　　　　　　　　　B. 没有标准答案的

（9）你对哪一种情况更有优越感？　　　　　　　　　　　　　　（　　）

A. 做得比别人更好　　　　　　　　B. 做别人没有做过的事情

（10）你更喜欢哪个头衔？　　　　　　　　　　　　　　　　　　（　　）

A. 大公司高管　　　　　　　　　　B. 小公司老板

说明：创业者基本更倾向于 B 选项。

二、创业团队模拟

（1）实训目的：通过模拟创业团队的组合，进一步掌握创业团队的类型、组建步骤和作用。

（2）实训内容：以小组为单位，由教师指定 2~3 个创业项目，并以此为目标组建虚拟创业团队。

（3）实训步骤

①教师布置实训的项目和任务，并提示相关注意事项及要点。

②班级成员分为 4~5 个小组，小组成员既可以自由组合，也可以由教师指定组合。小组人数划分视班级总人数而定。每个小组选出组长 1 名。

③各个小组自由选择创业项目，进行分析、讨论后确定创业团队的类型和人员组成，并拟出组建程序。

④将讨论结果形成简单的文字报告，交由教师进行评分。

第四章

创业要素

名师金课

第一节　创业资源

创业资源越丰富，创业就越容易成功。但现实情况是，初创企业往往无法实现资源的自我积累和快速增值，所以创业者在创业初期面临的一个重要问题就是资源供给问题。创业者如果想要实现自己的发展目标，就必须尽可能地通过各种方式掌握和利用自己所需要的资源。

一、创业资源的基础知识

(一)创业资源的定义

在经济学中，广义的资源是指一国或一定地区内拥有的物力、财力、人力等各种物质要素的总称，一般可以分为自然资源和社会资源两大类。狭义的资源是指经济实体在向社会提供产品或服务的过程中，所拥有的或能够支配的可用于实现公司战略目标的各种要素及要素组合。

创业资源是指新创企业在创立和成长过程中所需要的各种要素和支撑条件。创业资源是新创企业创立和运营的必要条件，包括有形资源和无形资源。有形资源包括资金、房屋、机器设备、原材料等，无形资源包括动机、愿景、精神等。

创业过程就是对各类创业资源进行创新和整合，从而获得竞争优势的过程。在新创企业的创立和快速成长的过程中，仅仅靠创业者自身获取的资源远远不能支持企业的发展。为了使企业能够继续发展，需要积极寻求外部资源。同时，创业者不仅要广泛地获取创业资源，更要懂得如何使用这些资源。对于创业者来说，挖掘资源、创造资源、整合资源，进而有效地利用资源，是实现创业成功的根本保障。

(二)创业资源的种类

从不同的角度来看，创业资源可以分为不同的种类。

1. 按性质分类

按照资源的性质划分，创业资源可分为物质资源、资金资源、人力资源、技术资源和管理资源等 5 种。

(1)物质资源。物质资源是指创业企业生产和经营所需要的物质条件，如生产场地、建筑物、机器设备、原材料、燃料等。物质资源是开展创业活动的首要条件之一，充足的物质资源将有助于新创企业更快更好地成长。

(2)人力资源。人力资源包括创业者及其团队的知识、经验、技能、判断力、创造力、视野、社会关系等，是当今社会企业竞争的关键因素。人才对于企业的成长和发展正在变得越来越重要。通常情况下，创业者本身是新创企业最初和最宝贵的人力资源。随着企业的不断发展，人力资源的获取和开发成为现代企业可持续发展的关键，尤其是高科技企业，由于其更大的知识比重，人力资源显得更为重要。

（3）科技资源。科学技术是第一生产力，科技资源的重要性不言而喻。科技资源包括关键技术、生产工艺、作业系统、生产设备等。对于新创企业来说，主动寻找和积极引进、开发和利用具有商业价值的科技成果，是企业的立身之本和市场竞争之源，可以显著提高企业的核心竞争力。大部分的科技资源是可以被复制和模仿的，因此企业必须通过法律手段对自身进行必要的保护。

（4）资金资源。无论是产品研发还是产品的生产、推广和销售，都需要一定的资金。由于资产、信用等的不足，缺乏资金资源是多数初创企业遇到的最大问题。在创业初期以不高于市场平均水平的资金成本及时筹集到足够的资金，是新创企业成功创业和顺利经营的前提条件。

（5）管理资源。管理资源是指企业管理的一整套完整制度和文化，包括企业的管理系统、管理方法或管理手段。很多创业企业，尤其是高科技创业企业失败的原因不是缺少技术，也不是没有市场，而是管理不善。当然，企业也可以借助专业的管理咨询机构的服务来提高企业的生产和运作效率。

2. 按存在形态分类

根据资源存在的形态，创业资源可以分为有形资源和无形资源两种。

（1）有形资源是指具有物质形态、可用货币衡量的资源，如建筑物、机器设备、原材料、产品、资金等。

（2）无形资源是指不具有物质形态、无法用货币衡量的资源，如信息、关系、权力、信誉、形象等。

3. 按参与程度分类

根据资源参与创业过程的程度，创业资源可以分为直接资源和间接资源两种。

（1）直接资源是指直接参与企业创立或日常运营、经营活动的资源，主要包括4个要素：财务资源，如资金、股票、资产等；管理资源，如人才、技术、管理等；人力资源；市场资源，包括营销网络与客户资源、行业经验资源、人脉资源等。

（2）间接资源是指未直接参与企业创立或生产经营活动，但其存在可以极大地提高企业运营有效性的资源，主要包括3个要素：政策资源，信息资源和科技资源。

4. 按来源分类

根据资源的来源，创业资源可以分为内部资源和外部资源两种。

（1）内部资源是指创业者或创业团队自身所拥有的可用于创业的资源，主要来自内部机会的积累，是创业者自身所拥有的可用于创业的资源，如创业者自身拥有的可用于创业的自有资金、自己拥有的技术、自己所获得的创业机会信息、自建的营销网络、控制的物质资源、管理才能等。

(2)外部资源是指创业者或创业团队从外部获取的各种资源，它更多地来自外部机会的发现和获取，包括朋友、亲戚、商务伙伴或其他投资者投入的，由客户或供应商免费或廉价提供的，通过提供未来服务、机会等换取到的，从社会团体或政府资助的管理帮助计划中得到的资金、设备、空间、原材料等资源。

5. 按作用分类

按照资源对企业成长的作用，创业资源可以分为要素资源和环境资源两种。

(1)要素资源是指直接参与企业日常生产、经营活动的资源，如场地资源、资金资源、人力资源、管理资源和科技资源等。

(2)环境资源是指未直接参与企业生产，但其存在可以极大地提高企业运营有效性的资源，如政策资源、信息资源、文化资源和品牌资源等。

总之，创业资源的本质就是有助于创业者成功创业的所有要素的总和。成功创业的关键是识别机会并从外部获取到充足的创业资源，并在此过程中掌握资源的使用权和控制权。

(三)创业资源的重要性

1. 创业资源在创业过程不同阶段中的重要性

(1)创业资源是创业机会识别的落脚点

创业机会是一种通过资源整合、满足市场需求以实现市场价值的可能性，意味着创业者探寻到的潜在价值。创业机会的识别是创业者通过分析、考察、评价可能的潜在创业机会，判断是否能够获取足够的资源来支持可能的创业活动的过程。因此，创业资源是创业机会识别的落脚点，创业者只有通过接受创业教育、创业实践等来获得识别和把握创业机会，获取足够的创业资源，才能取得创业的成功。

(2)创业资源是企业成长战略的基础

创业者通过制订合理的创业战略和企业成长战略，有效地吸收尽量多的创业资源，对创业资源进行有效的利用，并进一步将创业资源整合成企业的竞争优势，从而促进企业的良性发展。同时，有效的资源整合能够帮助创业者重新认识企业的竞争优势，从而制订更加切实可行的创业战略，为新创企业的成长打下良好的基础。因此，有效的战略的制订和实施需要一定的资源予以支持，只有拥有充分的资源，战略才有制订和实施的基础。

2. 最重要的创业资源是科技资源和人力资源

在创业初期，创业团队自身的人力资源是最关键的因素。创业者及其团队所拥有的洞察力、知识、能力、经验和社会关系会对创业活动产生非常重要的影响，甚至会直接决定创业能否成功开始。在企业初创期，专门的知识、技能往往掌握在创业者等少数人手中，因而此时的科技资源在很多时候和人力资源紧密结合甚至重合，成为初创企业竞争优势的主要来源。

微软、谷歌等知名的创业公司,在初创时期拥有的资金、人才等资源都不多,但后续发展却非常成功,主要原因是创业团队掌握了独特的科技资源。科技资源是决定产品的市场竞争力和获利能力的根本因素,影响着所需创业资本的大小。在初创阶段,如果创业者或创业团队只拥有某个商业创意,没有掌握一定的科技资源,那么要获得外部资本的支持是非常困难的。同时,初创阶段由于企业刚成立,规模一般比较小,对管理及人才的需求度不是非常高,常常是几个核心成员的个人能力决定了创业能否成功。而随着企业的不断发展,人力资源就成为企业持续经营最重要的资源。

3. 整合资源的能力比拥有资源重要

很多创业成功的案例表明,创业能否成功与创业者在开始创业时控制资源的多少关系不大,而与其整合创业资源的能力有直接的相关性。对于大多数创业者而言,创业者在创业之初可支配的资源是相对较少的,必须通过自身的能力将一些适用的资源(人力、物力)整合在一起并合理地运用,形成一个强有力的多资源团队,使创业获得成功,使企业持续发展、不断壮大。所以,创业成功并不需要在一开始就拥有所有资源,整合资源的能力远比初期拥有的创业资源重要,创业的精髓在于使用外部资源的意愿和能力。

对创业者而言,对资源的所有权并不是关键,关键的是对创业资源的控制,所有成功的创业者在新创企业成长的各个阶段,都能做到调动和利用各种资源推进企业向前发展。

二、创业资源的有效利用

(一)创业资源的获取

拥有新企业所必备的各种资源是创业的前提。一般而言,获取创业资源的途径分为市场途径和非市场途径两大类。如果创业资源存在可进行交易的市场或类似的渠道,就可采用市场交易途径;其他情况下可以采用非市场交易的途径。从创业资源的分类来看,外部资源主要通过市场交易途径获取,内部资源则通过非市场交易途径获取。

1. 市场交易途径

市场交易途径一般包括购买和联盟。购买是指利用财产性资源通过市场购买的方式获取外部资源,如购买厂房、设备等物质资源,购买专利和技术,聘请有经验的员工,以及通过外部融资获取资金等。联盟是指通过联合其他组织,对一些难以或无法自己开发的资源实行共同开发,其前提是联盟双方的资源和能力互补且有共同的利益,而且能够对资源的价值及其使用达成共识。通过市场交易途径获取的资源主要包括以下3种资源类型。

(1)信息资源

信息资源是创业所需要的全部外部信息的总和,如与创业有关的技术、经济、市场和政策等综合性信息以及某一领域和行业的概况、发展趋势等领域性信息。一般而言，创业者获取信息资源的途径包含自我途径、外部途径和吸收途径。自我途径是指创业者利用政府机构、同行创业者或同行企业、图书馆、新闻媒体、会议及网络等公开渠道获得信息资源；外部途径是指创业者通过购买专业信息机构、大学研究机构等的信息服务获得信息资源；吸收途径是指通过吸引他人以信息资源为知识产权资本加入自己的创业团队，成为未来新企业的股东。

需要注意的是，自我途径容易受制于创业者自身能力和信息渠道的限制，获取的信息资源容易存在片面和不专业的问题。通过外部途径获取的信息需要经过理性甄别，避免全盘接受质量不高甚至错误的信息，也可借助专家力量对信息资源进行完善。吸收途径需要信息资源掌握者所掌握的信息对创业企业的经营发展带来较大的利益。

（2）财务资源

财务资源的获取对创业者来说非常重要，资金缺乏也是创业者最苦恼的问题之一。获取财务资源，可以通过自筹资金、金融业务、融资等方式。自筹资金主要依靠亲朋好友的资金，双方形成债权债务关系或股份占比关系。金融业务是指抵押、银行贷款或企业贷款。融资包括吸引新的拥有资金的创业同盟者加入创业团队，吸引既有企业以股东身份向新企业投资、参与创业活动，以及吸引企业孵化器或创业投资者的股权资金投入等。

当然，财务资源也可以通过政府资金支持等非市场交易途径获取。一般情况下，当地政府机构会通过出台相关政策来扶持新企业的发展，新企业可以通过这些具体的政策措施来获取相关的资金支持。

（3）技术或人才资源

随着科学技术的迅猛发展，技术更新的速度加快，技术资源成为企业竞争的关键。创业者一般不能掌握企业所需要的全部技术，或者所掌握的技术面临落后的问题，这时就需要吸引先进技术持有者加入自己的创业团队，提升企业的科技含量，或者让引进的技术与企业已有技术形成互补，从而提升企业的竞争力。

技术或人才资源可以通过以下方式获取：通过股权激励，或在购买技术的同时吸引技术持有者加入创业团队；直接购买成熟的技术；购买他人的前景型技术，再通过自己后续的开发，使之满足市场的需求。

引进技术资源时，创业者要对技术的成熟度、先进性、专利剩余期限、市场寿命等进行分析甄别，避免购买到落后或马上会被市场淘汰的技术。

2. 非市场交易途径

通过非市场交易途径获取资源的方式主要有资源吸引与资源积累两种。资源吸引是指利用新创企业的商业计划，通过对创业前景的描述，利用创业团队的声誉来获得或吸引物质资源（厂房、设备）、技术资源（专利、技术）、资金和人力资源（有经验的员工）等。资源积累指利用现有资源在企业内部培育形成所需的资源，主要包括自建企业的厂房、设备，内部技术开发，员工素质的培养和提升，资金的自我积累等方式。

获取资源的需要贯穿创业的全过程,是通过市场交易途径还是通过非市场交易途径取得资源,主要依赖于创业资源获取的可能性和成本等因素,创业者应该采用多种途径同时获取不同资源。

(二)创业资源的整合

由于资源约束的限制,很多创业者在创业之初缺少资金、设备等资源,在创业过程中往往要依靠自有资源,因此,创业者要充分发挥自己的创造性,一方面设法获取和整合各类战略资源,另一方面用有限的资源创造尽可能大的价值,使之互相匹配、相互补充,从而获得核心竞争力,做好创业资源的整合。具体而言,创业资源整合的方法主要包括资源拼合法、步步为营法、杠杆作用法等。

1. 资源拼合法

资源拼合法指创业者充分利用身边已有的"碎片化"资源,并将这些资源进行整合,从而制造新产品和创造价值的方法。它有以下两个预设:①"碎片化"资源可能不是最有价值的,但可以通过一些技巧将这些资源创造性地组合在一起,从而提升资源的总体价值。②通过对零碎、老旧的资源进行改进或加入一些新元素,可以改变资源结构,实现资源有效组合。

很多案例表明,资源拼合是创业者利用资源的独特且十分有效的方法。创业者利用手头不完整的、零碎的资源,如工具、旧货等,可以创造出独特的价值。资源拼合法要求创业者突破惯性思维,调整好创业心态,善于利用各类资源。资源拼合法有全面资源拼合和选择性资源拼合两种方式,创业者应根据实际情况选择使用。

2. 步步为营法

创业是一个长期的过程,在缺乏资源的情况下,创业者可以根据创业各个阶段的特点分批投入相关资源,这样每个阶段投入的资源相对较少,且当前阶段的资源投入可以充分利用上一个阶段的积累。美国学者杰弗里·康沃尔指出:在有限资源的约束下,采用步步为营法整合资源,不仅是最经济的方法,而且也是一种能获取满意收益的方法。步步为营法有以下作用:①在有限资源的约束下,寻找实现创业理想目标的途径;②最大限度地减少对外部资源的依赖;③最大限度地发挥创业者投入企业的资金的作用;④实现现金流的最高效使用等。

3. 利用杠杆法

杠杆效应可以放大资源的效用,帮助创业者以尽可能少的成本获取尽可能多的收益。善于利用杠杆法的创业者,可以采用借用、租赁、共享、契约等方式,充分利用资金、资产、时间、品牌、关系、能力等自有资源,选择合适的杠杆工具,撬动更多的资源。

发挥资源的杠杆效应主要有 5 个方面的作用:①使用资源的时间比别人更长;②更充分地利用别人没有意识到的资源;③利用他人的资源实现自己的创业目的;④将某项资源补充到另外的资源上面,产生更高的复合价值;⑤通过交换等方式,利用一种资源获取其他资源。

综上所述，对于创业者而言，要准确评估自身所拥有的知识技能、关键创业资源和创业社会网络的价值，认真考虑如何做才能从供应商、客户、竞争对手处获取创业所需的各种资源，以及如何利用社会网络获取创业所需资源，如何在企业内部开发形成新的资源，以及如何对资源进行配置，包括剥离与创业无关的资源、实现资源的转移和结合、实现内部资源的共享性配置等，鼓励所有团队成员充分利用个人资源和已整合的资源获取外部资源。

第二节 创业融资

资金是新企业需求的所有资源中最重要也是最紧缺的资源，创业者应优先考虑解决企业运营中的资金短缺问题。解决资金短缺问题的有效途径就是创业融资。

一、创业融资的基础知识

（一）创业融资的概念

创业融资指创业者根据创业计划有关要求，根据自身资金状况和资金筹集需求，通过科学的预测和决策，借助一定的方式和渠道，向公司的投资者和债权人筹集资金，从而组织资金的供应，以满足企业正常运行的理财行为。

创业融资是绝大部分创业者必须面对和考虑的问题，也是对创业者的严峻考验，直接对创业公司的未来发展产生重要的影响。创业融资是创业管理的关键内容，由于很多大学生创业者对创业发展没有清晰的规划，对市场信息缺乏清晰的了解，自身经验不足，因此许多投资者对大学生创业信心不足，导致许多大学生创业者因融资困难而创业失败。

（二）创业资金的分类

提高对不同种类创业资金的认识，有利于创业者在估算创业资金时充分考虑可能的资金需求，从而确定创业融资的规模。

1. 按资金的占用形态划分

按占用形态和流动性划分，可将创业资金分为流动资金和非流动资金。流动资金是指被原材料、中间产品、库存商品所占用的资金和用于支付工资和各种日常支出的资金；非流动资金是指用于购买机器设备、建造房屋建筑物、购置无形资产等的资金。

流动资金容易使用和变现，流动性较好，一般可在一个营业周期内收回或使用，属于短期资金的范畴，创业者在估算创业资金需求时，需考虑其持续投入的特性，选择短期筹资的方式筹集相应资金。非流动资金占用的期限较长，不能在短期内回收，具有长期资金的性质，能够在 1 年以上的经营过程中给企业带来经济利益的流入，创业者在进行创业资金估算时往往将其作为一次性的资金需求对待，采用长期筹资的方式筹集相应资金。

2.按企业占用时间长短划分

按投入企业后占用的时间长短划分，可将资金分为投资资金和营运资金。投资资金是企业在筹办期间发生各种支出时所需的资金。发生在企业开业之前的投资资金，包括企业在筹建期间为取得原材料、库存商品等流动资产而投入的流动资金；为租购房屋建筑物、机器设备等固定资产，购买或研发专利权、商标权、版权等无形资产而投入的非流动资金；以及支付在筹建期间发生的人员工资、办公费、培训费、差旅费、印刷费、注册登记费、营业执照费、市场调查费、咨询费和技术资料费等开办费用所需的资金。

营运资金是投资者在开业后需要继续向企业追加投入的资金，一般从企业开始经营之日起，到企业能够做到自己收支平衡为止的时间内，企业发生各种支出所需要的资金，这个阶段的资金投入一般主要是流动资金，既包括投资于流动资产的资金，也包括用于日常开支的费用性支出所需的资金。

新创企业开办之初，企业的产品或服务很难在短期内得到消费者的认可，企业的市场份额较小且不稳定，难以在企业开业之时就形成一定规模的销售额，因此很多企业会采用商业信用的方式开展销售和采购业务，这就是赊销业务。赊销业务的使用，使企业实现的销售收入的一部分无法在当期收到现金，从而使现金流入并不像预测的销售收入一样多。规模较小且不稳定的销售额，以及赊销导致的应收账款的存在，往往使销售过程中形成的现金流在企业开业后相当长的一段时间内无法满足日常的生产经营需要，从而要求创业者追加对企业的投资，形成大量的营运前期支出。

在很多行业中，营运资本的资金需要远远大于投资资本的资金需要，认识营运资金的重要性，有利于创业者充分估计创业所需资金的数额，从而及时、足额筹集资金。

(三)创业融资的作用

任何企业的生产经营都需要资金的支持，无论是进行产品研发还是产品的生产和销售，都需要大量的资金投入。对于新创企业来说，由于前期投入大、产品还未能打开市场等原因，对资金的需求比较迫切。创业融资是帮助新创企业成功存活的必要手段。

创业者通过合理选择融资渠道和融资方式，可以降低资金成本，将创业企业的财务风险控制在一定范围之内。对企业不同发展阶段的融资需求特点进行分析，有利于创业者做出科学的融资决策，也有助于创业企业实现可持续发展。

(四)创业融资的目的

资金是企业运营的"润滑剂"。创业起步阶段，要进行新产品、新技术的引进和开发；

企业经营发展阶段，要进行设备更新、开展生产、拓展市场、进行企业资本结构的调整、偿还债务、扩大企业规模和并购其他企业等，这些活动都会产生对资金的需求。

1. 扩大企业规模

中小企业的创新带来高速成长，会产生各种扩张性经营需求，如厂房设施、生产设备的扩大改造，人员数量、研发费用、市场开发投入的增加等，甚至通过兼并其他企业来扩张自己的规模，从而形成扩大规模生产的资本需求。企业规模的扩张是企业发展的必然结果，出于扩大企业规模的需要，必须进行创业融资。

2. 偿还企业债务

合理的负债有利于企业的健康发展，企业在发展的过程中往往会背负一定的债务，当这些债务到期时，企业就必须偿还。若在此时企业的流动资金不足，就不得不进行融资，比如通过发行股票、债券等方式来筹集资金，否则就容易被发债机构定义为"不诚信"企业，企业将会面临信用破产、法律诉讼等问题。

3. 实现滚动发展

企业经营发展是一个长期的过程。企业在成长过程中，会开展很多个生产经营的项目，这些项目往往不是顺序发生的，而是在不同的时间节点陆续开展的，在时间上存在项目并行的情况。由于不同的项目需求资金的时间不同，因此，企业会出现一方面要不断地偿还旧的债务，一方面又不断背负新的债务的情况。这种情况是企业在不断扩大规模时自然发生的，是企业实现滚动发展的必然选择，大多数企业的融资多是出于扩张和偿债的混合动机。

4. 其他动机

除了上面总结的几点融资动机外，企业的融资可能还出于其他目的，如创业之初的融资是企业所面临的最初融资，此时企业要将产品推向市场，通过一系列营销策略扩大规模和市场份额，最终实现产业化，因此融资成功与否至关重要，融资成功的企业能得以发展起来，融资失败的企业就可能面临挫折。中小企业的成长阶段对资金的需求和依赖程度很高，此时企业进入快速发展的阶段，前期从市场获得的利润常常满足不了公司扩张生产和组织销售的资金需求，且此阶段企业对资金的需求是巨大的，必须通过创业融资满足需求。

总之，一个企业在成长过程中出于各种目的，可能需要进行多次融资，每一次融资对企业的生存和发展都至关重要。

二、创业融资的特征和原则

（一）新创企业融资的特征

相对于成熟的企业，新创企业在融资方面存在一些特点。

1. 信息不对称问题较少

投资人对于新创企业的投资往往更加审慎，创业者采取的融资方式需要更加灵活。创业融资并不是简单地以资金来支持技术开发、创新实践等活动，而常常是为了实现资金、技术、管理三者相结合。这就在很大程度上消除了融资过程中的信息不对称问题，大幅提高了融资的效率，同时对企业的经营和管理有着深远的影响。

（1）投资人与企业管理层共同分享股权，使企业管理层与投资人的利益趋于一致。

（2）在很多新创企业中，会由投资人担任董事会主席，通过监督创业团队和企业的经营管理来减少信息不对称，降低代理人的风险。

（3）对于新创企业来说，投资人的资金投入大多是分段进行的，且在企业经营不良的情况下投资人为了减少损失会放弃投资。因此，投资人会对企业的管理层进行监督制约，有效控制其机会主义行为。

2. 有着鲜明的阶段性

新创企业在不同的生命周期会表现出不同的资金需求特征，使创业融资有着鲜明的阶段性特征。

（1）在新创企业的孕育阶段，创业者需要投入资金进行开发研究，从而验证商业创意的可行性，资金运用主要集中在可行性调研方面，资金需求量较小。此时，创业活动还处于起步阶段，未知因素较多，投资人一般不会轻易介入，创业者往往只能进行内部融资，依靠自有资金或亲朋好友的支持。

（2）在新创企业的创建阶段，由于需要购买生产设备、研发产品及销售产品等，资金需求量直线上升。此时，新创企业刚刚踏入市场，产品和服务还没有经过市场的检验，市场占有率较低，企业的规模也不会太大。在这种情况下，很难从传统的金融机构处得到足够的资金支持，创业者需要寻求风险投资人的合作。

（3）在新创企业进入成长期后，企业的销售额迅速扩大，市场占有率快速提高，收支趋于平衡。此时，企业的资金需求主要是为了扩大企业规模，以期早日实现规模效应，对资金的需求量仍然非常大。由于企业在这一阶段表现出高度的成长性，在市场声誉、企业规模、市场占有率等方面都有了一定的成绩，容易得到金融机构及投资机构的认可，资金的获取难度也会相应地降低很多。

一般来说，随着新创企业的不断发展，对资金的需求量会越来越大，而风险相对来说则呈现逐渐降低的趋势，但是，资金供给与需求的矛盾会伴随整个创业过程。

（二）创业融资的原则

1. 及时性原则

创业机会具有时效性，往往只会出现在一个时间窗口内。创业者发现创业机会后，需要尽快开展生产经营活动，抢占市场，这就需要创业者能够及时找到创业融资渠道，否则就会错失创业机会。因此，创业者在开展创业融资时，首先要注意的就是及时性原则。

2. 效益性原则

任何创业融资都是有成本的，这些成本包括抵押、担保、利息等，甚至是企业的控制权。创业融资的目的是使企业拥有必要的营运资金，并且能够在未来的发展中获得收益，这个收益需要扣除融资的成本。因此，创业者需要对创业融资的效益进行考量，如果创业融资引进的资金所能发挥的效益小于投资成本，就应当放弃这种融资方式。

3. 合法性原则

企业的任何生产经营行为都应该符合法律法规的要求，融资活动也要遵守国家的相关法律法规，依法履行企业的责任，维护利益相关主体的权益。企业如果出现非法融资行为，将会受到国家法律法规的严厉制裁，给企业造成巨大的损失。

4. 低风险性原则

不同的创业融资方式的风险是不同的，创业者应该根据企业在不同发展阶段的资金需求和企业的风险承受能力，提前考虑各种融资方式的风险，科学合理地选择融资渠道。但不管在哪个阶段，都要优先考虑采用风险小、不确定性小的融资方式，而将风险较大、不确定性较大的融资方式留作备用；融资策略要与企业的经营战略一致，避免因资金管理失控导致财务状况恶化。

三、创业融资的方式

创业融资的渠道和方式有很多种，企业在创立和发展的不同阶段可以采取的融资渠道和方式也不尽相同，需要创业者根据实际情况进行分析和把握。

(一) 创业融资的渠道

1. 个人融资

利用自己和家人的自有资金是初创企业融资的一个重要来源，有利于创业者控制企业和享有企业的大部分利润，没有还本付息的问题，融资成本较低。但个人融资的风险性较大，一旦创业失败，自有资金将无法收回。

2. 亲情融资

除了利用自有资金，很多创业者也会从亲朋好友处借钱创业，一般分为借债和吸引入股。借债本质上是个人融资。亲情融资对创业者控制企业比较有利，融资成本也相对较低。缺点是也存在风险性较大的问题，同时如果融资时没有定好规则，还可能出现亲朋好友插手企业经营的风险，处理不好会带来一定的问题，伤害彼此之间的感情。

3. 合伙融资

合伙融资是指多人共同出资创业，按出资额占有企业的股份，并就企业的运营管理做出一定的安排，管理权和股份占比不一定严格对应。合伙融资的优点是可以有效筹集到资金，并能够充分利用合伙人的资金、人脉和智力资源，整合和利用各种资源，降低创业风险。缺点是如果制度安排不好，合伙人之间容易产生意见分歧，降低办事效率，也有可能因为权利与义务的不对等而产生矛盾，不利于合伙基础的稳定。

4. 政策扶持资金

对大学生而言，政策性扶持资金一般为由政府或高校为大学生创业团队提供的支持性资金，通常情况下一次性支付且不需要偿还，融资成本非常低。部分高校也会利用校友基金为大学生创业团队提供较为优惠的股权性资金，这种资金带有鼓励性质，基本上是公益的，一般会对大学生创业团队提供保护性机制，融资成本也非常低。政策性扶持资金一般会有相对严格的申报要求，且资金的总额有限，筹资者之间会产生竞争。

5. 风险投资

风险投资是当今创业者经常采用的一种创业融资方式，是由风险投资机构通过专业人才的发现、甄别、挑选和管理，把资本投向特别具有潜力的高新技术和产品的研究开发领域，以促使高新技术成果尽快商品化、产业化，通过承担一定的风险，获取较高的资本收益。

风险投资的投资目标一般是新兴的、迅速发展的、具有巨大潜力的企业，是一种协调风险投资家、技术专家、投资者的关系，以实现利益共享、风险共担的投资方式。

6. 天使投资

天使投资是风险投资的一种，主要针对创业者进行早期的直接投资，是一种自发、分散的民间投资方式。天使投资的门槛较低，大多在创业者具有明确市场计划时就已经开始投资了，有时即便创业者只有创业构思，只要投资者认为该创意有发展潜力，就能获得资金，而此时风险投资机构一般不会进行投资。当前我国天使投资已经经历了一轮"过热"的过程，投资行为逐渐理性，对创业团队和创业项目的要求较高。

7. 众筹融资

众筹融资是指创业者将自己的产品原型和创意提交到众筹平台，发起资金募集邀请，如果投资者或消费者对产品或创意感兴趣，就可以投入一定的资金。当资金总量达到设定的条件时，创业者即可开展创业行动。投资者在创业成功后即可获取回报。众筹融资可以帮助创业者启动新产品的设计生产，同时也可以测试自己的创意或创业想法是否能被市场接受。

8. 银行(金融机构)贷款

贷款可分为抵押贷款、信用贷款、担保贷款、贴现贷款等，银行(金融机构)根据国家有关政策，以一定的利率将资金贷放给资金需求者，并约定归还期限。其优点是方便灵活、期限和类型较多、风险较小、不涉及企业资产所有权的转移等。但其申请条件较高，审批手续相对复杂，筹集资金的数量有限，利率也较高。

9. 其他方式

除以上几种融资渠道外，创业者还可以通过私募融资、赊购、设备租赁等方式进行创业融资。

融资方式反映了资金在企业中的性质，通常可以分为债务性融资、权益性融资和混合性融资三种。

（一）债务性融资

债务性融资包括银行贷款、发行债券、民间借贷、小额贷款公司贷款等，主要通过借贷的方式吸纳资金，需要定期归还利息并按时返还本金。

1. 银行贷款

银行贷款是企业最常用的融资渠道，主要分为以下三类（见表4-1）。

表4-1　银行贷款的种类

类型	定义	备注
信用贷款	银行仅凭对借款人资信的信任而发放的贷款，借款人无须向银行提供抵押物	对银行而言无现实的经济保证，贷款风险较大，银行对贷款者的信用审核较为严格
担保贷款	借款人或保证人以一定财产作为抵押或担保，银行据此发放贷款	对银行而言有现实的经济保证，贷款的偿还建立在抵押物或保证人的信用承诺基础上
贴现贷款	借款人在急需资金时以未到期的票据向银行申请贴现，银行据此发放贷款	对银行而言有一定的风险，因为贷款偿还保证建立在票据到期前付款人能够足额付款的基础上

由于缺乏便捷高效且成本较低的企业信用考察方式，出于对资金安全的考虑，银行总是谨慎地发放贷款，对新创企业尤其如此，因此银行贷款方式对创业者来说门槛较高。企业在经营过程中难免会遇到一些暂时性的困难，此时即使企业拥有强劲的成长趋势，银行出于对资金安全的审慎考虑，一般都会暂停贷款或催还贷款，从而加剧企业的生存危机。

具备贷款条件的创业者在申请贷款时，要权衡申请的额度，同时要评估多家银行的经营记录和贷款程序，从中选择借款条件最优惠的银行。

2. 发行债券

债券融资为直接融资，由创业企业直接到市场上进行融资，借贷双方存在直接的对应关系。通常大企业、大金融机构具有较高的资信度，债券利率相对较低。而刚刚创立的中小企业的债券利率最高，一般要高于同期贷款利率，因而融资成本较大，融资的操作空间较小。当然，随着我国经济政策的逐步放开和调整，企业债务市场也会逐渐成为中小企业融资的重要渠道。

3. 民间借贷

民间借贷是一种直接融资渠道，是指自然人与自然人、法人和其他组织之间的借贷，是相对传统的借贷方式。随着我国改革开放的进行，国民经济得到了快速发展，民间资本增长迅速但缺乏投资渠道，在银行和金融机构存放利息较低，因此近些年民间借贷比较活跃。

民间借贷的手续灵活、方便，利率通过协商决定，对于创业者解决短期资金困难的帮助很大。但其也存在借贷行为不规范、借贷利率不合理、借贷双方权责不明确等问题，甚至可能会涉及法律纠纷。因此，创业者在借款前一定要准确评估借贷风险，以确保发生风险所带来的损失在企业的可控范围内。

4. 小额贷款公司贷款

小额贷款公司贷款是介于银行贷款和民间借贷的融资方式。小额贷款公司是由自然人、企业法人与其他社会组织投资设立，不吸收公众存款，依靠自有资金为资金需求方提供小额贷款业务的公司，适合中小企业、个体工商户满足资金需求。与银行相比，小额贷款公司办理贷款相对方便快捷，与民间借贷相比，小额贷款则更加规范、贷款利息可双方协商，贷款利率高于银行的贷款利率，但一般低于民间贷款利率的平均水平。

企业采取向小额贷款公司贷款的方式融资时，事前一定要审核小额贷款公司的资质，选择资质与信用好的小额贷款公司，以降低贷款风险。

(二)权益性融资

企业通过吸引新的投资者、发行新股、追加投资等扩大企业所有权益的方式进行融资，称为权益性融资。由于权益性融资扩大了所有权益，所以它稀释了原有投资者对企业的控制权。权益性融资的主要渠道有个人融资、亲情融资、合伙融资和风险投资等，可分为内部权益性融资和外部权益性融资。

1. 内部权益性融资

内部权益性融资一般发生在新创企业初期，权益资金主要来自创业者及其高层管理团队、团队成员的亲朋好友、初创时期的企业员工等，一般无须支付融资费用，是最便捷的获得资金的方式。内部权益性融资要处理好相关的财务安排、利润回报等问题，并签订正式的合同。

2. 外部权益性融资

外部权益性融资指通过接受天使投资、风险投资，公开上市发行股票等来获得权益性融资的方式。

天使投资者一般使用其自有资金用于新创企业投资，他们一般经历过创业阶段，对企业初创过程很感兴趣，具有敏锐的洞察力。天使投资者一般通过介绍人或参加大学举办的各类创业推介活动来筛选大学生创业者。

风险投资一般会将风险资本投向刚刚成立或快速成长的未上市新型公司，可以为融资者提供长期股权投资和增值服务，会为企业在企业管理和市场运作等方面提供专业的指导，同时采取一定措施增强企业的影响力和企业利益相关者的信心，帮助企业快速成长。风险投资的主要目的是通过培育企业上市、支持企业兼并或其他方式收回投资，获得高额利润。

(三)混合性融资

1. 融资租赁

融资租赁是集融资与融物、贸易与技术更新于一体的新型融资方式，是指融资人对租赁物提出特定要求(如性能、品牌、供货商等)，出租人按照要求购买租赁物(或自有租赁物)后将其租赁给创业者，创业者分期支付租金，获得租赁物的使用权。在租赁期内，租赁物的所有权归出租人所有，但租赁期结束后，租赁物的所有权归属应根据双方的合同约定执行。之前没有约定的，可协商后签订补充协议确定租赁物最终所有权的归属，如果仍不能确定的，仍归出租人所有。

由于具有融资与融物相结合的特点，融资租赁这种方式非常适合于中小企业融资，随着我国经济的持续发展，融资租赁在我国经济中的作用将越来越大。

2. 政策融资

政策融资包括财政补贴、税收优惠、财政担保、设立基金等，主要是国家对新创企业的扶持。政策融资有相应的国家政策予以保证，其实质是以政府信用做担保，具体由政策性银行或其他银行等执行。政策融资一般针对性较强，利率很低或无息。

政策融资的种类很多，但每一个种类的扶持对象都有一定的范围，如"下岗失业人员再就业小额贷款""科技型中小企业技术创新基金""中小企业国际市场开拓资金"等。

大学生创办的企业多为科技型中小企业，国家有科技型中小企业技术创新基金提供扶持政策，引导科技型中小企业开展技术创新活动，具体方式为贴息贷款、无偿资助、资本金投入等。

3. 商业信用融资

商业信用融资是经济活动中最普遍的融资方式，指企业之间在买卖商品时以商品形式提供的借贷活动。商业信用融资的限制条件较少，选择余地较大，多数情况下无须进行正式协商，也无须正式文书便可享受，因此在实际中得到了广泛的应用。商业信用融资对扩大生产和促进流通起到了十分积极的作用。

商业信用融资的使用期限一般都很短，数额也较小。

4. 典当融资

典当融资是指中小企业以质押或抵押的方式开展的一种融资活动，资金来源于典当行。典当融资一般是为了解决中小企业的短期资金需求，具有快速、便捷的特点，是一种辅助性的融资方式。由于典当融资能够在短时间内筹得资金，因此很受中小企业创业者欢迎。

综上所述，每一种融资方式都有其优缺点，创业者应多方比较、综合考虑，选出成本最小、风险最小，且能满足企业资金需要的融资方式。

第三节　创业环境

　　创业环境对创业活动的影响非常大，社会结构的特点、生产力状况、政策导向、科技发展水平、教育事业发展程度、社会传统和文化环境等都会对创业产生影响。良好的创业环境对创业企业的成长和发展具有推动和促进作用；反之，恶劣的创业环境则限制和阻碍创业企业的发展。大学生创业时，应重视对创业环境的研究，学会有效地应对各种外部环境的变化，充分把握由环境所提出的挑战和环境所提供的创业时机。

一、创业环境概述

（一）创业环境的基础知识

1.创业环境的定义和内涵

　　创业环境是指与创业活动相关的全部因素的总和，这些因素对创业活动产生影响和制约，是新创企业产生、生存和成长发展的基础。

　　创业环境的内涵包括以下 3 个方面。

　　（1）创业环境决定了创业的性质和活动范围，是创业活动的成长空间。无论创业活动在哪个行业进行，具体是哪种创业类型，其产品和服务是什么，融资渠道和方式是什么，都要放在现实的、具体的环境中来考虑，受环境的制约，不能随心所欲。一个创业的想法得不到环境的支持，就无法进行，比如创业者如果想在中国大陆开展博彩产业领域的创业活动，因为法律不允许，也就无法开展创业。

　　（2）创业者面临的创业环境是动态变化的。创业环境始终处于不断发展变化的过程中，创业者不断面临新的情况，不断需要解决新的问题，这就决定了创业是一项变革和创新的活动。

　　（3）创业环境是创业活动的基本条件。环境是一种客观存在，存在决定意识。创业环境对创业活动的决定性作用体现为能为人们的创业活动提供各种精神的或物质的条件，从各个方面影响创业活动的进程，一定程度上决定创业活动的成败。

2.创业环境的表现形式

　　（1）社会环境与自然环境

　　社会环境是指创业者所处的国家和社会的政治制度、经济制度、法律制度、思想文化、风俗时尚，以及党和政府在特定历史时期的路线、方针、政策等方面的条件。自然环境是指创业者面对的地理、资源、气候等自然状况。社会环境和自然环境作为开展创业活动的宏观背景，它们的变化能对创业活动产生巨大的不可抵抗的影响。

创业者一般无法改变社会和自然环境，因此要善于利于它们。

（2）内部环境与外部环境

内部环境是创业组织内部各种创业要素的总称，如人员、资金、设施、技术、产品、生产、管理、运营等方面的情况。创业者处理好内部关系、优化内部环境，对创业活动的开展至关重要，甚至会影响创业生存的根基。外部环境是创业组织外部的各种创业条件的总称，包括社会的、自然的、政治的、经济的、合作的、竞争的、远处的、近处的形势和情况，对创业组织的发展具有广泛的影响力，是创业组织发展的保证。

创业者要优化内部环境，适应外部环境。

（3）融资环境与投资环境

融资环境是指创业者聚集资金的社会条件。投资环境特指创业者资金投向的项目及地区概况。融资与投资是创业活动不可分割的两个方面，受特定地区人们的经济收入、消费观念、风险意识、国家政策等环境因素的影响。

创业者要学会分析和选择投资环境，充分利用融资环境。

（4）合作环境与竞争环境

创业的合作环境是指创业者对外扩张、寻求发展、建立协作伙伴关系的环境氛围，通常指与创业互动相关的行业、供应商、经销商、广告商技术所有者、风险投资公司及新闻媒体等单位的情况；竞争环境是指创业者所处的行业状况，包括行业的经营思想、产品质量、技术力量、管理水平、营销手段等。合作环境与竞争环境是创业组织生存与发展极为重要的外部条件，任何创业者都无法脱离它们而存在。

（5）生产环境与消费环境

生产环境是指创业者的资金转化为产品所需要的各种因素，包括劳动力、生产设施、原材料、技术服务、动力供应、交通运输等状况；消费环境是指创业者的商品转化为货币所需要的各种条件，包括特定地区人们的富裕程度、消费观念、消费水平、市场和竞争对手等方面的状况。

上述各种形式的创业环境相互交织，构成了完整的创业环境系统。创业者只有全面认识和把握自身所处的环境的基本构成，熟谙各种环境所内含的共同趋向和基本要求，才能够切中时代的脉搏，进行卓有成效的创业活动。

3. 创业环境的内容

（1）创业相关政策

创业相关的政策和法规对创业活动有重大的影响。创业政策一般由政府根据社会经济发展需要制订，包括政策的内容和政策的执行两个层面。政策的内容包括鼓励和支持创业的政策、创业活动和创业企业成长的相关政策、就业政策、环境和安全政策、企业组织形式的规定、税收政策等。政策的执行包括有关政策的落实情况和实施上的效率情况等。

比如：我国地方政府对新成立企业优先给予扶持，对软件等技术创新企业在税收政策方面也给予了许多优惠政策，这些都有利于新创企业的成长和发展。

（2）创业项目支持

创业项目支持是我国支持创业和创业者的基本形式，本质上是创业政策的具体化，包括提供资金和项目、提供服务支持和建立扶植创业企业的相关组织和机构，以及通过这些组织和机构开发的大量创业项目。

比如：我国很多省市都为大学生创业建立了大学生创业科技园和"创业孵化器"，为大学生创业者提供免费的指导、注册和工位支持等。

（3）金融支持

当前，我国大学生创业的金融支持最主要的来源主要是个人融资、亲情融资和合伙融资，天使投资和风险投资在高新技术创业中也有一定的占比。金融支持环境有较大的改善空间。

（4）教育培训

教育培训可以有效提升大学生的创新创业意识和创新创业能力。目前我国各高校对大学生创新创业教育的理解和重视程度各不相同，创新创业教育培训的能力差别也很大，缺乏教育培训内容和形式上的创新性。

（5）研发成果的转移

研发成果的市场化转移是高新技术创业的基础，也是创业企业获得核心竞争力的关键。当前国家出台了很多促进创新成果产业化的政策，以帮助研究开发成果能更好地从发源地通过创业企业向市场转化。国家建立了完善的科技成果转化基础，具备了支持个别领域的创业企业成长为世界水平技术型企业的能力。但在知识产权保护、制约行业垄断等方面仍有较大的进步空间。

（6）市场准入

当前我国的经济发展预期仍然乐观，市场增长率较高，市场每年都在扩大，且经济正处于转型阶段，传统产业升级改造，新兴产业不断涌现，产品更新换代快，产业成长快，对于创业企业来说，进入大多数行业的成本相对较低。

（7）商务环境和基础设施

良好的商务环境和基础设施是创业的物质基础。当前我国的商务环境和基础设施正在不断改善，市场诚信意识在增强，硬件环境在改善，服务意识在提高，同时消费者的消费观念有了明显变化，为创业者开展创业活动奠定了良好的基础。

（8）文化和社会规范

鼓励创新创业的文化和社会规范是重要的创业环境内容。当前我国已经形成了鼓励创业和创业者的文化氛围，鼓励创造和创新的精神，鼓励通过诚实劳动致富，对创业者勇敢地承担和面对创业中的各种风险提供了文化支持。

4. 创业环境的特征

（1）整体性。创业环境是一个由各要素组成的有机整体，创业环境的各要素是相互联系、相互影响的。在研究创业环境时，应运用系统的原则和方法，从整体的角度来考察创业环境，不能割裂各要素之间的联系。

（2）主导性。在创业环境的各要素中，总有一个或几个要素在某一阶段的发展中居于主导地位，在创业环境整体中规定和支配着其他要素。

（3）可变性。区域环境和创业环境都是不断发展变化的，包括经济结构的调整、政治制度的优化、市场需求的变化、消费水平的提高等，这些都深刻地影响着创业环境，使创业环境始终处于不断变化的过程之中，并逐步趋于完善。

（4）差异性。创业环境是一个空间概念，区域政治、经济、文化等方面的差异，决定了创业环境的地区差异。所在的区域不同，创业环境的内容也不尽相同。

（二）创业环境的分类

1. 宏观环境

宏观环境是对创业行为产生影响的主要的环境因素，包括政治、经济、社会、科技、自然和法律环境等。一个国家或地区的市场开放程度，政府的国际地位、信誉和工作效率，金融市场的有效性，劳动力市场的完善性，法律制度的健全性，以及技术的进步等，都将形成一个新创企业的宏观环境，这些宏观环境因素对一个新企业的创办、生存和发展将产生重要的影响，给企业创造市场机会或限制企业的发展，也影响创业者投资兴业的意愿和热情。

（1）政治环境。主要包括政治局面、政治事件和国家政策等，与企业经营活动密切相关，是企业生存发展的前提条件之一。一个国家的政治气候、政局的稳定性与政策的连续性以及各种政治事件，对企业的经营活动都会有很大的影响。

（2）经济环境。主要包括经济结构、经济发展阶段、经济周期、国民收入及其变化趋势、居民可支配收入、居民储蓄以及资本市场发育程度等因素，它们决定了企业潜在市场的大小。

（3）社会文化环境。主要是指一个国家、地区或民族的传统文化，通常由价值观念、信仰、风俗习惯、行为方式、社会群体及其相互关系等内容构成。只有全面了解社会文化环境，才能较准确地把握消费者的需求，正确选择自己的目标市场。

（4）科技环境。主要包括社会科技水平、社会科技力量、国家科技体制、国家科技政策和科技立法，它对创业活动及新创企业的生产经营有重大的影响。创业者必须分析国家对科技开发的投资和支持重点，了解政府和其他企业对技术发展的关注情况，并保证创业项目具有相对的技术先进性。

（5）自然环境。自然环境为创业活动提供了所需的资源条件，创业者要考察环境及资源是否适合创业项目的发展，能否提供行业所需的资源条件。当前可持续发展已成为全球关注的战略问题，因此创业者必须顺应可持续发展战略的要求，实现企业利益、消费者利益、社会利益及生态环境利益的和谐统一。

（6）法律环境。法律是市场经济条件下规范企业经营行为的准则，国家的法律法规，特别是关系到经济活动的立法，不仅规范着企业的行为，而且会使消费需求数量和结构发生变化,从而鼓励或限制某些产品的生产和消费。新创企业要了解我国的基本法律环境及行业管理规章。

2. 行业环境

行业环境分析对新创企业十分重要,主要内容包括行业生命周期、进入与退出壁垒、行业需求及竞争状况、行业主导技术的发展趋势及行业的发展前景等。新创企业选择行业一定要慎重,要关注行业内的竞争程度及变化趋势和行业所处的生命周期这两个主要因素。如果行业内部竞争激烈、进入壁垒较高或已处于夕阳阶段,创业成功将十分困难。

(1)行业生命周期

对创业者而言,不同的行业发展阶段所面临的机会和威胁是不同的。每一个行业发展所经历的周期可以分为四个阶段:导入阶段、成长阶段、高峰阶段和衰退阶段。

在行业的导入阶段,存在大量的创业机会,先进入者拥有制订行业生产、技术标准的优势,但同时也存在很大的技术风险、市场风险。

在行业的成长阶段,由于行业刚刚形成,现有企业的规模小、产品少,创业机会多。

在行业的高峰阶段,行业进入稳定发展的阶段,由于市场需求已趋于稳定,留给创业者的机会十分有限。

在行业的衰退阶段,市场机会微乎其微,创业者应尽量回避。

(2)行业进入壁垒

行业进入壁垒决定了创业者进入这个行业和新创企业生存的难易程度,行业进入壁垒越高,潜在进入者就越难进入。影响或阻碍潜在企业进入的行业壁垒主要有以下几个方面(见表4-2)。

表4-2 行业壁垒的要素及内容

行业壁垒要素	内容和意义
规模经济	一般而言,仅仅能使企业的单位产品成本维持在行业产品最低销售价格水平的生产规模为"最低经济规模";能使企业的单位产品成本低于行业平均投资盈利水平要求的经济规模就是"合理经济规模"
产品差异	是顾客对某产品所形成的消费偏好。新进入企业要耗费大量的成本来建立新的差异,以转移顾客对原有品牌的忠诚度
顾客品牌转移难度	与顾客对老品牌的信任和偏爱程度有关。顾客对老品牌的依赖程度越高,就越难接受新品牌或根本不尝试新品牌的产品,这样的行业是难以进入的
所需投资量的大小	一个行业所要求的生产经营技术越复杂、技术难度越大,进入的企业在开发新产品、试制生产和商品化工作方面需要的费用就越多。所需投资量越大,进入该行业就越难

续表4-2

行业壁垒要素	内容和意义
转换成本	包括进入新行业所需的技术、装备成本，原材料供应转换成本，以及心理转换成本。新进入企业往往需要提供比现有企业更好的产品、更低的价格，否则难以使顾客接受新产品
销售渠道限制	进入一个行业如不能利用原有的销售渠道，就必须花费一定的费用建立新的销售渠道，这方面费用越高，该行业就越难进入
资源的稀缺性	如果某一行业所使用的资源，如原材料、劳动力、设备等供应充足，就比较容易进入
技术进步速度	技术进步的速度将直接影响到产品的生命周期，而企业能否跟上技术进步的速度则直接决定了其产品能否在市场上受到消费者的欢迎
预期的反击	当行业内现有的企业竞争激烈，且行业的潜力小，没有过多的市场扩展余地时，原有企业会对新进入企业进行反击。新进入企业由于基础薄弱，很难抗衡这种反抗，生产经营就往往会受到较大影响，企业的进一步发展也会受到阻碍
政府限制	政府会对整体的宏观经济以及行业的发展进行总体的调控，而且会针对相应行业出台各种政策法规。如果企业所选择的行业正是政府要调控或整改的行业，那么企业进入该行业的难度就会较大
需求的稳定性	消费者对产品的需求状况直接影响到产品的市场大小及市场的稳定性。一个行业面临的需求越不稳定，越难以估计进入的预期成果及进入的风险大小，该行业就越难进入

（3）行业退出壁垒

一般而言，退出一个行业也是有成本的，包括经济成本、战略成本、感情成本等。

经济成本。包括资产的再利用性和善后处理费用。如果企业原有资产的用途比较特殊，使用范围较小，资产的再利用性就比较低，不容易转移到新的行业加以利用，那么企业的退出壁垒就较高。善后处理费用包括对不能在进入了新行业后的企业中就业的原有职工的安置费用，到期不能履行供应合同的赔偿费用，停用厂房、设备的维护费用等，这些费用越高，退出壁垒就越高。

战略成本。企业退出一个行业会导致企业员工和公众对企业形象产生负面评价，对企业的发展战略也是一个打击。同时，一些社会因素也可能造成企业退出的困难，如政府会利用立法、颁布限制法令、引导舆论谴责等手段，为企业退出原有行业设置壁垒。

感情成本。主要包括领导的感情、员工的感情、顾客的感情、公众的感情和政府的感情。人们对老产品、老行业的感情越深，企业就越难退出原行业。

（4）行业发展的影响因素

行业产品满足顾客需要的情况。通过对行业当前向市场提供的产品和服务满足顾客需要的程度，以及这些产品和服务的不足之处进行分析，可判断行业产品或服务发展的潜力和方向。

新技术的出现或技术革新对行业的影响。如果有重大技术进步或新技术出现，就有可能为整个行业带来巨大发展机会，同时也可能会对整个行业带来"破坏性威胁"。

行业竞争密集度。行业的竞争密集度有两个测量指标：一是行业的总品牌数量，二是行业中企业数量与行业总投资规模相比而得到的竞争密集指数。竞争密集度对企业营销发展方向的选择有决定作用。

行业的资源短缺度。如果某一行业所需的资源存量充足，就比资源短缺的行业更容易吸引新的竞争者加入。在资源比较丰富的行业中，企业容易受到竞争者攻击；相反，在资源短缺的行业中，企业遭受竞争者攻击的可能性虽小，但因受到资源短缺的困扰，维持生存和发展也比较困难。

3. 微观环境

微观环境是指企业的顾客、竞争者、营销渠道和有关公众等对企业营销活动有直接影响的各种因素。包括供应商、中介单位、顾客和竞争者、公众等要素。

(1)供应商，即向创业者提供原材料、零部件、能源、劳动力和资金等资源的企业组织，它影响着创业活动和新创企业经营的成本和可行性。

(2)中介单位，是指协助创业者推广、销售和分配产品给最终买主的单位，包括中间商、实体分配公司、营销服务机构和金融机构等。

(3)顾客和竞争者，创业计划成功与否主要取决于消费者对所提供的产品或服务是否认同，所以创业活动的核心问题是善于发现未被满足或未被充分满足的消费需求。在行业分析中，我们认为所有对行业和行业内企业有威胁的方面都与行业或企业之间存在竞争关系。

(4)公众，是指对企业经营活动有实际或潜在的兴趣和影响的团体。一般来说，企业周围的公众有以下几类(见表4-3)。

表4-3 企业周围公众的分类

名称	内容
政府公众	指与企业的业务活动有关的政府机构，如行业主管部门，及财政、工商、税务、物价、商检等部门
媒介公众	指报纸、杂志、电视、广播等有广泛影响的大众媒介，这些媒介对创业者的声誉有举足轻重的作用
市民行动公众	指消费者权益保护组织、环境保护组织、少数民族及其他群众组织，这是创业者不可忽视的力量
地方公众	指企业所在地附近的居民群众、地方官员和社区组织。企业要协调好与当地公众的关系，避免与周围公众发生利益冲突，同时还应对公益事业做出贡献
一般公众	指社会上的社会民众和消费者

(三)创业环境评价原则

1. 全面性原则

影响创业环境的因素有很多,既有内部因素,也有外部因素;既有宏观因素,也有微观因素;既有社会因素,也有自然因素。这些因素涉及市场、行业、经济、环境、政治、社会等各个方面,因此,在评价创业环境时,要全面考虑、综合评价。

2. 科学性原则

创业环境的评价既要和创业活动的实际情况结合,也要在参考国外成熟指标体系的基础上进行本土化转换,避免直接机械套用。同时,评价要采取定性分析和定量分析相结合的方式。

3. 重要性原则

在坚持全面性原则的基础上,也要根据创业环境对创业活动的影响程度综合考虑选择影响创业环境的关键要素,对于影响不大的要素采取舍弃或降低权重的方式处理,以建立科学的创业环境评价指标体系。

二、大学生创业环境

大学生创业环境是指对大学生创业活动产生影响的各种外部因素的总和。我国在文化、规范、政策、创业教育、税收等方面,为大学生创业提供了较为宽松的环境。

(一)大学生创业环境的现状

1. 法律环境进一步规范

(1)私营经济得到法律保护

根据我国现行宪法规定,国家保护个体经济、私营经济的合法权利和利益。这就从法律上为私营经济的存在和发展提供了保障。随着社会主义法治建设的推进,私营经济已经步入了一个良性发展的轨道。

(2)创业准入门槛不断降低

随着社会主义市场经济体制的建立与完善,国家在市场进入方面对私营经济的限制逐步取消,更多的行业、领域允许民营资本进入,办理企业登记手续的程序得到简化;企业自主经营范围更为宽泛和自由,可以建立一人有限责任公司,有限责任公司注册资本的最低限额得到下调,且出资者既可以用货币出资,也可以用实物、知识产权、土地使用权等非货币财产作价出资,公司的注册资本还可以在一定期限内分期缴足。大学生创业因此有了更多选择形式。

2. 经济社会环境不断优化

（1）资本市场日趋健全和活跃

在融资方面，银行贷款、融资担保、风险投资、产权交易等更多的业务不断推出。为解决中小企业创业过程中融资难的问题，有关机构启动了为大学生创业者提供贷款担保和贴息的业务。

（2）创业载体和创业服务机构发展加快

各类企业孵化器、高新园区、企业服务中心、创业指导机构等载体不断建立与完善，风险投资机构、担保服务机构、信用评级机构、顾问咨询等服务机构得到快速发展，这些都有利于大学生创业的启动与发展。

（3）传统观念正在逐步改变

改革开放以来，人们对私营经济的看法和态度已有根本的改变，创业光荣已经成为社会的共识，一种鼓励创业的社会观念，尤其是关注与支持大学生创业的社会环境正在形成。

3. 创业政策不断完善

为鼓励和支持大学生自主创业，中央和地方各级政府纷纷出台相关优惠政策，给予创业者更多的支持。通过开展免费创业培训、强化创业指导、优化创业环境、培育创业文化、进行创业激励等途径，重点扶持大学生创办的企业。

比如，在2020年印发的《国务院办公厅关于支持多渠道灵活就业的意见》（国办发〔2020〕27号）将"优化自主创业环境"作为单独一章，提出了加强审批管理服务、取消部分收费、提供低成本场地支持等支持大学生创新创业的具体措施。此外，国家出台的支持创业的扶持政策还包括《国务院办公厅关于提升大众创业万众创新示范基地带动作用进一步促改革稳就业强动能的实施意见》（国办发〔2020〕26号）《国务院关于推动创新创业高质量发展打造"双创"升级版的意见》（国发〔2018〕32号）等，教育部、工信部、发改委、科技部、财政部等相关部委也单独或联合发文支持大学生创业，如《关于开展双创示范基地创业就业"校企行"专项行动的通知》《财政部等三部门关于进一步加大创业担保贷款贴息力度全力支持重点群体创业就业的通知》等。各地人民政府也创造性地开展工作，积极鼓励大学生创业。

4. 创业教育纳入教育体系

随着政府、学校和社会对创业型经济的不断认同，创业教育的开展将会更加普及。国家已经出台相关政策，明确要求在高等院校中开展创新创业教育，将创新创业教育纳入高等教育体系之中。一些高校还成立了创新创业学院，专门培养创新创业人才，为大学生创业营造了良好的学习氛围。

（二）大学生创业的教育环境

创业教育是开发和提高学生创业基本素质的教育，对培养学生的事业心、进取心、开拓精神、创新精神和创业技能作用很大。开展创业教育是当前我国市场经济发展与经济结构战略性调整的需要，对构建创新型国家、培养大批拔尖创新型人才和创新创业型人才具有重要战略性意义，对于深化我国高等教育改革和高等学校人才培养模式改革也有十分重要的作用。

大学生创业者存在经验、启动资金、社会关系、用人经验、法律法规知识等方面的不足，在创业的道路上会遇到各种困难，只有经过创业教育指导，才能少走弯路。因此，创业教育是创业活动得以开展的必要条件，也是创业者将潜在商业机会变为现实商业价值的基础。接受的培训越多，关于创业的知识和技能越丰富，创业者把握创业机会的能力就越强。近年来，已有不少大学生取得了辉煌的创业成绩，涌现出了一大批创新创业的典型人物。

（三）大学生创业的经济环境

我国社会经济的稳步发展，为创业者提供了广阔的发展空间和史无前例的优越条件。

（1）市场经济体制已经在我国确立，使得人才能够自由流动，资源得到优化配置，对创业者越来越有利；同时，就业形势的严峻使部分大学生面临就业的压力，从而促使大学生转变就业观念，开展自主创业。

（2）知识经济为大学生提供了巨大的创业舞台。在知识经济背景下，知识成为最宝贵的资源、最重要的资本。这对于受过良好教育并具有相当专业知识的大学生来说，无疑是前所未有的机遇。例如：随着高科技的发展，大量的新兴行业不断涌现，通信、IT和互联网领域出现大量创业明星；随着知识更新速度的加快，文化教育、信息传播也成为大有前途的创业领域。

（3）第三产业成为一个极具魅力的投资领域。随着市场经济的进一步发展，第三产业可以为创业者提供许多大显身手的舞台，而且，第三产业所需投资少、见效快，十分适合成为大学生的创业领域。

（4）资本市场日趋健全和活跃。在融资方面，银行贷款、金融支持、融资担保风险投资、产权交易等更多的业务不断推陈出新。

（四）大学生创业的社会环境

当前我国社会已经形成了一种鼓励创新创业的社会观念，通过创新创业提升我国的国际竞争力、实现民族的伟大复兴、提高人民的生活水平已经成为社会共识，很多人通过创新创业实现了人生的理想，为整个社会树立了创新创业、努力奋斗的榜样，形成了全社会鼓励创新创业的"正循环"。创业是时代的产物，只有适应时代的要求，响应社会变革的召唤，才有望实现创业的价值。促进大学生创业，不仅有利于缓解大学生就业问题，更是经济社会发展的大势所趋。

第四节　创业风险

　　创业活动在某种程度上是做别人不敢做的事情，是对未知领域的勇敢探险，因此，创业活动不可避免地会面临各种风险。创业风险如果处理不好，可能会给创业者带来巨大的损失，导致创业失败。同时，风险和收益常常是正相关的，较大的风险也可能会给创业者带来超高的利润和收益。

一、创业风险的基础知识

(一) 创业风险的含义

　　创业风险是指创业者在创业过程中所面临的风险。创业风险产生的原因包括创业环境的不确定性、创业机会的可变性、创业者能力与实力的局限性、企业管理的复杂性等。

　　在创业过程中，创业者要投入大量的人力、物力和财力，要引入和采用各种新的生产要素与市场资源，要建立和不断变革组织结构、管理体制、业务流程、工作方法。创业者在这一过程中必然会遇到各种意想不到的情况和困难，从而有可能使结果偏离创业的预期目标。[①]

(二) 创业风险的特点

1. 客观存在性

　　创业风险是客观存在、不以人的意志为转移的。在创业过程中，由于内外部事物发展的不确定性是客观存在的，因而创业风险也是客观存在的。客观性要求我们认识创业规律，正视并积极对待创业风险。当然，客观性并不否认创业风险的存在也有主观的一面。

2. 不确定性

　　创业的过程往往是创业者的构思或创新技术变为现实的产品或服务的过程。在这一过程中，创业者会面临各种内部或外部的不确定因素，如可能遭受已有市场竞争对手的排斥，进入新市场面临着需求的不确定性，新技术难以转化为生产力，顾客需求发生改变，等等。此外，在创业初始阶段往往只有投入没有产出，因此企业可能面临资金不足的问题，从而导致创业的失败。也就是说，影响创业各种因素是不断变化且难以预知

[①]　陆雄文. 管理学大辞典[M]. 上海：上海辞书出版社，2013.

的，这造成了创业风险的不确定性。

3. 损益双重性

创业风险对于创业收益不是仅有负面的影响，创业者如果能正确认识并且充分利用创业风险，将创业风险转化为创业机会，反而会使收益有很大程度的增加。

4. 要素相关性

创业者面临的风险与其创业行为及决策是紧密相关的。不同创业者对同一风险事件有不同的认知，采取不同的决策，会面临不同的风险结果。

5. 风险可变性

当内部与外部条件发生变化的时候，必然会引起创业风险的变化。创业风险的可变性包括创业过程中风险性质的变化、风险后果的变化，以及出现新的创业风险这三个方面。

6. 可测性与测不准性

创业风险的可测性是指创业风险是可以测量的，即可通过定性或者定量的方法对其进行估计。创业风险的测不准性是指创业风险往往会出现偏离误差范围的状况，它一般是由创业投资的测不准，创业产品周期的测不准，以及创业产品市场的测不准等造成的。

（三）创业风险的分类

创业风险分为系统性风险和非系统性风险。系统性风险是指由创业的外部环境不确定性引发的风险，即创业者无法控制或无力排除的风险。非系统性风险是指由非外部因素引发的风险，即指与创业者、创业投资和创业企业有关的不确定性因素引发的风险。非系统性风险可以通过创业的各方面的努力加以控制或消除。

1. 系统性风险

（1）政治风险

政治风险是指由于国家政治的稳定性、社会政策的连贯性等产生的风险。国家对创业企业在国民经济发展中发挥作用的认识以及所采取的政策，对创业的风险都有一定的影响。来自国家政局、政策、管理体制、规划的变动等方面的不确定因素也会对创业风险产生一定的影响。近年来，随着创业企业的壮大和创业企业对国民经济发展的推动作用越来越显著，我国在政策倾向上逐步加大了对创业企业的扶植力度。但刚刚起步的创业企业大部分因实力较弱、规模小，无法达到政策所要求的条件而得不到政策的扶植。

同时，那些与国家重点扶植产业相关的创业活动通常更容易得到国家在财政、信贷、税收等方面的支持。相反，那些处于非重点扶植产业的创业企业无法享受某些融资政策、税收政策上的优惠待遇，甚至一些产业中的创业企业因政策的变化还要受到限价、限产等强制性政策要求，导致创业企业的资金、生产、销售计划和流程受到影响，进而使创业企业因遭受政策上的风险而导致生产经营陷入困境。

（2）法律风险

法律风险是指法律、法规的制定和修改给创业企业带来的风险。如国家重要法律法规的实行和修订情况，特别是有关公司法、环境保护法、消费者权益法、市场流通等方面的法律，以及税法、能源法、价格法、金融法、信贷法等的相关情况，它们与企业的活动都有重要的关联，形成风险外在发源地。例如，很多创业企业因资金规模的限制，总是想方设法地进行避税或节税，但过度避税就可能违反相关法律法规，最终使企业受到法律制裁，并进一步造成经营和信誉上的损失。近年来国内外一些新创企业开发转基因产品，曾被政府有关部门明令禁止销售，从而创业的前期投入成为沉没成本，创业企业得不到任何商业利益，使企业陷入生存危机。

（3）宏观经济风险

宏观经济风险是指国家宏观经济状况、产业政策、利率变动以及汇率的稳定性等因素带来损失的风险。任何企业的发展都必须依托于所在国家和地区的经济环境。利率、价格水平、通货膨胀率等因素的变化以及金融、资本市场的层次、规模、健全程度等都会带来很大的不确定性，使创业企业容易暴露在风险之中。如国家紧缩银根，强化对基本建设的控制，对于生产建筑材料的企业来说就可能不是一个利好信息。

（4）社会风险

社会风险是指传统文化、社会意识以及新技术、新产品的冲击，或社会中介服务机构和基础设施不完备等引起的创业风险。这些因素很多是固化于社会文化之中的，短时期内不可能有太大的改变。如由于社会分工和分配不平衡，人们的生活习惯、思维方式有所不同，对新产品的接受尺度也就不同，这种潜在的不确定性就导致了创业的风险。

2. 非系统性风险

（1）技术风险

技术风险是指由于技术方面的因素及其变化的不确定性而导致创业失败的可能性，这是创业初期最为突出的一种风险。当一个创业者最初证明一个特定的科学突破或技术创新可能成为商业化的产品时，他只是停留在自己满意的论证程度上，而技术尚未经过市场和生产过程的检验，因此，技术究竟是否可行、能否进行商业化运作都还不能完全把握，在期望与实际之间就可能会出现偏差，从而形成风险。随着科学技术的深入发展，其所带来的不确定性和风险会有增无减，如计算机出错风险、交通事故风险、人为破坏风险、人身健康风险、财物安全风险、信息失真风险、资源保护风险、技术开发和转让风险等，都会给企业的正常经营行为带来不同程度的风险。

（2）生产风险

生产风险是指在创业过程中，由于生产环节的有关因素及其变化的不确定性而导致创业失败或利润受损的可能性。对于创业企业来说，由于创业刚刚起步，人员的配备、生产要素的供给、各类资源的配置等都容易出现问题，新产品又多是首次进入生产环节，工艺、设备等的可靠性都难以保证，而且新产品必然要求与其质量控制相适应的新标准、新检测手段。这些在创业阶段都需要尝试和摸索，故存在着较大的风险。如新产品生产的使用环境、资源等条件较为苛刻，操作较为复杂，功能过剩或不足，与相关产品及标准不兼容等，都会使产品生产过程中因可行性和适用性较差而面临被淘汰的风险。

（3）市场风险

市场风险是指由于市场情况的不确定性导致创业者或创业企业蒙受损失的可能性。这种风险主要体现在两个方面。一是技术转化为市场需求商品的机会识别问题，即由于信息的偏差而错误地理解市场机会，从而导致风险的出现。例如科技型创业中，技术专家和管理者（或投资者）这两种人接受不同的教育，对创业有不同的预期、信息来源和表达方式，他们之间必然存在对技术和市场的理解偏差，如若沟通不畅，就是潜在的风险源。二是技术创新的产品，由于产品技术本身的前瞻性，创业者无法得到准确的市场预测，对市场的接受度、产品导入市场的时间、市场的需求量等都很难估测，因而存在着较大的风险。

随着企业规模的不断扩大和生产能力的加强，扩张期的创业企业需要不断扩大市场份额以获得更多的利润。但由于消费者认知程度较低、市场地位不高、竞争能力较差，因此创业企业在此时就需要承担更大的市场竞争风险。市场竞争风险一方面体现在产品本身的竞争上，产品质量、性能等指标是否具有竞争优势决定了创业企业市场竞争风险的大小。另一方面，创业企业要面临现存的成熟企业和新的竞争者的出现所带来的竞争风险。当市场存在巨额潜在利润时，就随时有可能出现新的竞争者，进而带来新的市场竞争风险。创业企业除了要保证产品本身的竞争优势外，还需要密切关注竞争者的动态并以采用独特的市场竞争策略或提供更专业的产品服务等方式来应对其他竞争者所带来的竞争风险。

创业企业发展到稳定前期，企业产品为消费者所接受之后，如果企业经营者着眼于近期利益，只注重现有产品的生产和销售，而不注重现有产品的完善和新产品的开发，企业就会随着消费者对其产品反感的增加或市场上更新产品、替代产品的出现而陷入困境，此时创业企业很可能会因未能充分发挥市场潜力、拓展市场份额而面临巨大的市场成长风险。

（4）金融风险

金融风险在创业初期时更多地体现为融资风险，它往往存在于研究基金和投资基金之间的断层。此时创业者往往没有持续的或足够的资金投入将创意进行商品化，并达到新创企业的稳定运营。在创业中后期，金融风险则体现为运营过程中追加投资的风险。当企业需要扩大规模，金融风险将体现为融资风险和财务风险，追加投资时若无法筹集到足够的资金，其生产和经营将经受严峻的考验；同时，若企业的财务管理不规范，还会出现资金周转慢、呆账和死账多的现象，形成财务风险。

我国创业企业的融资渠道较为狭窄，除了创业者自行出资外，大部分都来源于银行贷款，而很难通过股权和债权融资等直接融资的渠道获得创业的启动资金。大部分创业企业的经营规模都较小，产业层次较低，与国家规定的企业上市规模和优先发展产业有一定的距离，这在客观上加大了创业企业上市融资的困难，对创业企业的创建、运转、发展产生很大的影响，甚至可能由创建时的融资风险转化为创业企业日后经营的用资风险。

（5）管理风险

管理风险是指创业企业管理不善而引致的不能够获得预期利润或是威胁其运营甚至生存的风险。例如，技术企业的创业者一般都是技术出身，创业者利用某一新技术、新发现进行创业，他可能是技术方面的专业人才，但却不一定具备专业的管理才能和意识，在战略规划上并不具备特殊的优势，或不擅长管理具体的事务，从而形成管理风险。这种风险主要体现为经营决策、战略规划、营销组合不合理，组织制度不科学，管理层综合素质较低，以及对生产运作、企业内沟通、激励等问题管理不力等方面。

（6）人员风险

人员风险源于管理风险，在创业者初次创业过程中，这类风险通常表现得尤为突出，若不能较好化解，其对创业的危害是致命性的。人员风险主要包括以下两个方面。①人员流失风险。在创业中，关键技术掌握在少数关键人物手中，因此，关键技术人员的离开将会延滞项目的研发进度，甚至使项目流产，有的技术人员还会带走已研发的技术，导致技术机密外泄，这些都会给创业带来极大的损失和打击，是很大的风险因素。②人员道德风险。在创业过程中，出于经营管理和研发的需要，必然会聘用专业的管理人员和新的技术人员加入企业，产生授权，形成委托与代理关系，创业者成为委托人，外聘人员成为代理人，二者之间往往存在着利益和目标的不一致，且委托人不可能完全掌握代理人的信息，造成信息的不对称，从而出现代理人以牺牲委托人利益为代价追求自身效益最大化的行为，导致委托人利益受损的风险。

创业企业应该对人才的招聘选拔、人才组合、培养提升、物质激励等方面给予更多的重视，并注重人才资源的合理储备与开发，选择并培养高素质人才，强化其企业文化的建设和人才道德素质的培养，以避免在企业发展到关键的时刻发生人才流失风险，对创业企业的正常经营造成重创。

二、创业风险防范与规避的途径

（一）系统性风险防范的途径

系统性风险是创业者或新创企业控制不了或无法施加影响的风险，难以采取有效方法消除。对于系统性风险，创业者和创业企业可以从以下面做好防范。

1. 谨慎分析

创业者应对其所处的创业环境进行深入了解、谨慎分析。目前我国实施积极的就业政策，贯彻鼓励创业方针，在自主创业税费减免，小额担保贷款，创业地落户以及场地、项目、技术、培训等方面为大学生创业提供了大量优惠和鼓励政策，创造了较为宽松的创业环境。创业者首先应对创业环境进行正确的认识和了解，对创业环境进行科学合理的评估，通过层层细化、逐级分析来熟悉创业的宏观环境、行业环境、地区环境等，以求准确深入地化解创业过程中可能遇到的系统性风险。

2. 正确预测

有些创业风险是可以预测的，有些创业风险则是不可预测的。创业者应尽可能运用所学知识和所掌握的资源，采用科学的方法来对那些能够预测的风险进行深入分析，通过和团队成员探讨、请教外部专家等方法来预测创业环境的变化及其对创业企业带来的影响。

3. 合理应对

由于系统性风险的不可分散性，创业者只能根据以上两个步骤对系统性风险进行分析和预测，以制订合理的应对措施，巧妙规避并尽可能降低系统性风险对创业者自身或创业企业的不利影响。如预测到市场利率将上升，则应尽量筹集长期资金；预测到经济低迷期即将到来，则应尽可能持有较多现金，等等。

(二)非系统性风险防范的途径

非系统性风险是由特定创业者或创业企业自身因素引起的，只对该创业者或创业企业产生影响。因此，创业者和新创企业可以在某种程度上对非系统性风险进行控制，通过一定的手段予以预防和分散。

1. 机会选择风险的防范

机会选择风险是一种潜在风险，是由于选择创业而失去其他发展机会所可能损失的最大收益。对此，创业者在创业准备之初就应该将创业风险与创业收益、将创业目标与目前职业的收益进行比较，结合当下的创业环境、自己的生涯规划进行权衡分析。如果认为创业时机已经成熟，又刚好有一个绝佳的商业机会可以转化为创业项目，而且该项目还与自己的生涯规划相吻合，那么就要下定决心立即着手创业，否则就不要急于创业，而是先就业或继续从事目前的工作，边工作边认真观察，并用心学习所在公司开拓市场的技巧，以及公司高层管理者管理公司的技巧等；同时利用自己的工作机会建立良好的关系网络，待时机成熟时再开始创业。

2. 人力资源风险的防范

人力资源是创业活动中最重要的资源，由此产生的风险对创业企业来说往往是致命的风险，所以一定要对其予以充分关注。创业者首先要不断充实自己，持续提高个人素质，使自己的知识和能力与创业活动相匹配，通过自己的人格魅力和工作能力凝聚人心；其次，创业者要通过沟通、协调、激励、奖惩、评价、目标设定等多种手段管理团队，并在创业团队发展的不同阶段确定相应的管理内容，科学地对成员进行绩效评价；第三，采用积极的措施，招聘具有良好职业道德和团队合作意识、拥有与岗位匹配的技能的员工，在合同中明确权利义务关系，适当的授权，畅通人力资源管理系统，使关键员工的工作管理与非工作管理相结合。

3.技术风险的防范

技术创新是一把双刃剑，它既能够给创业者带来丰厚的回报，掌控不好也可能会使创业者创业失败。①应加强对技术创新方案的可行性论证，减少技术开发与技术选择的盲目性，并通过建立灵敏的技术信息预警系统及时预防技术风险；②可通过组建技术联合开发体或建立创新联盟等方式来分散技术创新的风险；③增强创业企业技术系统的活力，降低技术风险发生的可能性；④高度重视专利申请、技术标准申请等保护性措施的采用，通过法律手段减少损失。

4.管理风险防范

通过提高管理者的素质、改变管理和决策方式，可以有效应对创业企业的管理风险。具体来说，可以采取以下主要措施：①努力提高核心创业成员的素质，树立其诚信意识和市场经济观念，并以此为基础加强领导层的自身建设，建立能够适应企业不同发展阶段的组织机构；②实行民主表决与集权管理的统一，将企业的各项管理权限进行合理分配，避免不规范的家族式管理影响创业企业发展；③明确决策目标，完善决策机制，减少决策失误。

5.财务风险防范

筹资困难和资本结构不合理是很多创业企业明显的财务特征和主要财务风险的来源。有效规避财务风险要做到以下几点：①创业者要对创业所需资金进行合理估计，避免筹资不足影响创业企业的健康成长和后续发展；②要学会建立和经营创业者自身和创业企业的信用，提高融资成功率；③创业者或团队要学会在企业的长远发展和目前利益之间进行权衡，设置合理的财务结构，从恰当的渠道获得资金；④管好创业企业的现金流，避免现金断流导致的财务拮据甚至破产清算的局面。

(三)大学生创业风险的规避途径

1.创业前期的风险防范

(1)谨慎选择项目，避免盲目跟风

大学生创业者在选择创业项目时，要充分考虑市场需求和自身的实际情况，做到既客观地分析自身的创业条件，又冷静地分析创业环境，立足于技术项目，尽量选择技术含量高、自主知识产权明确的项目，并在技术创新的基础上做好产品市场化工作。在选择过程中切忌盲目跟风，切记做熟不做生，选择自己最熟悉、最擅长、最有经验、拥有的资源最丰富的行业开展创业活动。

(2)合理组建团队，避免熟人搭伙

创业计划无论多么完善和出色，都具有一定的可复制性，但创业团队的整体实力却是无法复制的。因此，创业团队的组建对于吸引风险投资人的支持来说意义重大。创业投资人在进行创业投资时，非常看重有合作能力的创业团队，而非异想天开的单干者。

团队对于创业能否成功至关重要，志同道合的搭档是创业者事业成功的无价之宝。组建创业团队时要考虑专业互补、能力互补、性格互补，要使组建的团队有战斗力，避免依赖于熟人搭伙。

（3）注重时间磨炼，避免准备不足

大学生经验不足，缺乏整合资源、实施管理的能力，这些都需要通过一定时间的实践才能改善。大学生可以尝试先利用业余时间创立一个投资少、见效快、风险小的实体，培养自主自强的创业能力和适应社会的能力，通过实践增加创业体验、熟悉社会环境、学会社会交往。同时，对创业的决策要科学，要深思熟虑，做到心中有数，以克服决策的随意性。

2. 创业中期的风险防范

（1）强化内部管理，培养骨干队伍

一个企业要想持久地保持活力，除了要有不断创新的意识、对市场的敏锐观察力之外，严格的管理制度也是必不可少的。特别是在创业活动出现问题的时候，更应该严格按照规章制度进行处理。创业中期往往是管理风险集中爆发的阶段，风险解决方案的核心是骨干人才队伍建设和培养。核心岗位人员配置时建议采用"AB岗"的方式，这种方式可以充分发挥相互帮助、相互协调、相互监督、责任共担、团结协作的长处，增强核心岗位决策和执行的正确性，避免风险的产生。

（2）积极参与竞争，杜绝急功近利

创业需要脚踏实地、持续坚持，需要一个由小到大、由不成熟到成熟、由弱到强的过程。创业过程中，创业者要积极参与竞争，逆境中要坚韧，顺境中要冷静，随时做好与风险和困难作斗争的思想准备。

创业是一件伟大的事情，创业者应该克服急躁情绪，端正心态，采用稳扎稳打、步步为营、积小胜为大胜的策略。任何浮躁和急功近利的举动，对创业者都是有害无益的，甚至会使其创业活动前功尽弃。

（3）加强内涵建设，创立品牌形象

创业中期，创业企业要适应市场变化，采用"内抓管理，外塑形象"的策略，注重强化内涵建设，挖掘内部潜力，充分调动员工的主动性、积极性和创造性，用企业文化凝聚人心。同时，企业需要用品牌来支撑企业的成长。企业品牌经营要以客户为中心，以不断创新的产品和服务来满足客户的需求，尤其是开发客户的潜在需求，并以独到的产品和服务满足客户的种种需求，这样企业的发展才有后劲。

3. 创业后期的风险防范

（1）建立激励机制，凝聚创新人才

人才是企业发展的关键，人力资本是企业的核心资本。创业过程中，创业者与员工承担着巨大的风险，需要彼此风雨同舟、共渡难关。创业成功后，创业者关注的是未来的更大回报，而员工更关注目前的既得利益。随着企业的扩大，新员工不断加入，他们的动机更多的是一种职业选择，因此创业者需要考虑建立有效的激励机制来留住企业所需的优秀员工。有效的激励机制既能保障老员工和合伙人的既得利益，又能真正凝聚创新人才，使企业得以稳步发展。

（2）尝试权力授予，完善组织架构

在创业早期，创业者主要是通过集权来实施管理。创业初步成功后，一方面企业管理的问题变得更加繁杂，集权管理模式下创业者将不堪重负；另一方面，员工渴望分享权力，希望得到更大的空间与舞台来发展自己。因此，创业者应尝试授权员工管理，如把一些日常性的、非核心的工作授权给中层管理人员，这样，创业者就可以把自己从繁重的事务中解脱出来，把更多的精力集中到战略性问题的思考上。同时，创业成功后，企业为了更好地发展，必须建立一整套完善的组织架构来有效地执行决策，有计划地完成企业的既定目标。企业的组织架构需要根据企业的目标和发展阶段进行调整，创业者应尝试围绕工作本身来完善组织架构，以此实现自己的管理决策和管理理念。

（3）逐步合理扩张，健全制约机制

创业取得初步成功后，随着企业规模的扩大和实力的增强，一些创业者会逐渐显示出脱离实际的倾向，导致企业行为不能与自身能力、市场需求相协调，这是极其危险的，稍不注意就可能血本无归。因此，要有计划、有步骤、合理地扩张，建立相应的反馈机制与调控机制，健全各项规章制度，对权力进行必要的制衡，这样才能使企业稳步地成长。

拓展阅读

牛根生创业整合资源案例分析[①]

当今时代，一个企业靠独力经营、单打独斗，力量是十分有限的，一定要整合各方面的资源才能把企业做大。

牛根生是这方面的牛人。牛根生刚开始只是伊利的一个洗碗工，凭着自己的勤奋和聪明晋升为生产部门的总经理。后来，牛根生因各种原因被伊利辞退了，当时已40多岁的牛根生去北京求职无果，于是他回到呼和浩特，邀请伊利原来的几个同事一起出来创业。人有了，但当时牛根生还面对着没有奶源、没有工厂、没有品牌的状况，每一项都是致命的。

为整合资源，牛根生通过人脉关系找到了哈尔滨一家乳制品公司，这家公司的设备都是新的，但是生产的乳制品质量有问题，同时营销渠道还没有打通，所以产品一直滞销。牛根生找到这家公司的老板，说："你来帮我们生产，我们都是伊利技术高层，帮忙把关技术，牛奶的销售铺货我们也承包了。"这位老板一听，马上答应下来。牛根生和几

① 饶欣合纵.牛根生创业整合资源案例分析[EB/OL].https://www.sohu.com/a/127279499_427564

个伙伴有了落脚的地方，解决了生存的问题。

第二个问题，没有品牌怎么办？在乳制品这个行业，没有品牌很难销售，因为品牌代表着安全可靠。牛根生借势整合，打出口号："蒙牛甘居第二，向老大哥伊利学习。"口号一出，一个不知名的品牌仿佛马上跻身全国前列。牛根生不是只盯着伊利，而是把自己和内蒙古的几个知名品牌联系起来。他又设计了一句广告词："伊利、鄂尔多斯、宁城老窖、蒙牛为内蒙古喝彩!"因为前三个都是内蒙古的驰名商标，自己放在最后，让人感觉蒙牛就是内蒙古的第四品牌。牛根生整合品牌资源，让蒙牛没有花一分钱就成了知名的品牌。

第三个问题，没有奶源怎么解决？如果自己养牛，那么成本就会很高。对此，蒙牛整合了三方面的资源，一是农户，二是农村信用社，三是奶站的资源。蒙牛将从信用社借的钱转借给奶农，并承诺包销奶农的产品。蒙牛又找到奶站，让奶站接收奶农生产出来的产品。蒙牛定时把信用社的钱还了，把部分利润又让给奶农，并趁机喊出一个口号："一年养10头牛，过的日子比蒙牛的老板还牛。"

牛根生的创业故事启示我们，要学会整合资源，发挥自己的长处，整合别人的优势，用更小的成本创业。

实战案例

访北京联创博瑞有限公司董事长赵琦[①]

要么让自己的生命变得有意义，要么就在这个世界上消失。

——访北京联创博瑞有限公司董事长赵琦

运用资源　得到利益

赵琦在自己的家乡陕西看到了巨大的商机，但要冒有生以来遇到的最大风险：他得到了出版社的信任，可以先得到供书后缴纳货款。于是他向出版社订了200万元的书，在榆林市举办了第一届图书展销会，净赚70万元，这可以说是他创业路上的第一个巅峰。成功的商人一定不会错过任何资源所可以带来的商机。

与时代接轨　走向互联网

在做了一年多书展，积累了几百万元的身价之后，他意识到自己的生意再也不会扩大了。这时他注意到了互联网的发展。在这个网购兴起的时代，人们更愿意去网上买比市场上更加便宜的商品，而不是一家一家地逛实体店。

互联网打破了年龄与财富增长成正比的规律，吸引了越来越多拥有激情和梦想的80后涌进该领域，电子商务成为他们创业的首选"热土"。其中，在上海经营红酒业务的易

① 孙长林.大学生创业教育理论与实务[M].北京：现代教育出版社，2017：97-98.

酒网,以及在北京为花商提供花卉信息价格及相互交易服务的花集网,其创业者都是标准的 80 后年轻人,凭着公司独特的盈利模式和惊人的发展速度,两位年轻的老总迅速成为电子商务领域 80 后创业的先锋人物并备受关注。

看到这些成功者的事例之后,赵琦毅然决然地走上了电子商务的道路。

做好眼前生意 等待时机破局

从最初"针对某一类用户群做跨品类平台"的梦想,到现在应对各大电商平台的销售波动,赵琦离最初的梦想有些遥远。

"回头去复盘这件事,2012 年初战略调整是比较稳妥、保守的决定,也符合我们团队的特点。以我们的运营能力,凭借股东的支持,公司一定能活下来,但活下来以后和以前做的不是同一件事。"赵琦说。"换一个角度,这是不是说明我们缺乏置之死地而后生的魄力?如果我们不调整,仍然按照我们的目标去做,继续找投资人,可能是'生得伟大,死得光荣',要么很快完蛋,要么就成为一个经典。"

很难说哪一种心态更好。有魄力很有可能成功,稳扎稳打也不乏成功案例。

目前,依托第三方电商平台销售相对容易赚钱,但对赵琦来说,这只是一个过渡策略。"即使赚钱,公司价值的上升空间也是有限的。"在赵琦心中,仍保留着做平台的梦想。但不同于最初的计划,联创博瑞选择了特色平台方向。"传统的'垂直平台'显然已经很难做了,如果只是在智能货架堆积商品,那么和京东、当当没有什么本质区别。电子商务领域的创新在不断发生,从社区电商、收费会员到个性化定制,新的模式层出不穷。"

他透露,联创博瑞的新动作将与社区电商有关。"我们已经深入研究了一段时间,并做出了一些产品原型设计,对模式的各种参与角色也做了初步调研。核心仍然是围绕家纺家居产品的销售,是平台化的模式,只是销售方式以及用户的参与方式和现有模式彻底不同。"

某种程度上说,创业刚刚开始,远未结束。虽从最初的平台策略半路转弯,但也留下了宝贵的资产。赵琦称,公司自主开发的前后台系统将是未来破局的重要基础。

对于未来,赵琦表示,要先做好眼前生意,再耐心破局。

实操训练

创业资源的选择与整合利用

如果你要成立一家青少年网球培训公司,现有以下 12 种资源可供选择,请选出 4 种并排序,说出你选择和排序的理由。

1. 一位投资人提出可以投资 50 万,但要占 50% 股份。

2. 一位朋友是资深运营总监,表示可以加入创业团队。

3. 可以通过某个领导获得与教育主管部门合作的机会。

4. 获得一套完善的网络培训平台系统。

5. 获得与知名师范大学的合作机会。

6. 可以以非常便宜的价格获得较偏远、租金低、面积大的场地的使用权。

7. 获得一套专业的培训课程。

8. 一位朋友是资深培训专家，表示可以加入创业团队。

9. 可以获得银行有息贷款 20 万，年利息为 7%。

10. 一位朋友是资深培训顾问，表示可以加入创业团队。

11. 获得与某知名培训集团合作的机会。

12. 可以以较高的价格获得位于市中心的面积较小的场地的使用权。

第五章

创业市场

名师金课

第一节　新创企业的营销环境

营销环境是企业不可控的因素，它对企业的营销活动、利润获得和目标达成有着很大的影响。营销环境既提供机遇又带来风险。

一、营销环境的基本知识

（一）营销环境的定义

营销环境是指影响和制约企业营销活动的内部条件和外部环境的总和。营销环境对企业的影响来自供应商、顾客、文化与法律环境等因素，对于企业而言一般都是不可控的，是影响企业营销活动及目标实现的条件。营销环境分为内部环境和外部环境。

菲利普·科特勒认为："营销环境由营销以外的那些能够影响与目标顾客建立与维持成功关系的营销管理能力的参与者和各种力量所组成。营销环境同时提供机会和威胁。"[①]

对营销环境的研究，可以帮助创业者把握营销环境的实际情况和变化趋势，以发现企业发展的新机会，同时避免这些变化所带来的威胁，从而调整企业的营销策略以适应环境变化。

（二）营销环境的特点

（1）客观性。企业总是在一定的环境中生存和发展的，因此营销环境的情况是客观存在的，不以营销者的意志为转移。创业者无法摆脱环境的制约，但可以认识和利用营销环境。

（2）差异性。企业所在的国家、地区等并不相同，即使是同一国家和地区的企业，由于其规模、行业等的影响，其面临的营销环境也会有一定的差异。企业营销活动必然面对这种环境的差异性，需要采用各有特点和针对性的营销策略。

（3）相关性。营销环境所包含的各个因素共同组成了一个系统，其中的各个影响因素是相互依存、相互影响和相互制约的。某一环境因素的变化会引起其他因素的互动变化，比如国家提出要大力发展某个产业，必然会影响行业上下游相关产业的营销环境。同时，企业营销活动受多种环境因素的共同制约，比如企业新产品的研发计划必须要考虑国家的产业政策、环保要求、技术标准、竞争替代品、消费者需求特点等多种因素的

---

① 菲利普·科特勒.市场营销学原理(亚洲版)第2版[M].何志毅,译.北京:机械工业出版社,2010:42.

制约。

(4)动态性。市场营销环境是一个动态系统。营销环境是企业营销活动的基础和条件，这并不意味着营销环境是一成不变的、静止的。营销活动必须适应环境的变化，不断地调整和修正自己的营销策略，否则，企业将丧失市场机会。

(5)互动性。企业可以通过对内部环境要素的调整与控制，来对外部环境施加一定的影响，最终促使某些环境要素向预期的方向转化。"适者生存"既是自然界演化的法则，也是企业营销活动的法则。企业应从积极主动的角度出发，能动地去适应营销环境，运用自己的经营资源去影响和改变营销环境，为企业创造一个更有利的活动空间，然后再使营销活动与营销环境相适应。

(三)营销环境的分类

1.按影响时间长短划分

按对企业营销活动影响时间的长短分类，营销环境可分为长期营销环境和短期营销环境。

长期营销环境是指持续时间较长的营销环境，一般是能够根据当前的实际情况和发展趋势进行预测的。其中的社会、经济、政治和技术等因素处在不断变化之中，经过时间的积累，一旦形成相对平稳的环境，就会对企业的生产经营带来较大的和较长时间的影响。

短期营销环境是指暂时的营销环境。短期营销环境一般是由突发的、不可预见的环境要素造成的，一般持续一段时间后可恢复正常。

2.按影响范围大小划分

按对企业营销活动影响因素的范围大小分类，营销环境可分为微观营销环境和宏观营销环境，这是营销环境最常用的分类方式。

宏观营销环境是指影响企业营销活动的社会力量和因素，主要包括人口、经济、政治、法律、科学技术、社会文化及自然生态等，一般是间接的营销环境，具有强制性和不可控性，对企业的生产经营产生间接的但相对巨大的影响。

微观营销环境是指与企业紧密相连，直接影响企业营销能力的组织与行为者，由与企业有着密切联系、直接影响企业为目标市场服务能力与成效的力量所组成，主要包括供应商、企业本身、市场营销渠道、顾客、社会公众、竞争对手等，一般是直接的营销环境，对企业的生产经营产生直接的影响。

宏观营销环境一般通过对微观营销环境产生影响，进而影响企业的生产经营。

3.按企业边界划分

以企业为边界，可将营销环境分为企业内部营销环境和企业外部营销环境。

企业的外部营销环境是指企业以外的所有对企业营销活动有影响的因素和力量。一般而言，企业的外部营销环境是不可控的，即使是行业垄断者或占据绝对市场领导地位的企业也无法完全控制外部营销环境，所以，创业者只能监测、适应、影响外部营销环境。

企业的内部营销环境是指企业内部所有能够影响市场营销活动及其绩效的要素、力量和资源，一般可以被创业者影响和控制。企业的最高管理层制订经营方针和企业战略决策，相关营销职能部门据此制订营销计划，从而对内部营销环境施加影响和控制。

（四）营销环境分析

营销环境分析就是通过监测、跟踪营销环境的发展趋势，从中发现市场机会和潜在威胁，据此调整营销策略来应对环境变化的过程。营销环境分析一般包含两部分的内容：一是市场机会分析，找到对企业营销活动来说富有吸引力的领域，在该领域企业拥有竞争优势；二是环境威胁分析，找到环境中不利于企业营销的因素的发展趋势，了解是什么对企业形成挑战，是什么对企业市场地位构成威胁。营销环境分析一般采用矩阵分析法。

下面以某扫地机器人创业项目为例，说明营销环境分析的思路。

1. 环境威胁矩阵

矩阵分析如图5-1所示。

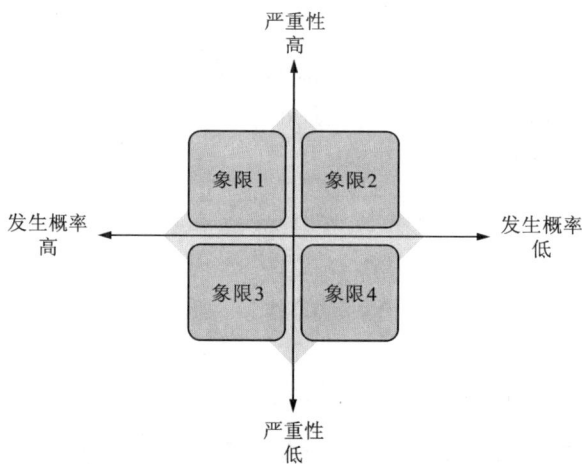

图 5-1　环境威胁矩阵

（1）象限1中，威胁事件的发生概率为"高"，威胁的严重性也为"高"。因此，象限1为该创业项目的关键威胁，即这种情况会严重危害公司的利益且出现的可能性大，创业者必须为这种情况准备好应急预案和应变计划。

（2）象限2中，威胁事件的发生概率为"低"，威胁的严重性为"高"，也就是说虽然这种事件发生的概率较小，但一旦发生，将会给企业带来巨大的损失，因此，创业者虽然暂不需要准备应急预案和应变计划，但需要密切关注事态的发展，如果事件向象限1

的情况发展，则应准备启动相应的方案。

（3）象限3中，威胁事件的发生概率为"高"，但威胁的严重性为"低"，即威胁事件发生的概率较大，但即使发生了，给企业造成的损失也较小。因此，创业者暂不需要为这种情况单独准备应急预案和应变计划，但需要准备常规应对措施。

（4）象限4中，威胁事件的发生概率和威胁的严重性均为"低"，即威胁事件发生的概率很小，且即使发生了，给企业造成的损失也较小。因此，创业者暂不需要准备应急预案和应变计划。

对于示例的扫地机器人创业项目而言，象限1~4对应的环境威胁分别为：竞争者开发出了功能更好且价格更便宜的新品；整个社会经济萧条，人们的购买能力下降；上游生产的元器件涨价，成本增长；政府对扫地机器人等高科技创业项目的支持期限到期等。

2. 市场机会矩阵

矩阵分析如图5-2所示。

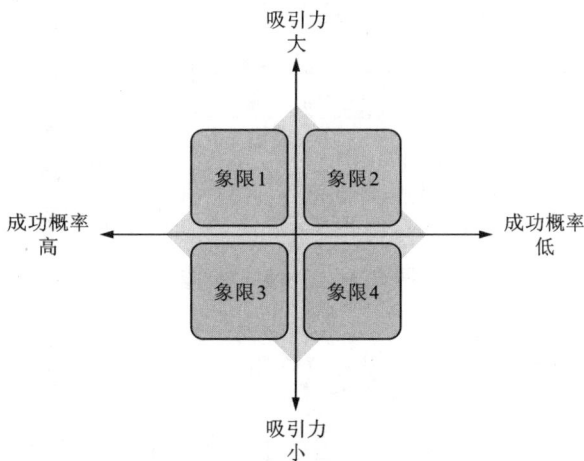

图5-2 市场机会矩阵

（1）象限1中，市场机会的成功概率为"高"，对企业生产经营的吸引力为"大"。因此，象限1为该创业项目的市场最佳机会，创业者应该牢牢把握。创业者可以针对这个市场机会准备若干个生产经营计划。

（2）象限2中，市场机会的成功概率为"低"，对企业生产经营的吸引力为"大"，也就是说该市场机会虽然成功概率较低，但给企业带来的收益较大。创业者应密切关注这类市场机会，以免坐失良机。

（3）象限3中，市场机会的成功概率为"高"，对企业生产经营的吸引力为"小"，即市场机会的成功概率较高，但即使成功把握了，给企业带来的收益也相对较小。因此，创业者可暂不对其给予过多的精力进行关注。

（4）象限4中，市场机会的成功概率为"低"，对企业生产经营的吸引力为"小"，即该事件是发生概率较小且无法给企业带来高收益的事件。创业者可以不予考虑。

对于示例的扫地机器人创业项目而言，象限1~4对应的市场机会分别为：公司攻克了某个技术难关，扫地机器人产品功能更加完善；由于生产规模的扩大，产品生产成本显著下降；出现了一种更高效的品控技术，产品良品率得到提升；经过公司培训，员工的技能和凝聚力提升。

3. 机会威胁矩阵

矩阵分析如图5-3所示。

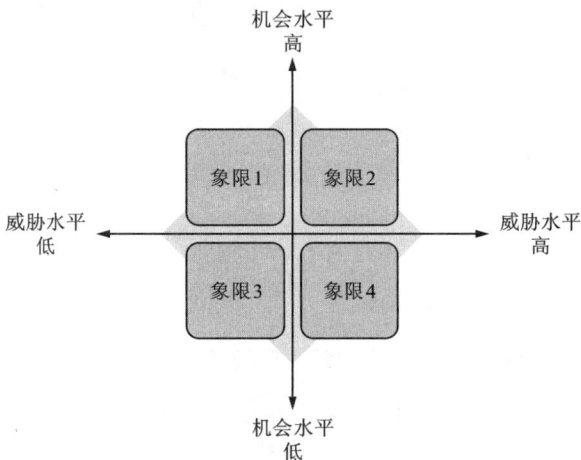

图5-3 机会威胁矩阵

针对机会威胁的各种情况，企业可采取的措施如表5-1所示。

表5-1 企业应对威胁的措施

象限	市场分类	业务情况	企业市场营销对策
象限1	理想业务	市场机会很多，严重威胁很少	抓住机遇，迅速行动
象限2	冒险业务	市场机会很多，威胁也很严重	既不能盲目冒进，也不能迟疑不决，坐失良机
象限3	成熟业务	市场机会很少，威胁也不严重	作为企业的常规业务，用以维持企业正常运转
象限4	困难业务	市场机会很少，威胁却很严重	转变环境，走出困境；或者脱离环境，摆脱威胁

二、宏观环境分析

宏观环境是指一切影响行业和企业的宏观因素，包含的元素较多，不同的行业和企业自身特点不同、业务需求不同，对宏观环境因素进行分析时，所包含的元素也各不相同。通常情况下，对宏观环境的分析会采用 PEST 分析法。

（一）PEST 分析法的内容

PEST 分析法是企业分析外部宏观环境的一种常用方法，P 代表政治环境，E 代表经济环境，S 代表社会环境，T 代表技术环境。

1. 政治环境

政治环境也称为政治法律环境，是影响企业营销活动的重要宏观环境因素。政治环境是指企业市场营销活动的外部政治形势和状况以及国家的方针和政策，具体包括企业所在地区和国家的政局稳定状况，政策的连续性和稳定性，以及政府对企业行为的影响。法律环境是指国家或地方政府颁布的各项法规、法令和条例等，主要因素包括：①法律规范，特别是和企业经营密切相关的经济法律法规；②司法执行机关，与企业关系较为密切的行政执法机关有工商行政、税务、物价、计量、技术质量管理、专利、环保、审计等；③国际法律环境等。

政治环境直接影响着企业的经营状况。企业一般很难预测国家政治环境的变化趋势，政治环境因素一旦影响到企业，就会使企业发生十分迅速和明显的变化，而这一变化企业是无力抗拒的。因此，企业要分析政治环境的变化给企业的市场营销活动带来的或可能带来的影响。

2. 经济环境

经济环境是指影响企业生存和发展的社会经济状况和国家经济政策，其中社会经济状况包括国家经济的性质、发展水平、组织结构和发展趋势等多方面的内容，涉及国家、社会和自然等多个领域；国家经济政策是指国家为进行宏观经济调控、履行经济管理职能所实施的经济发展战略和指导方针，它对企业经济环境有重要的影响。

企业的经济环境主要由社会经济体制、宏观经济政策、社会经济结构和经济发展水平等要素构成，具体可包括商业周期，GDP 趋势，通货膨胀，货币供应，利率情况，失业与就业，居民可支配收入，原料、能源及成本，贸易周期，公司投资等多个因素。

经济环境是企业直接面对的环境，对企业的营销活动产生直接的影响。

3. 社会环境

社会环境又称为社会文化环境，包含人口统计，收入分配，人口流动性，生活方式及价值观变化，对工作和消费的态度，消费结构和水平等多个因素。

社会环境直接决定了企业营销的目标客户情况。以人口情况为例，人口的多少直接决定着市场的潜在容量，人口越多，市场规模就越大。而人口的年龄结构、地理分布、婚姻状况、出生率、死亡率、人口密度、人口流动性及其受教育程度等人口特性会对市场格局产生深刻影响，并直接影响着企业的市场营销活动。而文化环境对企业的营销活动产生的影响是间接的、隐性的和持续的，影响也是巨大的。任何人都生活在一定的社会文化环境中，受到社会文化因素的影响，每个个体在认识事物的方式、行为准则和价值观等方面存在差异的同时，也会分化聚合为不同的群体。对于同一件商品，有的群体的评价会非常高，而另外一个群体的评价就有可能比较低。由于存在这种差异，因此企业在市场营销过程中必须要考虑销售对象、内容与形式，即所谓的市场细分。

企业要开展市场营销活动，就必须全面了解、认真分析自身所处的社会文化环境，以准确把握消费者的需要、偏好和购买行为，对目标市场做出正确的决策，制订切实可行的营销方案。

4. 技术环境

科学技术是生产力中最重要、最活跃的因素。技术环境直接对企业内部的生产和经营产生影响，并与其他环境因素相互作用，给企业市场营销带来机遇和挑战。技术环境包含政府对研究的支出、政府和行业的技术关注、新产品开发、技术转化速度、劳动生产率变化、优质品率、废品率、技术工艺发展水平评估等多个因素。

每项新技术都会取代一项旧技术，新技术诞生后，可能很快就会带来旧技术对应行业的衰落，或者会给旧产品的营销带来巨大的困难。因此，企业应密切关注技术发展趋势，经常进行技术环境分析。

（二）PEST 分析法的应用

企业的生存和发展一定是在某种环境中进行的，在企业所面临的外部宏观环境中，很多因素都是企业无法控制的，企业必须适应这种环境。在实际的生产经营中，特别是在撰写战略规划、产品经营发展规划和市场规划等重要文档时，创业者必须通过 PEST 分析法对宏观环境进行科学的分析，并按照宏观环境相关因素的发展规律来从事生产经营活动。只有这样，才能掌握创业活动的主动权。

通常情况下，应用 PEST 分析法共有以下 4 个具体的步骤。

1. 明确 PEST 分析法的使用目的

运用 PEST 分析法，首先必须要明确进行本项分析活动的目的是什么，是做战略规划，还是进行市场规划，不同的使用目的对 PEST 相关内容的侧重点是不同的，希望得到的信息的侧重点也是不同的。只有明确了使用目的，才能更加有针对性地、有效率地进行宏观环境分析。

2. 识别环境要素

与企业生产经营相关的政治、经济、社会和技术方面的影响因素有很多，企业应列出清单并尽量识别所有的影响因素，如果某些方面缺失，就会使宏观环境分析不全面、不充分，从而对企业战略的制订和执行产生不利影响，甚至给企业带来巨大的损失。

3. 分析并评估环境要素

在完成了各项环境要素的信息收集工作之后，就要对这些信息进行客观分析和评价，逐个分析这些要素对企业的商业活动和经营战略可能造成的影响，确定重要性权重。同时，还要分析哪些要素对企业有利，哪些要素对企业不利。

4. 依据分析结果制订企业战略

以分析结果为依据，创业者就可以制订各种经营发展的战略，并依据这些战略开展生产经营活动。

三、微观环境分析

微观环境指与企业关系密切且能够影响公司服务顾客能力的各种因素，包括企业（市场营销者）、供应商、竞争者、市场营销中介组织和最终用户市场等。

（一）企业内部环境

企业内部有很多相互关联的部门，如最高管理层、财务部门、研究与开发部门、采购部门、生产部门、会计部门等，这些部门构成了企业的内部环境。在制订营销方案时，营销部门应兼顾企业内部其他部门的意见。

企业的使命、目标、战略和相关政策，通常是由最高管理层来制订，由企业的各个部门来执行的。营销部门依据最高管理层制订的规划和原则，对市场营销做出规划和决策，这些营销计划必须经过最高管理层的同意方可实施。

同时，企业财务部门为营销计划提供所需资金的支持；研究与开发部门接受市场部门的反馈，并研发设计吸引人的产品；采购部门负责相关原材料的供给，确保产品的生产；生产部门按要求生产足够数量的高品质的产品，为市场营销部门提供销售的商品；会计部门辅助完成收款，并进行收入和成本核算，以便管理部门了解企业的经营状况。总之，所有部门都会与营销部门开展合作，并对营销部门的计划和行动产生影响。

（二）供应商

供应商为企业提供生产的产品或服务所需要的各类资源，属于上游产业链的环节，是实现企业价值的重要一环。供应商的变化情况会通过对企业生产的影响间接对营销产生重要影响。如果供应商因各种原因产生供应短缺、供应延迟、价格变动、质量变动等，短期内将会影响销售，长期内将会影响顾客的满意度，因此，营销部门必须关注供应商的供应能力和状况。通常情况下，供应的变化主要体现在主要原材料的价格变化，如果供应成本上升，就会导致企业产品价格的上升，进而影响企业产品的竞争力，最终影响销售额。此外，如果企业和供应商发生了合同纠纷，或者供应商处于垄断地位，对营销微观环境的影响将是巨大的。

（三）市场营销中介组织

市场营销中介组织一般指处于下游的经销商，它们通过建立自己的营销渠道帮助企业进行产品的促销和销售，使产品和服务抵达最终用户。市场营销中介组织在企业拓展营销渠道、扩大产品销量方面具有重要的作用，与供应商有着同等的重要作用和意义。如果企业比较依赖流通渠道，则对流通渠道的管理和控制是十分重要的。

市场营销中介包括经销商、货物储运商、营销服务机构和金融中介等。经销商是企业的拓展销售渠道，包括批发商和零售商，主要是帮助公司找到顾客或把产品卖给顾客；货物储运商帮助企业储存货物，并帮助企业将产品从原产地运输到目的地，通过专业服务为企业提供运输和存储货物的最佳方式；营销服务机构包括市场调查机构、广告公司、传媒机构和营销咨询公司，帮助企业正确地定位和促销产品；金融中介包括银行、信贷公司、保险公司及其他机构，为交易提供金融支持或对货物买卖中的风险提供保险业务。

（四）最终用户市场

最终用户市场是企业实现价值的最终市场，它包含各具特色的不同顾客市场类型，分别是：

（1）消费者市场，是最终用户市场最主要的顾客市场类型，由消费者个人或其家庭组成，一般是为了消费而购买商品和服务，是企业首先要面对的巨大市场。

（2）企业市场，是企业所在产业链的下游市场，购买产品和服务是为了进一步深加工，或在生产过程中使用。

（3）经销商市场，购买产品和服务是为了转卖，以获取利润。

（4）政府市场，由政府机构构成，购买产品和服务主要用于服务公众。

（5）国际市场，由其他国家的购买者构成，包括消费者、生产商、经销商和政府等。

（五）竞争者

独特的核心竞争力是企业在竞争环境中获得成功的关键。只有产品和服务比竞争对手做得更好，更能获得用户的好评，才能获得成功。企业的市场营销部门不仅需要考虑目标客户的需求，还要努力给客户留下比竞争对手更好的印象，以获得长期的优势。

企业间的竞争是一种长期博弈，参与竞争的企业时刻都处在变化之中，各个企业的营销策略和手段也在不断升级迭代，每个企业都应该在考虑竞争对手营销策略的基础上，主要依据自身企业的实际情况，制订自己的营销策略。

第二节　市场调研与预测

企业的生产和客户的需求不是天然就紧密联系在一起的，它们中间存在一定的信息不对称，因此，企业在制订营销战略和计划前应开展相应的市场调研与预测。

一、市场调研的概述

市场调研就是企业根据特定的目的，运用科学的方法，系统地开展市场营销有关信息和资料的搜集、记录、整理等工作，了解目标市场的现状和发展趋势，为开展市场预测和营销决策提供客观真实的资料。

(一)市场调研的内容

市场调研的内容主要包括：①宏观营销环境和微观营销环境的调查；②市场基本情况的调查，包括市场容量、市场规范、市场发展趋势和市场占有率分布等；③销售可行性调查，包括现有人口状况、现有和潜在用户状况、用户需求情况、竞争对手情况、扩大销售的可能性和具体途径等。根据不同的需要，还可以进行消费者及消费需求、企业产品、产品价格、销售影响因素、销售渠道等方面的市场调研。总之，所有市场相关因素的内容，都在市场调研的范畴内。

(二)市场调研的对象

市场调研的对象一般以企业用户为主，同时也应该对零售商、批发商、中转商及广告媒介等对象进行详细的调查，作为调查内容的重要补充。通常情况下，从多个侧面对某个对象进行详细的调研，可以使调研结论更有科学性。

(三)市场调研的类型

市场环境中的影响因素很多，凡是能够影响企业营销状况的因素都可能被列入调查和预测的范围。因此，市场调研的类型很多，主要可分为以下几类。

1. 宏观市场环境调研

使用 PEST 分析法，对企业的宏观市场环境展开调研。

2. 市场需求调研

市场需求调查主要了解企业产品在市场上的需求量、需求结构和需求时间等内容。其中，需求量包括产品、顾客、地理区域、时限、营销环境和营销组合方案等 6 个因素；

需求结构包括消费者对吃、穿、用、住、行等商品的需求结构；需求时间主要了解消费者需求的季节、月份以及不同时间内消费者对商品的品种和数量结构的偏好。

3. 消费者调研

消费者调研主要是为了准确把握消费者需求，调研的内容主要包括人口构成、家庭、职业与教育、收入、购买行为和心理等方面。

4. 企业经营全过程调研

对企业自身的经营情况进行全过程调研，包括产品调查、销售渠道调查、促销调查和销售服务调查4项。其中产品调查主要包括对生产者生产能力、产品本身、产品包装、产品生命周期的调查等；销售渠道调查主要是对商品流通渠道的具体形式开展调查，调查内容一般包括批发商、零售商和生产者自销市场；促销调查的具体内容包括促销形式、促销活动的创新特点等；销售服务调查包括目前的服务网点数量、消费者反馈等。

5. 竞争对手调研

对竞争对手的各种情况进行调查研究，主要了解竞争对手的基本情况，包括：①竞争对手的数量、主要的竞争对手和潜在的竞争对手，以及他们的名称、生产能力、产品的市场占有率、销售量及销售地区等；②竞争对手的经营情况，包括经营的规模、人员组成及营销组织机构情况；③竞争对手的产品和服务情况，包括经营商品的品种、数量、价格、费用水平和营利能力；④竞争对手的供货渠道情况和对销售渠道的控制程度；竞争对手所采用的促销方式和价格政策等。

（四）市场调研的作用

企业的生产经营活动必须建立在真实可靠的市场信息的基础上，无论是产品的研发和生产，还是产品的销售和售后服务，如果没有完备的市场调研制度，就得不到真实的市场信息，也无法做出科学的市场预测，创业者就像在黑夜里摸索前行，很容易走向错误或遭遇巨大的危险。作为营销活动的重要环节，市场调研给用户提供了一个反馈意见的机会，使他们能把对产品或服务的意见、想法及时反馈给企业，从而使产品生产或提供服务的企业了解用户对产品或服务质量的评价、期望和想法。

具体来看，市场调研对营销管理的重要性表现在以下几个方面。

1. 提供作为决策基础的信息

通过市场调研得到的相关市场信息，可以帮助企业营销决策者了解当前营销策略和营销活动的优缺点，从而及时做出调整，减少企业在制订营销策略时的失误。创业者只有在实际了解市场的情况下，才能有针对性地制订市场营销策略和企业经营发展策略。

具体而言，企业的管理部门在进行决策时，如进行产品策略、价格策略、分销策略、广告和促销策略的制订等时，通常需要了解的情况和考虑的问题是多方面的，包括本企业产品和服务在哪些市场上销售情况良好或有发展潜力，在这些市场上的预期销售量是多少，扩大企业产品销售量的方式方法是什么，如何掌握产品的销售价格，在兼顾销售和利润的情况下价格如何制订，如何开展促销及所需费用等。这些具体的问题只有通过具体的市场调查才能获得具体的一手资料。只有通过市场调查得来的具体信息，才能作为企业决策的依据。

2. 提供正确的市场信息

企业所面临的市场情况是日益变化的，市场竞争也日趋激烈。促使市场发生变化的因素有很多，市场的内部环境和外部环境也在不断变化，同时又相互联系、相互影响，导致影响市场变化的因素复杂多样。企业只有通过市场调研及时了解各种内部环境和外部环境因素的变化，才能有针对性地采取措施，对价格、产品结构、广告等市场因素进行调整，开展市场竞争。

同时，通过市场调研，企业可以了解客户潜在的购买动机和需求，从而识别最有利可图的市场机会，为企业发展提供新的契机。

3. 了解行业动态情况

当今世界，科学技术发展日新月异，科技的进步在商品市场上会以产品的形式反映出来。因此，各类新发明、新创造、新技术和新产品层出不穷，不仅各个行业都在开展产品升级和服务升级，还出现了跨行业的竞争，很多传统企业被看似不相关行业的企业所淘汰。

市场调研可以帮助企业得到市场经济动态、行业发展状况和科技发展信息的相关资料，为企业提供最新的市场情报和技术生产情报，以便企业更好地学习和吸取同行业的先进经验和最新技术，改进企业的生产技术，提高人员的技术水平和企业的管理水平，从而提高产品的质量，加速产品的更新换代，增强产品和企业的竞争力，保障企业的生存和发展。

4. 提供产品宣传支持

市场调研是企业制订整体宣传策略的需要，它能帮助市场宣传推广部门了解各种信息的传播渠道和传播机制，以寻找合适的宣传推广载体和方式，制订详细的营销计划。在当今市场环境高速变化的情况下，过去的经验只能帮助企业减少犯错误的机会，不能大幅度的提升整体宣传的效果。企业的市场宣传推广需要市场信息的支持，如消费者认同度、品牌知名度、满意度、市场份额等方面的信息，这些实时的信息能够保证宣传推广的实效。

5. 对市场变化趋势进行预测

采用一定的预测手段，对市场变化趋势进行科学的预测，是市场调研的重要功能。企业通过市场调研获得的资料后，除可以进行市场情况的了解外，还可以针对数据进行分析研究，对市场变化趋势进行预测，从而提前针对可能发生的市场变化做出计划和安排，为企业谋得利益。

二、市场调研的方式、方法和基本过程

（一）市场调研的方式

市场调研的方式对最终调研结果的质量有重要的影响。开展市场调研，首先就要确定市场调研的方式。

1. 根据内容范围宽窄划分

根据市场调研涉及内容范围的大小来确定市场调研的方式，可将其分为两种。

（1）针对企业生产性消费和个人生活消费所进行的调查，也称狭义市场调研。主要的调研内容包括：通过对商品销售量、潜在需求量的调研，分析企业的市场占有率及变化；通过对地区市场销售量、最大需求量、地区消费需求特征的调研，分析开拓地区市场的可能性；通过对消费者爱好的变化进行调研，分析新的目标市场；调研引起市场商品销售变化的客观因素，城乡市场需求变化的特点及其变化规律，不同收入水平消费者的商品需求结构，分析消费心理的变化等。

（2）在狭义市场调研基础上，对商品（或服务）从生产者到消费者全过程的全部商业活动开展调研，就是广义市场调研。主要的调研内容包括：狭义市场调研的内容；商品的产销和购销结合形式、商品的储存与运输、商品的销售人员、销售费用、利润以及工商、农商、商商之间的经济利益关系分析等。

2. 根据商品消费目的划分

根据市场调研涉及的商品消费的目的来确定市场调研的方式，可以分为两种。

（1）消费者（指最终消费者）市场调研，即对以满足个人生活需要为目的的商品购买者和使用者组成的市场的调研。

（2）生产者市场（指生产资料市场）调研，即对为了满足加工制造等生产性需要而形成的市场的调研，可细分为工业市场、农业市场和服务市场等。

生产者市场和消费者市场的区别在于商品购买对象不同（前者为个人或家庭，后者为生产性企业）、商品用途不同（前者为生活资料，后者为生产资料）和购销活动自身的特点不同。同时，生产者市场的购销活动要以消费者市场为基础，因为生产者采购的目的是生产出符合消费者市场需要的产品。消费者市场反映的需要才是真正的最终消费需要。因此必须重视消费者市场的调查分析，以消费者为中心。

3. 根据其他需要划分

企业也可以根据其他的因素来确定，但无论根据哪种因素，最终都以满足企业市场调研需求为目的来确定调研的方式。

（1）根据商品类型确定

企业提供的产品和服务可能会有多种类型，即使是同一种大类，也可以细分为不同

的小类。为了对各种市场问题进行深入的研究分析，需要根据商品的类型确定调研方式，选择正确的方法和技术，获得有价值的调研结果。

（2）根据调研目的确定

为了满足企业不同决策的信息需求，需要开展不同的市场调研，采用不同的市场调研方式，具体包括探测性市场调研、描述性市场调研、因果性市场调研和预测性市场调研等。

（3）根据时间层次确定

可以分为经常性市场调研（不定期）、定期市场调研和临时性市场调研（一次性）。

（4）根据空间层次确定

按地域空间层次展开调查，有利于企业了解不同地域的市场特点，把握不同的消费需求，发现新的市场机会，选择最佳的目标市场和营销策略，开拓和占领新市场，具体可分为国际性市场调研、全国性市场调研和区域性市场调研。

（二）市场调研的方法

市场调研的方法，一般可以分为实地调研和资料调研两种。实地调研是指调研人员通过实地考察或直接跟调研对象交流等方式，搜集调研所需资料的方式，一般针对性较强，适用性好，但时间成本和资金成本较高。资料调研则是通过对已有的资料和信息进行整理以获取所需信息的方式，所需时间和资金成本较低，但适用性较差。在实际的市场调研中，通常两种方法结合使用。

1. 实地调研

实地调研可分为询问法、观察法和实验法三种。

（1）询问法

询问法是指调查人员通过各种途径找到被调查者，以询问的方式，向被调查者发问或征求意见来搜集市场信息的一种方法。

为了节省被调查者的时间和精力，采用询问法时，要注意问题的设计，除非事先有约定好的提纲，否则问题数量不能过多，提问时间不能过长，同时要考虑被调查者可能出现的对问题理解的偏差以及是否有能力并愿意回答问题。询问时要充分尊重被调查者，询问的语气、措辞、态度、气氛必须合适。

主要形式如表5-2所示。

（2）观察法

观察法是指调查人员直接到调查现场，直接或通过仪器观察、记录被调查者相关信息的方法，调研内容通常是人的行为和态度（如客户体验完产品后的表现）、现场发生的事件（如一段时间的客流量等）等。

观察法的优点是通过观察得到相关的信息，不打扰被调查者的同时便于得到真实的信息，可以比较客观地收集资料。缺点是仅靠观察可能无法了解内在的因素，需要的调查时间也相对较长。

表 5-2　询问法的主要形式

询问方法	内容
电话访问	由企业内部的工作人员或第三方调研公司的专业人员通过电话对被调查者进行有条理的访问。优点是被调查者一般和调查者没有利害关系，调研得到的资料更加真实可靠；如果设计合理，被调查者参与的积极性会较高。缺点是拒绝率较高，调研的效率相对较低；如果委托第三方专业公司做调研，则费用较高，且有可能会出现虚报调研人数的现象。当前，被调查者普遍对越来越讨厌电话访问，电话访问的开展越来越困难
入户访问	指直接到被调查者的家中或工作单位进行访问，直接按照问卷的相关内容对被调查者进行采访，并做好相关记录；或者将调研问卷直接交给被调查者，由被调查者填写完毕后，再进行问卷回收。一般情况下，这两种方式结合进行。入户访问要求被调查者高度配合，一般情况下需要事先与被调查者进行相关的沟通工作，取得被调查者的允许。也可以先将调查问卷发给被调查者，以便其了解调研内容。被调查者是按照一定的随机抽样准则抽取的，入户以后确定的访问对象也有一定的准则
拦截访问	拦截访问是指在某个特定的场所随机拦截在场的一些人进行采访，常用于商业性的消费者意向调查中。拦截访问一般效率较高，但由于属于局部群体的访问，所收集的数据有时候无法证明对样本整体有很好的代表性
小组座谈	又称焦点座谈，一般是事先邀请一定数量的客户，在一个固定的场所，由一个经过训练的主持人与被调查者进行交流，以了解与客户的满意度、价值相关的内容。小组座谈调研的优点是与被调查者的交流程度较深，便于与被调查者建立良好的关系，可以对被调查者的偏好和顾虑有全面深入的了解。同时，座谈过程中，被调查者之间可以相互启发，常常可以从自由进行的小组讨论中得到一些意想不到的发现。缺点是对主持人的要求较高，需要避免因主持人对调研目标的理解错误而导致调研结果出现问题。同时，每次参与座谈的人数相对较少，无法进行大样本调研
深度访谈	深度访谈法主要针对单个被调查者进行访问，由调查者对被调查者的回答进行记录，从而了解被调查者对某一问题的潜在动机、信念、态度和感情，也可以用于获取对问题的理解和深层了解的探索性研究
在线访问	企业利用在线的调查、对商品和服务的评价反馈等渠道收集相关的信息。优点是快捷高效，费用较低，可以快速进行数据分析。缺点是较难提取被调查者反馈的细微差别，也可能产生不准确的反馈，样本只代表部分习惯于在网上反馈信息的群体
问卷调查	通过邮寄、传真、电子邮件等途径开展调研。优点是被调查者有足够的时间回答问题，问卷回收相对精确，质量较高，成本相对较低。缺点是调研的完整性取决于被调查者的意愿，也存在回收率不足或回收迟缓的问题

（3）实验法

实验法是指调查人员通过设计实际的、小规模的营销活动进行调研的方法，常用于新产品的试销和展销。实验的主要内容有产品的质量、品种、商标、外观、价格，促销方式及销售渠道等，主要目的是检验某一产品或某项营销措施的执行效果。

实验法的优点是可获得较可靠的原始资料，缺点是实验的场地、对象等市场要素不易确定，干扰因素较多，需要的时间和资金成本较高。

2. 资料调研

资料调研主要是利用现有的资料来进行的市场调研，调研的资料包括以下内容。

(1)企业的内部资料：如企业内部各有关部门的记录、统计表、报告、财务决算、用户来函等；企业销售人员、渠道人员等相关人员提供的情报资料；供应商、分销商以及企业情报网等提供的信息情报。

(2)政府和机构公布的资料：政府机关、金融机构公布的相关统计资料；政府公开发布的有关政策、法规、条例规定以及规划、计划等。

(3)公开发行的资料：已出版的期刊、文献杂志、书籍、研究报告等；展览会、展销会公开发送的资料；市场研究机构、咨询机构、广告公司公布的资料；行业协会公布的行业资料、竞争企业的产品目录、样本、产品说明书及公开的宣传资料。

(三)市场调研的基本过程

企业开展市场调研可以采用自己调研和委托第三方开展调研两种方式。无论采用哪种方式，市场调研工作的基本过程都包括明确调查目标、设计调查方案、制订调查工作计划、组织实地调查、整理和分析调查资料、撰写调查报告等过程。

1. 明确调研目标

调研目标直接决定调研的内容和形式。按照企业的不同需要，市场调研的目标有所不同：企业在制订经营战略时，必须调查宏观市场环境的发展变化趋势，特别是企业所在行业未来的发展状况；企业在制订市场营销策略时，需要调查市场需求和竞争状况、消费者购买行为和营销相关要素的情况；企业在经营中遇到了问题，就要及时针对所存在的问题，开展针对问题产生原因和解决方案的市场调研。

2. 设计调研方案

调研方案可以使市场调研更加科学规范，完善的市场调研方案应包括以下内容。

(1)调研的目的和要求

根据市场调研的整体目标，在调研方案中列出本次市场调研的具体目的和要求。

(2)调研对象

市场调研的对象包含消费者、零售商、批发商等，在调研方案中，必须详细列明本次调研的调研对象。以消费者为调查对象时，需要区分商品的购买者和使用者，比如婴儿奶粉的购买者和使用者不是同一群体，应调研购买者。同时，也要对特定商品设定调研的侧重群体，比如针对化妆品的调研要侧重于女性群体，而针对烟酒类商品的调研则要侧重于男性群体。

（3）调研内容

调研内容是收集资料的依据，直接决定了本次调研的结果是否科学有效。调研内容是服务于调研目标的，因此，调研内容的设计必须根据调研目标来设计。调研内容的确定既要做到全面、具体，又要做到避免面面俱到，内容过多。这就要求调研内容的设计科学合理、条理清晰。可以邀请专业的问卷设计专家或机构参与到调研内容的设计中。

（4）调查表

调查表要根据已经确定调研内容来设计。调查表是市场调研的基本工具，调查表的设计质量直接影响到市场调研的质量。设计调查表要注意以下几点：①调查表的设计要与调查主题密切相关，重点突出；②问题要容易让被调查者接受，避免出现被调查者不愿回答或令被调查者难堪的问题；③问题次序要条理清晰，顺理成章，符合逻辑顺序，一般可遵循容易回答的问题放在前面、较难回答的问题放在中间，敏感性问题放在最后，封闭式问题在前、开放式问题在后的原则；④内容尽量使用简单、直接、无偏见的词汇，保证被调查者能在较短的时间内完成调查表。

（5）调研地区范围

调研地区范围应与企业产品的现有销售范围和目标销售范围相一致，具体调研地区的选择要符合样本抽样的规律，做到调研范围覆盖全部的地区。

（6）样本的抽取

受限于调研的资金和时间成本等因素，调研往往无法做到全样本调研，这时就需要做抽样调研。样本的抽取需要制订一个科学的抽样方案，以保证抽取的样本能反映总体情况。样本的抽取数量可根据市场调研的准确程度的要求确定，市场调研结果准确度要求越高，抽取样本数量应越多，但调研费用也相应越高，一般可根据市场调研结果的用途情况确定适宜的样本数量。

（7）资料的收集和整理

市场调研有很多种方法，不同的调研方法各有其优缺点，适用于不同的调查场合，企业可根据实际调研项目的要求来选择。不同的调研方法会产生不同类型的调研资料，资料的整理可采用相应的统计工具和统计学方法，以获得大量的统计数据。

3.制订调查工作计划

（1）组织领导及人员配备

无论是企业自己开展调研，还是委托第三方调研，都要建立市场调研项目的组织领导机构，可以由企业内部的市场部、企划部来负责进行调研项目的具体组织和实施工作，也可以组建临时的工作小组。

（2）调研人员的招聘及培训

市场调研工作主要由调研人员来完成，他们的素质和工作态度对市场调研的实施效果影响很大。因此，企业必须高度重视调研人员的招聘和培训工作，组建高素质的调研团队，培训统一团队成员的思想，提升团队成员的能力。培训的内容可以包括调研的目的、企业基本情况、与调研相关的产品和服务情况、调研计划、开展调研的基本方法和技巧、调研要求及注意事项等。

（3）确定工作进度

要使调研活动能够顺利进行，就要为市场调研的各项安排制订一个时间表，确定各阶段的工作内容及所需时间。市场调研包括以下几个阶段：调查工作的准备阶段，包括调查表的设计、样本抽取方法的确定、访问员的招聘及培训等；实地调查阶段；问卷的整理和统计分析阶段；调研报告的撰写阶段等。

（4）制订费用预算

企业应根据实际情况对市场调研的各项费用进行核定和合理安排。一般而言，市场调研的费用包括调查表的设计印刷费、调研人员的招聘及培训费用、给予被调查者的劳务或礼品费用、调研数据的整理和统计费用、调研结果的分析和调研报告的撰写费用等。

4. 组织实地调研

各项准备工作完成后，市场调研就可以正式开始了。实地调研是市场调研的主要形式，企业要组织好实地调研相关工作。

实地调查是一项复杂的工作，要按照事先制订的调研方案和具体的工作计划，按照相关的时间安排和要求，有序地开展各项工作。同时，企业的市场调研负责部门要及时跟进和掌握实地调研的工作进度，协调好调研人员与被调查者的关系，及时了解并解决调研人员在实际工作中遇到的问题。

5. 资料的整理和分析

实地调研和资料调研工作结束后，就到了调研资料的整理和统计分析阶段。相关人员首先要对调研回收的资料进行逐份检查，剔除不合格的调查表，然后将合格调查表进行统一编号、数据标准化等操作，以便于对调研数据进行统计。

统计时，由专业的数据统计分析人员使用专业的数据统计分析工具开展数据统计。

6. 撰写调研报告

撰写调研报告是市场调研的最后一项工作，是市场调研工作成果的集中体现，也是市场调研目标的实现过程。市场调研报告要按规范的格式撰写，一个完整的市场调研报告格式由题目、目录、概要、正文、结论、建议和附件等部分组成。市场调研报告将提交给企业决策者，作为企业制订市场营销策略的依据。

三、市场预测的方法

市场预测是指创业者在市场调研成果的基础上，采用科学的预测技术和方法，对影响市场供求变化的诸因素进行调查研究，分析和预见其发展趋势，掌握市场供求变化的规律，为经营决策提供可靠的依据。

对市场进行预测，是为了进行科学的决策，提高管理的科学水平，减少决策的盲目性。企业通过市场预测，可以把握经济发展和未来市场变化的有关动态，减少不确定性，降低决策可能遇到的风险，使决策目标得以顺利实现。

（一）市场预测的类型

市场预测可以按不同的标准进行分类。

1. 按时间跨度分类

按市场预测的时间跨度，可以将市场预测分为近期、短期、中期和长期预测。

（1）近期预测，是指预测一个季度内的市场变化情况。

（2）短期预测，是指预测一年内的市场变化情况。

（3）中期预测，是指预测3~5年的市场变化情况，一般是对经济、技术、政治、社会等影响市场长期发展的因素进行深入调查分析后所做出的趋势预测。

（4）长期预测，是指5年以上的预测，一般是为制定企业发展的长期战略而进行的预测。

2. 按其他维度分类

（1）根据市场的地理空间范围，可以将市场预测分为国内市场预测和国际市场预测。

（2）根据经济活动的空间范围，可以将市场预测分为宏观市场预测和微观市场预测。

（3）根据市场预测的性质，可以将市场预测分为定性预测和定量预测。定性预测是由预测人员根据其所掌握的知识、经验和判断力对市场做出的预测。定量预测是以市场调研得到的实际数据为基础，运用数学方法进行分析计算后对市场做出的预测。

（二）市场预测的原则

市场预测一般需要借助数学、统计学等学科的方法，在确保相关技术先进性的同时，也要注重按照一定的原则进行市场预测。

1. 相关性原则

市场环境中存在许多要素和变量，不同的要素之间常常有相互关联、相互促进的关系。市场预测在对各个要素数据进行分类统计分析的同时，也要特别关注事物之间的相关性，分析某个变量对其他变量的影响程度。

环境要素变量之间最典型的相关性就是正相关和负相关，正相关的事物之间是促进关系，而负相关的事物之间是制约关系。比如，人口老龄化趋势和养老服务是正相关关系，而国家出台更严格的环保政策和一次性用品生产之间是负相关关系。

2. 惯性原则

任何事物的发展都具有一定惯性，即在一定时间、一定条件下保持原来的趋势和状态。市场环境的要素也是这样，当某个要素发生了变化后，由于存在惯性，一般需要经过一段时间后才能显示出其对市场环境的影响。比如，国家出台了更严格的环保政策，一方面会给企业一定的转型升级的时间，不会立刻执行；另一方面，如果市场中绝大多数相关企业无法及时转型,就可能会出现一定范围内的政策灰色地带。

3.类推原则

所谓的预测,本身就是一种类推,即根据现在的情况推演未来的情况。类推可以有多种方式,如表5-3所示。

表5-3 类推的多种方式

类推方式	解释和示例
由小见大	从典型的局部推知全局,如根据某个地区产品的销量估计全国的销量
由表及里	从某个现象推知事物发展的大趋势,如偏远小县城开始有普通人买私家车,可见人们的消费观念发生了变化
由此及彼	发达国家和地区的先进的产品、技术、管理模式、营销经验、方法等,代表了先进的发展方向
由史见今	历史经验对现实有一定的指导价值,如从中国人家用电器的发展历史中可以推测中国家电市场未来的发展趋势
由大到小	对整体进行细分,以便认识和推知某个局部,如根据某个地区的中小学生数量,估计小学3年级学生数量,再根据调研得知3年级学生拥有电话手表的比例,最后估算学生电话手表的市场容量

4.概率推断

通过市场预测虽然不能得出未来完全确定的情况,但通过一定的技术手段,可以估算出某个市场状态发生的大体概率。企业可以根据这个概率进行期望价值计算,据此采取对应措施。

(三)市场预测的基本步骤

为了使市场预测工作更加有序,需要对市场预测工作进行统筹规划,制订规范有序的执行步骤。

1.确定目标

市场预测的目标决定了市场预测的内容、项目、所需资料和预测技术,是开展市场预测工作的第一步。企业应根据经营活动中存在的问题,明确预测目标,拟定预测的项目,制订预测工作计划,编制预算,调配力量,组织实施,以保证市场预测工作有计划、有节奏地进行。

2.搜集资料

充足的资料是保证市场预测准确合理的基础。在市场预测计划的指导下,调查和搜集有关资料是进行市场预测的重要一环,也是预测的基础性工作。

3.选择方法

预测方法的选用是否恰当，将直接影响到预测的精确性和可靠性。企业应根据市场预测的目标，以及各种预测方法的适用条件和性能，选择出合适的预测方法，可以只使用一种预测方法，也可以运用多种预测方法开展市场预测。运用预测方法的核心是建立描述、概括研究对象特征和变化规律的模型，根据模型进行计算和数据处理，即可得到预测结果。

4.分析修正

分析判断是对调查搜集的资料进行综合分析，并通过判断、推理，使感性认识上升为理性认识，从事物的表象深入事物的本质，从而预计市场未来的发展变化趋势。在分析评判的基础上，通常还要根据最新信息对原预测结果进行评估和修正。

5.编写报告

预测报告应该概括预测研究的主要活动过程，包括预测目标、预测对象及有关因素的主要资料、统计数据和分析结论，预测方法的选择和模型的建立，以及对预测结论的评估、分析和修正，等等。

第三节　新创企业的营销管理

营销管理是指企业以顾客的需要为出发点，根据市场调研获得的相关市场信息，有计划地组织各项生产经营活动，实行相互协调一致的产品策略、销售策略和品牌策略，并进行客户管理和维护，提供顾客满意的商品和服务的过程。企业如何进入一个市场并实现价值目标，是营销管理要解决的问题。

一、产品策略

企业的产品是满足客户需求的物质载体或具体服务。通常情况下，企业可以通过改变产品或服务的价格、销售队伍的规模和广告费用等方式，在短期内对销售渠道和终端消费者产生影响，取得一定的营销成绩。但从长期来看，企业必须通过持续开发新产品或为客户提供优质服务，以保持营销优势。

(一)生命周期运用策略

创业者在制订营销战略时，要根据本企业的产品在性能、技术先进性等方面的情况，综合考虑产品的包装、品牌、价格、形象、服务、交货时间等因素，在产品的不同生命周期采取不同的营销管理手段。产品的生命周期一般可以分为导入、成长、饱和、衰退四个阶段。

（1）在产品导入阶段，创业者必须有效地将产品打入市场，使潜在客户能获得产品的相关信息。这一阶段的营销成本往往比较高。

（2）在产品成长阶段，对于获得成功的产品来说，销售额和利润继续上升。

（3）在产品饱和阶段，通常产品的销售额会达到顶峰，利润达到最高值。然而，在这个阶段，大量竞争者可能会进入市场，导致销售额、利润下降。此时，企业应该引入下一产品。

（4）在产品衰退阶段，产品的销售额继续下降，利润急剧减少，但是这并不意味着产品注定要失败，企业可以通过创新和改进使产品重新获得顾客的青睐。

（二）价格策略

为产品和服务定一个合适的价格，是营销中最难的决策之一。产品的价格与销量、利润等存在复杂的关系，且产品的最低价格必须涵盖生产成本和营销费用，还要包含一定比例的合理利润和品牌溢价等。如果企业提供了独特的产品，就可以维持一段时间高价；如果产品可替代性较强，在竞争激烈的情况下，则要维持较低的价格，甚至在较短的时间段内价格可能低于成本。

1. 定价策略

在实际的营销管理中，企业需要制订灵活多变的定价策略，根据市场竞争的情况，适时修正或调整产品的价格，通常有以下四种策略。

（1）折扣定价策略，即对基本价格做出一定的让步，直接或间接降低价格，以争取顾客，扩大销量。

（2）地区定价策略，即根据地区差异决定产品在当地的价格。

（3）心理定价策略，即根据顾客购买的心理特征确定产品的价格，如某些商品提高了价格反而会使商品销售得更多。

（4）差别定价策略，即针对不同的顾客、不同的市场对同一产品制订不同的价格。企业可根据顾客差别、产品形式差别、产品销售时间差别等因素对产品进行定价。近几年媒体曝光的"大数据杀熟"，则是部分互联网企业利用心理定价和差别定价制订的策略。

2. 定价方法

在上述定价策略的指引下，企业就可以对产品进行具体的定价。

（1）成本定价法。即在综合产品各项成本的基础上，加上预期利润作为产品的价格。使用这种方法确定价格，简单明了。但是，产品的成本包含的要素很多，并不容易计算，且采用这种方法确定价格容易失去灵活调整价格的空间。

（2）价值定价法。通过衡量产品在消费者心中的价值，估算消费者购买产品时愿意支付的金额来确定产品的价格。消费者愿意支付的价格取决于其对产品价值的感知与产品的稀有度。企业可以通过产品定位、品牌等因素针对消费者进行营销。

（3）渗透定价法。即为了向目标市场渗透，获得市场占有率，而将产品价格定在较低水平的定价方法。渗透定价法是新创企业常用的定价方法，可以帮助新创企业克服前期广告投入少、品牌影响力弱的缺点，遏制新的竞争对手进入市场。采用渗透定价法，必须做好存货管理，既不能发生缺货现象，也不能囤货过多。

二、销售策略

（一）分销渠道策略

销售渠道是企业将产品向消费者转移的过程中所经过的路径。这个路径既包括企业自己设立的销售机构，也包括代理商、经销商、零售店等。对企业来说，销售渠道起到物流、资金流、信息流、商务流的作用，能完成厂家自身很难完成的任务。不同的行业、不同的产品、企业不同的规模和发展阶段，销售渠道的形态都各不相同。合理选择销售渠道的实质是合理选择中间商，它对企业的生产经营活动和市场经济的发展具有十分重要的意义。

合理的销售渠道有利于企业降低营销费用，扩大销量，提高供给能力和经济效益，可以帮助企业掌握市场供求信息，扩大服务项目，提高市场占用率，还可以有效地平衡供求关系，简化流通渠道，方便顾客购买。

（二）促销策略

促销策略是引起顾客对产品或服务的关注和促使顾客购买产品或服务的方法，主要包括以下四种。

1.人员推销

人员推销是最常用的推销手段。销售人员和顾客进行人际接触，通过真诚的态度和高超的销售技巧实现产品销售的目的。人员推销的成功很大程度上取决于销售人员的技能。一流的销售人员往往能促进产品的销售，提升企业的销售业绩。

2.广告宣传

广告宣传也是促销的一个重要手段。特别是在互联网高度发达的现在，在人们的日常生活中，广告无处不在。

不同的广告宣传有不同的目的，有的广告是为了诱发顾客的即时购买决定；有的广告是为了在顾客和公众中建立企业的品牌形象；有的广告试图吸引新顾客，或者把企业及产品导入一个新领域。

（1）制订广告宣传计划

企业制订广告宣传计划，首先要根据广告宣传要达到的量化目标确定和分析目标群体，然后根据目标群体的特征选择适合的媒体，从而以最小的成本接触到目标群体，并达到更好的效果。广告宣传媒体的选择，需要考虑企业营销的区域大小、客户特征、媒体易达性、广告预算等问题，也要综合考虑竞争对手的媒体选择。

其次，要开展广告信息的设计。新创企业在进行广告设计时，应重点向顾客展示产品或服务的特性，以及这种特性相对其他产品或服务能带给其更好的价值。企业通过形象描述、列出科学依据、列出事实等手段，可以描述产品或服务能够给顾客带来的主要价值和次要价值。但要注意抓住重点。广告应重点聚焦于那些对顾客来说最重要的利益以及能支持这些利益的事实。

在阐释产品或服务的特性时，一定要考虑目标顾客群体的特征，同时也要考虑广告所传递的企业价值观，兼顾短期效应和长期效应。

最后，要开展广告有效性评估。企业可以通过对广告进行专业的有效性测试来对广告的实际效果进行评估，具体包括理解性测试、差异性测试、可信度测试、独特性测试等，以验证广告是否能展示产品的特性，是否让受众看过广告后能理解广告所要传递的信息，是否具有和竞争产品的区别度，广告内容是否可信等。

（2）编制广告预算

一般情况下，广告预算的多少直接决定了广告的覆盖范围和频次，对广告效果影响极大。当然，也可以创新广告内容和形式，在广告预算有限的情况下，取得最大的广告效果。编制广告预算一般要考虑企业的实际情况，为广告的目的服务。可以以企业的财务状况为依据，量力而行编制广告预算；在实力相差不大的情况下，可以参照竞争对手的广告预算来编制本企业的广告预算；还可以设置广告预算的计算方法，比如以销售额或利润的百分比来编制广告预算等。

3. 公共关系

公共关系是一种重要的促销手段，是指企业利用、创造甚至是意外获得某种有意义、有吸引力或有新意的活动，吸引相关的媒体进行报道宣传，以此提升企业的公众形象和品牌知名度，从而提升销售额。

公共关系利用了信息沟通的原理和方法，往往比广告宣传的成本少很多，但其营销效果却能比广告宣传等其他营销手段大得多。新创企业可以采取多种措施有效利用公共关系，比如利用自己的技术优势制作和发布相关的科普视频或文章，赞助公益活动，资助学术会议，参加社会团体、行业协会，资助社区工程，等等。

4. 营业推广

营业推广是企业为了激发客户的购买欲望而采取的除上述三种促销策略外的所有营销活动的总称，是一种相对短期的促销手段。常用的手段有样品赠送、销售抽奖、以旧换新、旧物折算、发放优惠券等。营业推广可以作为人员推销等促销策略的辅助手段，用于特定时期、特定商品的短期推销。

上述四种促销策略是企业常用的促销策略。在企业营销的实际过程中，通常会综合采用多种促销手段，以期更好地达到提高企业产品或服务知名度、提高销售量、增加企业利润的目的。

三、品牌策略

品牌是指消费者对企业产品或服务的认知和接受程度，其本质是企业的产品或服务能够给顾客带来更高的价值（相对于竞争对手）。品牌策略是能够给企业带来品牌积累效应的一系列管理和营销方法，其核心在于企业品牌的维护与传播，即采取一定的措施，使品牌进入客户心坎。企业的品牌策略包含的内容很多，对于新创企业而言，品牌的设计和商品包装是重要的方面。

（一）品牌设计

品牌设计是在企业自身正确定位的基础之上，基于企业品牌策略要求，对产品或服务所设计的与客户的沟通方式。品牌设计通过某种形象实体协助企业正确把握品牌方向，能够使人们快速地对企业形象产生正面的深刻印象。

良好的品牌设计可以提升企业的内外管理水平，增强员工自信心和工作效率，提高客户对企业的忠诚度。

新创企业的可用资源有限，很多创业者往往会忽略品牌设计的工作，这是因为创业者对品牌设计的重要性不了解。市场中那些优秀的企业，无一不是在初创期就非常重视品牌的设计和管理工作。随着品牌时间价值的积累，品牌作为企业非常重要的无形资产会给企业带来丰厚的利润。以服装业为例，李宁、安踏等公司的服装产品相对其他服装生产商，在设计、技术、创新等方面的优势其实不是十分明显，但由于其品牌效应的存在，这些公司一直站在行业的顶端。

在当今社会，单纯依靠产品或服务的质量，往往很难获得市场的关注，因此必须重视品牌设计工作。

1. 新创企业品牌设计的原则

（1）定位清晰

清晰的品牌定位可以帮助企业建立清晰一致的、有别于其他竞争对手的客户形象，使客户能够牢记企业的产品或服务，牢牢吸引消费者。只有这样，企业才能有长期的生命力，才能吸引消费者的注意力。

（2）深入分析目标客户

企业产品或服务的目标客户是确定的，因此，在进行品牌设计时，应详细分析目标客户的需求、习惯和关注点，充分考虑目标客户的需求，以目标客户为中心，更好地为目标客户服务。

（3）关注网络推广

互联网已经成为当前人们获取信息的主要渠道，企业在充分利用各种线下渠道的同时，应充分重视并科学利用网络进行品牌推广。因此，品牌设计也必须考虑网络推广的需求，特别是要针对网络用户的上网习惯、行为偏好等，对品牌设计进行优化。

2. 新创企业品牌设计的要求

(1)简洁醒目，易读易懂。品牌设计应易于理解记忆，并能够使人在短时间内产生较深的印象。

(2)构思巧妙，暗示属性。品牌是企业形象的典型概括，因此品牌设计要能够反映企业的个性和风格，获得客户的信任。

(3)富蕴内涵，情意浓重。品牌可引起顾客强烈兴趣，诱发其美好联想，产生购买动机。

(4)避免雷同，特色鲜明。品牌设计可以参考其他企业的品牌形象，但切忌机械复制、简单修改。

(二) 商品包装

商品包装是为了在流通过程中保护产品、方便储存、促进销售，按一定技术方法而采用的容器、材料及辅助物等的总体名称，也指为了达到上述目的而采用容器、材料、辅助物的过程中施加一定技术方法等的操作活动。即商品包装的内涵包括：商品的包装容器和包装商品的过程。

1. 包装要求

在新创企业市场营销中，为适应竞争的需要，包装要考虑不同对象的要求。

(1)消费者的要求。由于社会文化环境不同，不同国家和地区的消费者对产品的包装的要求不同。因此，包装的颜色、图案、形状、大小、语言等要考虑不同国家、地区、民族等消费者的习惯和要求。

(2)运输商的要求。运输商考虑的是商品能否以最小的成本安全到达目的地。因此，包装必须便于装卸、结实安全，不至于在到达目的地前损坏。

(3)分销商的要求。分销商不仅要求外包装便于装卸、结实、防盗，而且内包装的设计还要合理、美观，能有效利用货架，容易拿放，并能吸引顾客。

(4)政府的要求。随着绿色环保意识的加强，人们要求商品的包装材料要符合政府的环保标准，节约资源，减少污染，禁止使用有害包装材料。

2. 包装策略

包装策略是指企业对其一系列的产品，在包装上采用相同的图案、近似的色彩、相同的包装材料和相同的造型，体现出共同的特点，以便于顾客识别出本企业的产品。它的作用是节约设计和印刷成本，树立企业形象，提高企业声誉及促进产品销售。

(1)等级包装策略。一是不同质量等级的产品分别使用不同包装，表里一致；二是同一产品采用不同等级包装，以适应不同购买力水平和不同顾客的购买心理。

(2)异类包装策略。企业各种产品都有自己独特的包装，设计上采用不同风格、不同色调、不同材料。此策略使企业不致因某一种商品营销失败而影响其他商品的市场声誉，但会增加包装设计费用，也需投入更多的销售推广费用。

（3）配套包装策略。企业将几种相关的商品组合配套包装在同一包装物内。配套包装方便消费者购买、携带与使用；利于带动多种产品销售及新产品进入市场。

（4）包装再使用策略。包装物内商品用完之后，包装物本身还可用作其他用途。此策略通过给消费者创造额外利益而扩大销售，但这种刺激只能收到短期效果，包装物再使用可起到延伸宣传的作用。

（5）附赠品包装策略。在包装物内附有赠品以吸引消费者重复购买。

（6）更新包装策略。企业的包装策略随市场需求的变化而改变，这样做可以改变商品在消费者心目中的地位，进而收到迅速恢复企业声誉之效。

四、客户管理

客户是企业生存与发展的根本，客户管理不仅是企业获得稳定销售收入的保障，而且也是企业提高竞争力的有效手段。

（一）客户基础信息维护

1. 客户资料搜集

要对客户进行管理，首先要进行客户资料的搜集，客户资料的内容应尽量完整，归纳起来主要有以下四项。

（1）基础资料：即客户最基本的原始资料。主要包括客户的企业名称、办公地址、办公电话、所有者、经营管理者、法人代表及其基本情况等。

（2）客户特征：主要包括客户的服务区域、销售能力、发展潜力、经营观念、经营方向、经营政策、企业规模、经营特点等。

（3）业务状况：主要包括客户的销售实绩、经营管理者和业务人员的素质、与其他竞争者的关系，与本公司的业务关系及合作态度等。

（4）交易现状：主要包括客户的销售活动现状、存在的问题、拥有的优势、未来的计划，以及企业形象、声誉、信用状况、交易条件等。

2. 客户分类

客户资料搜集完成后，可根据客户的属性对客户进行分类，主要分类方法有以下四种。

（1）按客户的性质分，可以划分为政府机构（以国家采购为主）、特殊公司（如与本公司有特殊业务的客户）、普通公司、个人顾客和商业伙伴等。

（2）按交易过程分，可以分为曾经有过交易业务往来的客户、正在进行交易的客户和即将进行交易的客户。

(3)按合作时间分,可分为老客户、新客户和未来客户。

(4)按交易数量和市场地位分,可分为主力客户(交易时间长、交易量大等)、一般客户和零散客户。

3. 客户档案的建立

经过对客户信息搜集和分类,并逐个对客户资质进行确定,移除不符合企业目标需求的客户,可得到企业最终需要的客户名单。利用信息管理工具,即可建立客户档案,供企业内部有需要的部门使用。

(二)客户管理的原则

在客户管理的过程中,需要注意以下原则。

1. 动态管理

由于符合企业需求的客户是会发生变动的,因此,企业应该对客户档案进行动态管理。企业相关部门要及时对客户的变化进行跟踪,使客户管理保持动态性:一方面要及时更新客户的相关资料,另一方面要移除不符合需求的客户,增加符合需求的新客户。

2. 关注重点

企业客户档案所包含的客户数量可能会很多,这些客户对应着企业不同的部门或业务,不同的客户对企业的价值也是不同的。根据"二八定律",20%的重点客户可能会贡献80%的利润,因此企业在进行客户管理时,一定要找到重点客户。重点客户不仅要包括现有客户,而且还应包括未来客户或潜在客户。

3. 灵活运用

企业建立客户档案的目的是通过客户管理提升企业的长期盈利能力。要实现这个目的,必须对客户档案进行充分利用,将其以灵活的方式及时全面地提供给推销人员及其他有关人员,使他们能进行更详细地分析,提高客户管理的效率。

4. 注意保密

客户档案是企业重要的资产,也是很多竞争对手想得到的资料。因此,企业要注重客户资料的保密工作,可以对客户资料进行保密等级划分,重要的客户资料只提供给内部特定人员使用。企业还应该设定客户资料保密管理人员专门负责客户资料的保密工作。

00 后兴趣市场成为创业风口①

00 后一代迅速成长，逐渐成为网络世界的重要组成部分，"二次元"也开始走向大众视野。面向 00 后的市场正在成为创业的风口。

在 2018 年"创青春"浙大双创杯全国大学生创业大赛的决赛现场，我们不难发现，一批直接指向 00 后市场的创业项目格外引人注目。

来自福建农林大学的尤达带着自己的"'二次元+'——二次元数字资产运营商"项目一路闯进决赛。作为一名动画专业学生，他很早就接触了二次元的市场。大学期间，他创办了自己的公司，制作了"二次元看管所"自媒体矩阵，还打造了全国首个虚拟偶像团体"十二星座"。

当"老人"们还在追捧"创造 101"女团的时候，二次元早已创造了自己的女团。与"创造 101"的制作人模式类似，尤达的"十二星座"女团形象也由网友投票选出，还由网友去赋予她们不同的性格特征。尤达的公司管理着"十二星座"虚拟女团的几十个粉丝社群，粉丝们热衷于购买虚拟偶像的周边，和流量明星的粉丝们一样愿意"烧钱"。

尤达认为，日本的二次元产业已经非常发达了，而我国的二次元产业正在成长期，但是发展路径一定是相似的。

来自华中科技大学的"名人朋友圈"App 同样瞄准 00 后兴趣市场。与尤达的数据资产不同，他们要做的是一个平台。据团队成员周振方介绍，他们要打造的是"00 后最爱的语言 cosplay 虚拟社区"，使用者可以随时在社区内扮演一个虚拟的角色，并在其中创建对话和故事。在社区中，你可以假装自己是迪丽热巴，也可以假装自己是李云龙，甚至可以是武则天，只要你想玩，就会有人陪你一起玩。

周振方介绍，"名人朋友圈"App 已经拥有超过 2000 万的注册量，其中 85% 是 00 后用户。目前所属公司已经拿到了 900 万的 pre-A 轮融资，"投资人对我们兴趣都大得很。"在本次大赛中，"名人朋友圈"App 也获得了金奖。

当"老人"们还在纠结到底是用微信还是用微博时，00 后早就已经不满足于使用 QQ、微博、微信等传统社交平台了，他们有自己的表达方式和兴趣爱好。"随着国家放开生育限制，新一批的用户也正在成长中，我们做的二次元的产品和平台，一定是未来的趋势。"谈及对未来的市场期许，尤达信心十足。

---

① 罗晓燕.00 后兴趣市场成为创业风口[N].中国青年报，2018-12-07.

实战案例

毕业后"不务正业"的优秀学生①

北科优秀毕业生，毕业后却"不务正业"。

——访卓昊商学院创始人吴英杰

吴英杰，北京科技大学冶金专业 2009 级本科生，"励志计划"成员，"八七校友奖学金""五四奖章""挑战杯"全国金奖获得者。2013 年毕业后创立卓昊商学院。

懵懂的创业初期

在创业初期，吴英杰对国家有关政策的认识还是很模糊的。

"当时自己刚毕业，相关的政策完全不知道去哪找，也不知道去问谁，国家也没有相关的部门去负责，所以是很模糊的。另外，由于我们是港资企业，不是内资，一般创业扶持只支持内资企业，因此我们就直接采用了多元控股模式，不在国家扶持大学生创业的范畴。"吴英杰说。

但经过了创业初期的摸爬滚打，吴英杰现在对国家政策有了新的认识。

"在中国，企业要想做大就必须得到政府的支持，所以说我也在考虑这一方面的事情。"

"我觉得让创业企业少缴点税就不错了，税务是企业很大的一个负担，企业所得税要交 25%。我们大部分人还是选择工作嘛，个人所得税是没有这么高的，除非到四五万月薪才能扣你 30% 的税，但对公司来说，缴 25% 的税就是个非常大的数字了。"

独到的企业管理见解

吴英杰虽然在本科时学习的不是企业管理方面的专业，但他勤于钻研、善于学习，对企业的管理也有着自己独到的见解。

"对客户尽可能地透明化，越透明越好，这样才能问心无愧，才能让顾客觉得你是一个诚信待人的商家。我认为市场营销分为两个部分，一个是传播出去，另一个是使人相信。现在是一个信息爆炸的时代，传播的信息更多了，所以使人相信就更难了。尤其难的是怎么让客户相信我们是一家有良心的企业，这个是我一直在做的事情，可能前期会少赚一些钱，但是没有关系。我以前看过一本叫《基业长青》的书，它是美国斯坦福的两位教授写的，他们总结了美国 12 家有相当好的企业价值的企业的成功经验，其中给我印象最深的一条经验是：我创立一家企业，我的根本目的就是要为我的客户创造价值。多年以后，一些企业可能消失了，但是那些为客户创造价值的企业，包括花旗、保洁、沃尔玛都成了世界顶级的公司。"

---

① 孙长林.大学生创业教育理论与实务[M].北京：现代教育出版社，2017：143-144.

关于企业经营的认识

"我们公司还很小，怎么让客户为一个很小的公司掏钱呢？市场上已经有了一些大公司，而且它们做得很成熟了，那么怎么让客户选择你，这其实是一件非常难的事。"

"关键在于口碑营销。如果大家都认为我们做得很好，别人就会相信我们。那么如何建立口碑呢？我现在做的事情，很多人觉得核心是市场营销，但我认为最核心的部分还是项目，因为你的市场营销做得好不好还是取决于项目做得好不好。这期我们培训了150人，包括6名北科大同学，他们提出了很多中肯的建议，虽然我们公司才成立一年，但我们的商业策划书已经改了七次了。"

对企业发展的展望

尽管吴英杰创办卓昊商学院只有一年，但他对于公司的发展有着清晰的规划。他对于他的这份事业有着巨大的期望。

"我现在还年轻，也不着急只想着赚钱，最主要的就是学习如何去管理一家企业。这个也许现在不重要，重要的是以后我真的能建成一家特别特别棒的企业，让人家提起这家企业的时候，都说这是一家很有价值的企业。"

公司虽然创办时间不长，但是也取得了长足的进步，相信吴英杰的卓昊商学院会越办越好。

实操训练

学校食堂市场调研

全班同学分为多个小组，每个小组5~6人，以学校某个食堂为调研地点，完成以下任务。

1. 针对大学生的餐饮消费需求和供应状况设计调查问卷。
2. 根据调查结果撰写调研报告。
3. 各小组派代表在班里汇报调研结果，最好用PPT形式展示。
4. 其他小组成员和任课教师对演示小组报告进行提问，并提出相应的修改意见。
5. 各小组根据老师和同学所提意见进行报告的修改。
6. 上交修改后的调研报告。

第六章

新创企业的设立及管理

名师金课

第一节 新创企业的设立

万事开头难，好的开始是成功的一半。经过了前期的各项准备，创业者做出创业的决定后，就要面临新创企业设立的问题。新创企业首先要思考的问题是：我要创办什么形式的企业？新企业的注册程序如何完成？新建企业的相关管理问题有哪些？只有精心策划和细致准备，使企业在创办初期具有较好的规范性和管理意识，才能为企业的后续发展奠定良好的基础。

一、创业企业的选择

（一）企业的类别

企业根据不同的标准可以分为不同的类型。

1. 根据企业规模划分

我国对大中小微企业划分的依据一般是国家统计局印发的《统计上大中小微型企业划分办法（2017）》。《办法》按照行业门类、大类、中类和组合类别，依据从业人员、营业收入、资产总额等指标或替代指标，将我国的企业划分为大型、中型、小型、微型等四种类型。

以零售业为例，大型零售企业要求满足从业人员超过 300 人且营业收入大于 2 亿元，中型零售企业要求满足从业人员在 50~300 人且营业收入在 500 万元~2 亿元之间，小型零售企业要求满足从业人员在 10~50 人且营业收入在 100 万元~500 万元之间，微型零售企业满足从业人员小于 10 人或者营业收入小于 100 万元两个条件之一。

大学生创业企业主要以小微企业为主。国家出台了很多支持小微企业发展的政策，对大学生创业提供了有利的条件。

2. 根据企业组织形式划分

根据企业组织形式不同，可将企业分为个体企业、合伙制企业、股份制企业。

个体企业是由创业者个人出资兴办，自己直接进行经营和管理的企业。创业者对个体企业占有全部的权益，享有企业的全部经营利润，同时对企业的债务负有完全责任。个体企业一般规模较小，内部管理机构简单。

合伙制企业是指由两人以上按照协议投资，共同经营、共负盈亏的企业。合伙制企业财产由全体合伙人共有，共同经营，合伙人对企业债务承担连带无限清偿责任。

股份制企业是指两个或两个以上的利益主体，以集股经营的方式自愿结合的一种企业组织形式。它是适应社会化大生产和市场经济发展需要、实现所有权与经营权相对分离、利于强化企业经营管理职能的一种企业组织形式。股份制企业由股东大会作为企业的经营机构。按照股东承担的责任不同，股份制企业又分为无限责任公司、有限责任公司和股份有限公司。

3. 根据经济成分划分

根据经济成分不同，可将企业分为国有企业、集体企业和私营企业。

国有企业也称为国有独资企业，是指完全由国家投资兴办的企业。国有企业的投资者是代表国家的政府机构，政府委托管理者进行经营管理。现阶段我国的国有企业正在进行改制，大部分国有企业将改制为股份制企业。

集体企业是由集体出资兴办的企业。我国经济体制改革之后，很多集体企业改为股份制，发展为企业集团。

私营企业是指由个人出资兴办的企业。近几十年来，我国的私营企业飞速发展，得到了国家政策的大力支持，在国民经济中发挥着不可或缺的作用。

4. 根据资源密集程度划分

根据资源密集程度不同，可将企业分为劳动密集型企业、资金密集型企业和技术密集型企业。

劳动密集型企业又称为劳动集约型企业，是指生产需要大量的劳动力的企业，即说产品成本中劳动量消耗占比较大的企业。在劳动密集型企业里，工人的平均技术装备程度不高。如纺织企业、服务企业、食品企业、日用百货等轻工企业以及服务性企业等，均属于劳动密集型产业。

资金密集型企业又称资本密集型企业，是产品成本中物化劳动消耗所占比例较大或资金有机构成较高的企业。资金密集型企业的特点是：投资大，占用资金多，现代化技术装备程度高，容纳劳动力相对少，劳动生产率高。如钢铁、机械制造、汽车、石油化工、电力等，均属于资金密集型行业。

技术密集型企业是指技术装备程度比较高，所需劳动力或手工操作的人数比较少的企业。技术密集型企业的单位产品所需资金投资较多，也需要集中较多熟练的技术人员，同时耗费的原材料较少。也就是说，这类企业的技术密集程度与企业的机械化、自动化水平成正比，同企业的手工操作人数成反比。技术密集型企业是综合运用先进的、现代的科学技术成就的工业企业。

5. 根据经营性质划分

根据经营性质的不同，可将企业分为工业企业、商业企业、农业企业、金融保险企业、房地产开发企业、交通运输企业、旅游服务企业、餐饮娱乐企业、邮电企业、中介服务企业等。

(二) 企业的法律形式

在市场经济条件下，企业是独立的经济实体，任何一个企业都要依法建立。创立企业时，必须对企业的法律形式进行选择。依据我国现行法律，个人创立新企业的法律形式主要有有限责任公司、合伙企业、个人独资企业、个体工商户等。不同的企业类型有着不同的设立条件和注册资本限额。

1. 有限责任公司

有限责任公司又称有限公司，是指根据《中华人民共和国公司法》登记注册的，由符合法律规定的股东共同出资组建，每个股东以其所认缴的出资额对公司承担有限责任，公司以其全部资产对其债务承担责任的经济组织。

股东的权利简称为股权，是指股东基于法律规定依据其出资额对公司所享有的权利。股东的权利分为自益权和共益权。自益权是从公司得到经济利益的权利。共益权是股东参与公司经营管理和监督的权利。股东在行使共益权的同时也是实现或保障股东自身的利益。

（1）有限责任公司的组织机构

有限责任公司的组织机构应当包括股东会、董事会和监事会（见表6-1）。

表6-1　有限责任公司的组织机构

组织	职能安排
股东会	股东会是有限责任公司的权力机构，是由全体股东组成的代表公司意志的非常设机构。股东会对外不代表公司，对内不执行业务
董事会	董事会是有限责任公司的执行机构，是由股东会选举产生，对内执行公司业务，对外代表公司的常设机构。 股东人数少和规模较小的公司可不设董事会，仅设1名执行董事。 董事会成员为单数，一般为3~13人。 董事任期由公司章程规定，但每届任期不得超过3年；董事任期届满，可以连选连任。 董事会会议由董事长召集和主持；董事长不能履行职务或者不履行职务的，由副董事长召集和主持；副董事长不能履行职务或者不履行职务的，由半数以上董事共同推举1名董事召集和主持。 董事在任期届满前，股东会不得无故解除其职务
监事会	监事会由股东代表和适当比例的公司职工代表组成，具体比例由公司章程规定。监事会中的职工代表由公司职工民主选举产生。 在有限责任公司中，股东人数较少和规模较小的，可以设1~2名监事。董事、经理及财务负责人不得兼任监事。 监事会对股东会负责并报告工作，其设立由股东会决定。 监事会设主席1人，由全体监事过半数选举产生。监事会主席召集和主持监事会会议；监事会主席不能履行职务或者不履行职务的，由半数以上监事共同推举1名监事召集和主持监事会会议

（2）有限责任公司设立的基本要求见表6-2。

表 6-2 有限责任公司设立的基本要求

要求	具体内容
具有符合法律规定的股东人数	股东人数须在2~50人范围内，包括参与公司设立的原始股东，也包括公司设立后由于资本增加、股权变动、公司合并等而新增加的股东
股东出资达到法定资本最低限额	以生产经营为主的公司需50万元以上人民币；以商品批发为主的公司需50万元以上人民币；以商品零售为主的公司需30万元以上人民币；科技开发、咨询、服务公司需10万元以上人民币
股东共同制订公司章程	设立有限责任公司必须有公司章程（没有公司章程不得设立有限责任公司），公司章程所记载的事项分为必备事项（由《公司法》予以规定）和任意事项（公司自行决定），新设立的公司章程由全体股东共同制订，体现全体股东的共同意志
有公司的名称	公司名称中应标明"有限责任公司"或"有限公司"字样，并设立符合有限责任公司要求的组织机构。公司的运行是由公司的内部组织机构来进行的，没有相应的组织机构，公司就无法开展正常的生产经营活动
有固定的生产经营场所和必要的生产经营条件	公司以其主要办事机构所在地为住所。没有住所的公司，不得设立

我国对有限责任公司有严格的限定，除对股东人数有最高人数限制外，对股东出资的转让也有严格的限制，即股东可以货币、实物、工业产权、非专利技术、土地使用权等出资，但不得以信用和劳务出资。同时要求有限责任公司不得向社会公开募集股份，不能发行股票。有限责任公司的股东对公司的债务只负有限责任，即股东仅以其出资额为限对公司承担责任。公司的经营状况也不需要向社会公开。

2. 合伙企业

合伙企业是指自然人、法人和其他组织依照《中华人民共和国合伙企业法》在中国境内设立的，由两个或两个以上的自然人通过订立合伙协议共同出资经营，共负盈亏、共担风险的企业组织形式。

（1）合伙企业的组成结构（见图6-1）

国有独资公司、国有企业、上市公司以及公益性事业单位、社会团体不得成为普通合伙人。合伙企业一般无法人资格，不缴纳企业所得税，缴纳个人所得税。

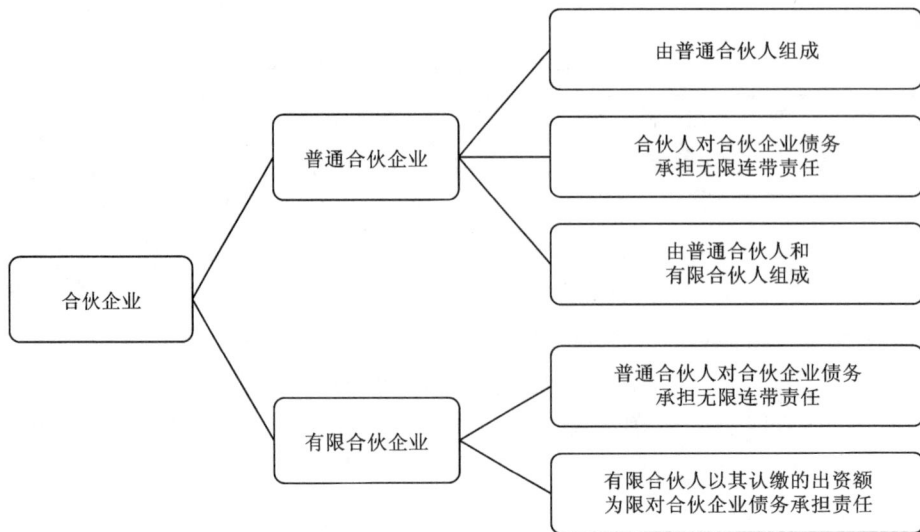

图 6-1　合伙企业的组成结构

（2）合伙企业设立的基本要求见表 6-3。

表 6-3　合伙企业设立的基本要求

要求	具体内容
有 2 个及以上的合伙人	设立合伙企业必须有 2 个及以上合格的合伙人参与
有合伙人实际缴付的出资	作为合伙企业的合伙人必须有具体的出资，出资的形式可以是货币、实物、土地使用权、知识产权、其他财产权。经合伙人一致同意，劳务也可以作为出资形式。对合伙企业的具体出资额，法律并没有金额限制，只要合伙人认为与经营相适应即可
有自己的名称	合伙企业作为市场主体之一，应当有自己的名称。根据《企业名称登记管理规定》，企业只准使用一个名称，该名称应符合企业的经营特点和组织形式。企业名称经依法核准登记后，企业便享有名称使用权
有经营场所和从事合伙经营的必要条件	合伙企业必须有一定的营业场所和从事经营的必要条件。所谓必要条件，就是根据合伙企业的合伙目的和经营范围，若缺乏则无法从事生产经营活动的物质条件

（3）合伙企业的特征见表6-4。

表6-4　合伙企业的特征

特征	具体内容
生命有限	合伙企业比较容易设立和解散。合伙人签订了合伙协议，就宣告合伙企业的成立。新合伙人的加入，或旧合伙人的退伙、死亡、自愿清算、破产清算等均可导致原合伙企业的解散以及新合伙企业的成立
责任灵活	合伙组织作为一个整体对债权人承担无限责任。 普通合伙企业的合伙人对债权人承担无限责任。 在有限合伙企业中，普通合伙人承担无限责任，但有限合伙人以其出资额为限对债权人承担责任（即有限合伙企业中至少有1个普通合伙人）
经营权灵活	合伙企业可以由部分合伙人经营，其他合伙人仅出资并共负盈亏，也可以由所有合伙人共同经营
相互代理	合伙企业的经营活动，由合伙人共同决定，合伙人有执行和监督的权利。合伙人可以推举负责人。合伙负责人和其他人员的经营活动，由全体合伙人承担民事责任。换言之，每个合伙人代表合伙企业所发生的经济行为对所有合伙人均有约束力。因此，合伙人之间较易发生纠纷
财产共有	合伙人投入的财产，由合伙人统一管理和使用，不经其他合伙人同意，任何一位合伙人不得将合伙财产移为他用。只提供劳务，不提供资本的合伙人仅分享一部分利润，而无权分享合伙财产
利益共享	合伙企业在生产经营活动中所取得、积累的财产，归合伙人共有。如有亏损则亦由合伙人共同承担。损益分配的比例，应在合伙协议中明确规定；未经规定的可按合伙人出资比例分摊，或平均分摊。以劳务抵作资本的合伙人，除另有规定者外，一般不分摊损失

合伙企业以合伙协议为成立的法律基础，合伙协议是调整合伙关系、规范合伙人相互权利义务、处理合伙纠纷的基本法律依据，对全体合伙人具有约束力，是合伙得以成立的法律基础。合伙制企业在广告、商标、咨询、会计师事务所、法律事务所、股票经纪人、零售商业等行业较为常见。

3. 个人独资企业

个人独资企业由一个自然人投资，依照《中华人民共和国个人独资企业法》在中国境内设立，全部资产为投资人所有，投资人以其个人财产对企业债务承担无限责任的经营实体。独资企业是一种很古老的企业形式，至今仍广泛存在于商业经营中，其典型特征是个人出资、个人经营、个人自负盈亏和自担风险。

（1）个人独资企业的特征见表6-5。

表6-5　个人独资企业的特征

特征	具体内容
投资主体	个人独资企业仅由一个自然人投资设立
企业财产	个人独资企业的全部财产为投资人个人所有，投资人是企业财产的唯一所有者，投资人对企业的经营与事务管理享有绝对的控制与支配权，不受其他任何人的干预。 个人独资企业就财产方面的性质而言，属于私人财产所有权的客体
责任承担	个人独资企业的投资人以其个人财产对企业债务承担无限责任，即企业的债务全部由投资人承担，投资人对企业的债权人直接负责，承担企业债务的责任范围不限于出资，其责任财产包括独资企业中的全部财产和其他个人财产。也就是说，无论是企业经营期间还是企业因各种原因而解散时，对经营中所产生的债务如不能以企业财产清偿，则投资人须以其个人所有的其他财产清偿
主体资格	个人独资企业不具有法人资格。尽管独资企业有自己的名称或商号，并以企业名义从事经营行为和参加诉讼活动，但它不具有独立的法人地位

（2）个人独资企业设立的基本要求见表6-6。

表6-6　个人独资企业设立的基本要求

要求	具体内容
投资者	投资者为1个自然人
有合法的企业名称	个人独资企业的名称应当与其责任形式及从事的营业相符合，不能使用"有限""有限责任""公司"字样，可以是厂、店、部、中心、工作室等
有投资者申报的出资	设立个人独资企业，投资者可以用货币出资，也可以用实物、土地使用权、知识产权或其他财产权利出资
经营条件	有固定的生产经营场所、必要的生产经营条件和必要的从业人员

国家机关、国家授权投资机构或国家授权的部门、企业、事业单位等都不能作为个人独资企业的设立人。

个人独资企业是由个人创办的独资企业，没有独立的资产，企业的财产就是投资人的财产，企业的责任就是投资人的责任，投资者个人以其个人财产对企业债务承担无限责任，若以家庭共同财产作为个人投资的，以家庭共同财产对企业债务承担无限责任。

4. 个体工商户

个体工商户是在法律允许的范围内，依法经核准登记，从事工商业经营的公民。个体工商户可以由个人经营，也可以由家庭经营，没有注册资金的限制，但要对债务承担无限责任，在日常经营中不需要建立账簿，是许多新创企业的原始形态。

（1）个体工商户申请开店的基本条件

根据国家相关法律法规的规定，符合规定者可到所在地工商行政管理机关按其规定申请营业执照，领取营业执照后，可凭它开立银行账户，申请贷款。

从事个体经营人员的要求见表6-7。

表6-7　从事个体经营人员的要求

分类	内容
可以从事个体经营的人员	城镇待业人员，农村村民，辞职、退职人员，离休、退休人员，留职、停薪人员，机构改革分流人员，其他无固定职业人员
不可以从事个体经营的人员	党政机关、企业事业单位在职干部、职工，未满16周岁的少年和在校学生，被法院判处有期徒刑监外执行或保外就医期间的犯罪分子，传染病、精神障碍患者，无经营能力的人，国家规定不允许从事个体经营的其他人员

（2）个体工商户的财产责任

2021年1月1日起实施的《中华人民共和国民法典》对个体工商户做了以下两条相关规定。

第五十四条　自然人从事工商业经营，经依法登记，为个体工商户。个体工商户可以起字号。

第五十六条　个体工商户的债务，个人经营的，以个人财产承担；家庭经营的，以家庭财产承担；无法区分的，以家庭财产承担。

由于个体工商户对我国改革开放做出了巨大的贡献，同时在当前的经济环境中面临着一定的困境，因此，民法典对个体工商户制度进行保留和改进，既具有法律意义也具有政治意义。民法典关于个体工商户的规定，进一步确认了个体工商户的民事主体地位，并赋予自然人以营业权能，既符合社会主义市场经济运行和发展的需要，也符合依法保障自然人财产权利的需要。

以个人名义申请登记的个体工商户，个人经营收益也归个人者，对债务负个人责任；以家庭共同财产投资，或者收益的主要部分供家庭成员消费的，其债务由家庭共有财产清偿；在夫妻关系存续期间，一方从事个体工商户经营或者承包经营，其收入作为夫妻共有财产者，其债务由夫妻共有财产清偿；家庭全体成员共同出资、共同经营的，其债务由家庭共有财产清偿。

通过以上比较，我们可以看出企业的不同法律形式之间的区别。创业者在创立企业时，可根据人员组成、资金准备情况、经营风险考虑等因素对企业的法律形式做出适当的选择。

二、创业企业的注册流程

(一)企业选址

经营场所的选择对创业企业非常重要,特别是需要门店的商业或服务型企业,店面的选择与未来的经营发展有着很大的关系,往往是创业成功与否的关键。

1.选址原则

创业企业在选址时应遵循以下原则。

(1)功能适用原则。不同的企业对经营场所的功能需求各有侧重,经营场所要实现企业的主营业务和发展定位的功能适用。商品批发类企业选址主要侧重于仓储方便及货品易达性,商品零售类企业选址主要侧重于商圈环境,信息服务类企业选址主要侧重于客户易达性,制造类企业选址主要侧重于物流方便、水电保障,文化类企业选址主要侧重于人文环境匹配性。

(2)人文协调原则。企业选址应符合企业主营业务的文化特征,和企业文化相协调。高科技公司应选择在科技文化特征明显的高新技术企业聚集区或大学科技园,制造类企业应尽量选择远离城市中心的制造类企业聚集的工业园区,餐饮类企业、零售类企业、服务类企业应选择人口相对集中或流动人口较多的,便利需求较高的区域。

(3)交通便利原则。交通情况直接影响企业运营的时间成本和资金成本。企业的生产经营主要涉及客户、员工、原材料、产品等的交通和运输,其中还包括停车的空间可用性和成本。良好的交通状况可直接降低企业的运输成本、员工的通勤成本,提高办公效率,有利于企业对商业机会的把握。能采用多种交通工具到达是改善交通状况最简便可行的方法。

(4)产业聚集原则。产业的聚集在带来同行企业竞争的同时,也可带来业务上的相互补充和促进,更重要的是会吸引上下游企业的进一步聚集,形成一个完整的产业链,从而促进行业的良性发展,对区域内的所有企业都有好处。将企业地址选择在行业聚集区域,可以快速地融入行业的发展中。

(5)配套齐全原则。中小型创业公司往往资源有限,不能靠企业自身满足员工生活的各类需求。因此,在企业选址时必须考虑该区域的物业服务、周边生活配套设施等因素,通过外包或代理等方式,解决资源不足的问题,将有限的资源用于集中发展主营业务。当前,越来越多的企业将保洁、保安、停车管理、员工餐饮等业务外包给相应的服务类企业,选址时此类服务的数量、成本和质量都是需要考虑的问题。

(6)经济实惠原则。经营场所的租金往往占企业成本的一个很大的份额,尤其是对于需要门店的服务类企业而言,店面成本往往是最大的成本。因此,租金和物业成本是新创企业需要重点考虑的要素。选址的品质和成本是正相关的,品质较高的经营场所一般租金也较高。大学生创业经济实力普遍较弱,选址时需要平衡企业需求与物业成本,前期要进行广泛的调研和分析比较，选择性价比较高的经营场所。

2. 选址建议

根据不同的企业性质，选址建议如表6-8所示。

表6-8 不同性质企业的选址建议

企业性质	选址建议
生产类企业	交通方便，便于原料运进和产品运出；生产用电要满足，生产用水要保证；生产所使用的原料基地要尽量靠近企业；所使用的劳动力资源要尽量就地解决；考虑当地税收是否有优惠政策，等等。如果是一些可能对环境造成影响的生产项目，还须考虑环保因素
商业类企业	选址时应考虑创业地的实际情况，如客流量、店铺租金等。如在城市，若干个商业圈往往带动圈内商业的规模效应，选择在商业圈内会较易经营。但与繁华商圈寸土寸金的消费能力相应，店铺租金或转让费也是寸土寸金的，往往会让创业者捉襟见肘，想要得一立足之地倍感困难。因而可以在商业圈内利用联合经营、委托代销等方式，或者在商业圈边缘选址，转向"次商圈"，将因此而节约下来的资金用于货品升级、提升服务等。在选址时要有"借光"的意识，比如在体育馆、展览馆、电影院旁选址等。如果选择商圈之外的经营场所，则要注意做出特色，形成自己独特的风格，以达到"酒香不怕巷子深"的效果
服务类企业	选址时要根据具体的经营对象灵活进行，但对客流量要求较高，客流一定意义上就等于财流。在车水马龙、人流量大的地段经营，成功的概率往往比在人迹罕至的地段要高得多，但也应结合企业的目标消费群体特点，如针对居民的企业应设在居民社区附近，针对学生的企业则应设在学校附近。如果以订单为主，低成本、高效能的办公楼则成为首选

目前，创业的年轻人多以从事服务性和知识性产品的创业者为主，他们多选择网络技术、电子科技、媒体制作和广告等产业。这些性质的公司可以选在行业聚集区、较成熟的商务区以及新兴的创意产业园区。

3. 选址步骤

企业选址一般要经过预选地址、前期考察、成本核算、租购物业等几个环节。

（1）预选地址。按照上述选址原则和选址建议，根据企业的性质和主营业务情况，确定企业选址的大致范围，可以设定几个范围，以便考察。

（2）前期考察。对初步确定的候选经营场所进行考察，具体包括人口情况（常住和流动人口数、人均收入、消费水平、教育程度等）、营商环境（租金水平、交通情况、停车位情况、公共交通情况、行业等）、物业服务（水、电、气、网络等服务及价格，空调、热水供应，停车服务及价格等）等，考察其是否符合选址原则的要求，是否适合企业的运营。

选择时，既不能盲目追求十全十美，也不能机械照搬原则教条，适当地进行妥协和取舍，综合考虑才能做出科学的选择。

（3）成本核算。经营场所租金是企业运营最固定的成本之一，不管企业经营状况如何，物业租金都是一项固定开支，租金高低直接关系到企业的经营成本，所以企业选址时要重点考察租金价格是否合适。

（4）签订合同。在明确了租赁意愿后，就可以与出租方签订房屋租赁合同，以明确双方的权利和义务。租赁合同签订后，出租方应该将房屋产权证明材料交由承租方保管，方便承租方办理公司注册相关手续。

（二）新企业的注册

无论是哪种类型的新创企业，都应按照我国的相关法律规定，到工商行政管理部门处进行登记并获取营业执照，同时，还需要获得有关部门颁发的经营许可证，如卫生许可证、环保许可证、特种行业许可证等。只有全部证件齐全，才能以合法身份开展各项法定的生产经营业务。

1. 企业名称核准

企业名称一般由行政区划、字号、行业特点和组织形式四部分组成。办理名称核准可以到工商管理局领取纸质的《企业名称预先核准通知书》并提交，或者直接登录市场监督管理局相关网站网上申办名称预登记。如果没有重名且命名符合规定的要求，由市场监督管理局核发《企业（字号）名称预先核准通知书》，即可使用这个名称。

2. 做好相关准备

（1）选好企业办公地址和注册地址，并准备好相关的租房合同、房东房产证复印件等材料。

（2）编写公司章程，可以参照市场监督管理局网站下载的"公司章程"样本，在全体股东的参与下编写公司的章程，章程要求全体股东签字。

（3）联系会计师事务所，领取一张"银行询征函"，由会计师事务所盖章。

（4）按照银行开立公司账户的有关要求，带齐相关的材料，到银行去开立公司账户。开户后，各个股东按照出资额向公司账户中存入相应的资金。

银行会发给每个股东缴款单，并在询征函上加盖银行的公章。

（5）依照《公司法》规定，公司的注册资本必须经法定的验资机构出具验资证明，验资机构出具的验资证明是表明公司注册资本数额的合法证明。

持银行出具的股东缴款单、银行盖章后的询征函，以及公司章程、核名通知、房租合同、房产证复印件，到会计师事务所办理验资报告。

3. 领取营业执照

在完成了注册登记，领取了营业执照后，企业就取得了法人资格，成为合法的企业，得到国家法律法规的保护，享受国家有关的优惠政策。

（1）企业申请登记的事项是指企业在申请登记时应填报的项目，其主要事项有企业名称、住所、法定代表人、注册资金、经营范围、所有制形式、经营形式、从业人数、经营期限等。工商行政管理部门对企业法人申请登记注册事项的核定是企业法人登记注册程序中最重要的一个环节。企业法人登记注册一经核定，企业即具备法人资格，其权利能力和行为能力随之产生。

应届毕业生在自主创业中担任企业法人代表的，还需要出具应届毕业生证明、户籍证明、无刑事犯罪记录证明等材料。

（2）企业核名通过后，申办人可在市场监督管理局网上预约现场办理执照申领时间，并准备好所需材料，按照预定时间到现场办理。

"三证合一、一照一码"登记是指申请人向市场监督管理、质量技术监督、税务部门分别申请办理营业执照、组织机构代码证、税务登记证，改为通过"一表申请、一窗受理"的方式向市场监督管理部门申请办理加载统一社会信用代码的营业执照，组织机构代码证和税务登记证不再办理，即加载统一社会信用代码的营业执照代替原营业执照、组织机构代码证、税务登记证、统计登记证的使用功能。

4. 办理后续法定手续

在领取营业执照后，企业还要办理各类后续的法定手续，履行国家法律规定的义务。

（1）凭工商局审核通过后颁发的营业执照，到公安局指定的刻章点处制作各类公章，主要包括公司公章、财务专用章、法定代表人私章、合同专用章、发票专用章等。

（2）凭营业执照、组织机构代码证到银行开立基本账户。开设基本账户的要求比较严格，必须准备"企业法人营业执照"（一般是副本）原件及复印件、法定代表人的身份证原件及复印件、公司财务人员的会计证原件及复印件等，具体按照银行有关要求提供。

（3）领取执照后，30 日内到当地税务局申请领取税务登记证。办理税务登记证时，企业会计人员需在现场，一般需要提交的材料包括"企业法人营业执照"（一般是副本）原件及复印件、法定代表人身份证原件及复印件、公司财务人员的会计证原件及复印件、办税人员身份证原件及复印件、银行开户许可证复印件、银行账号证明文件、公司章程复印件、公司住所的产权证明、验资报告等，填写税务登记表（可以事先向所在地税务局领取），并加盖公司公章。

（4）到税务局申领发票。

（三）择日开业

在所有的前置手续全部完成后，创业者在综合考虑有关部门人员是否有时间参与、天气是否晴好、开业日期是否选在节假日等问题的基础上，择日开业。

需要注意的是，以上创业企业的注册流程只是一些基本的流程，有可能受到国家政策变动的影响，各省市、各部门、各金融会计机构的办事流程和要求也可能会存在差异。创业者在办理企业注册时，应通过相关部门网站或热线电话详细咨询相关的程序和要求。

第二节　企业战略管理

企业战略是宏观层面关于企业该如何运作的根本指导思想，阐述企业如何应对处于动态变化的内外部环境，以及在当前及未来将如何行动。企业战略的制订，最重要的是明确企业的发展方向，首先要回答企业核心业务、新兴业务、种子业务是什么的问题，以及企业如何发展的问题。从长远看，企业战略是企业的愿景；从短期看，企业战略就是当前的战略目标。

一、战略管理的内容

战略管理的目标是企业能够健康地持续成长，研究的内容是如何管理企业的成长。战略管理的内容主要包含确定企业的成长方向、加快企业成长速度、催生企业成长力。

（一）确定企业的成长方向

新创企业在市场地位、战略资源等方面的实力一般较弱，因此，在创业初期创业者首先面对的问题是企业的生存问题，其次才是发展问题。但无论是生存的问题还是发展的问题，都涉及企业成长方向的确定。创业者若想更客观、更理智地分析企业的现状，预测企业的未来，就需要具备战略思维能力。可以说，创业者的战略思维空间决定了企业的成长空间。创业者的战略思维空间可根据以下几个方面的内容进行构建。

1. 企业的宗旨和使命

企业的宗旨和使命相当于企业的价值观，是在一系列方向选择面前，最终选择哪个方向的决定因素。对于创业者而言，企业的宗旨和使命是非常重要的。当前很多企业的宗旨和使命是为投资者和股东负责，片面追求投资回报率，而往往忽略了企业的责任，这可能会对企业造成一定的负面影响。

对于创业者来说，自我价值的实现是第一位的，因此，创业者应该在创业初期就确立明确的企业宗旨和使命。企业宗旨和使命是号召更多参与者的宣言，是具体环境下企业确定工作优先顺序的依据，还是进行职位设计，特别是管理结构设计的出发点。

2. 企业的经营领域

经营领域的选择决定了企业能否发挥优势。要实现持续的成长，必须准确地选择企业的经营领域。新创企业的经营领域一般相对单一，但进入成长期后，多元化经营将成为企业成长发展必须考虑的问题，企业需要扩大现有业务领域或进行多元化经营来维持核心业务的发展。创业者在进行企业经营领域的决策时，需要考虑以下几个问题。

（1）企业在当前业务的经营领域的状况如何？这是制订企业战略的出发点。

（2）按照企业的战略规划，企业应该面向的细分市场是什么？需要生产什么样的产品、采用什么样的技术？要实现的目标是什么？

（3）比较企业目前现状与企业要实现的目标之间的差距，并找到弥补差距的途径与方法。

当然，并不是仅仅思考这几个问题就能做出决策，更重要的是要为企业存在理由的实现提供可行的思路、方法与途径的指导，从而在现状与目标之间架起桥梁，并为企业从现状走向目标提供可行的操作建议。

（二）加快企业成长速度

企业应该追求一定利润水平上的合理成长，成长速度应该有节奏、有规律、有预期，而不是只追求成长速度的最大化。企业成长速度问题主要通过战略控制的环节予以解决。战略控制是战略管理中最为重要的一个环节。

战略控制的关键在于不断对企业的使命、目标、当前战略态势、战略实施过程进行评估，并对成长的方向、范围和成长速度进行修正，以促使企业适应外部环境与自身条件的变化。

企业综合能力的性质决定了企业成长的速度和方式，包括特权资产、经营技能和特殊关系。特权资产包括有形资产和无形资产，具体包括企业的分销网络、品牌和声誉、顾客信息、基础设施和知识财产，它是企业长期累积的结果，无法仿制，能给企业带来竞争的优势。经营技能主要是指实现增长的技能，如收购、重组、理财、风险管理和资本管理等。特殊关系是指同顾客、供应商、政府等的良好关系。

（三）催生企业成长力

管理企业成长力的核心是组织结构跟随战略的变革而变革，要求对人员配置、领导方式等进行整合，以强化企业成长的促进力、减小抑制力、巩固支撑力。新创企业的组织结构一般较为简单，经常会出现人员身兼数职的现象，但从长远来看，只有对企业各职能进行清晰的界定，企业内部才能产生发展的动力。

二、企业核心竞争力的构建

战略对于企业竞争的作用表现为企业核心竞争力的构建。

企业核心竞争力是指企业不易被对手模仿和超越的独特能力，是企业在长期的积累的基础上形成的，是企业的组织结构和外部环境相适应的一种竞争合力。一般认为，企业核心竞争力具有价值性、独特性、延展性、动态性和系统整合性五个方面的特征。由于不同企业所处行业的性质和特点不同，各自的战略目标也不一样，因此它们的核心竞争力构成要素也不尽相同。一般而言，核心竞争力要素主要包括技术能力、管理能力和整合能力(见表6-9)。

表 6-9　企业的核心竞争力要素

核心竞争力要素	内容
技术能力	指持久保持和获得核心技术的能力,即企业开发与设计新产品和新流程的能力,以及以独特的方式整合内部知识的能力
管理能力	主要体现在向顾客提供产品或服务中各个环节的能力,如经营决策能力、市场调研能力、市场营销能力、生产管理能力、资源保障能力等,其中的一个或几个领先于竞争对手的能力都有可能构成企业的核心竞争能力
整合能力	指把互相关联的、侧重于技术和管理的能力和信息整合起来的能力,以便在组织内部和外部创造和组合知识,并将其快速、有效地体现在产品中,主要包括信息能力、决策能力、执行能力和控制能力等

三、新创企业的战略选择

(一)新创企业的特点

新创企业是处于发展早期阶段的企业,全球创业观察(GEM)认为成立时间在42个月以内的企业都是新创企业,这类企业通常处于创立期或成长期,具有一定的特点。

1. 行业分散

新创企业大都处在分散性行业之中,面临的往往是非垄断性竞争,行业进入门槛低,竞争激烈。

2. 非规模经济

新创企业的产品和消费对象范围广,市场需求多样化和分散化,无法形成有效的规模经济。

3. 市场集中

新创企业由于资源有限,因而大多集中在有限的市场范围内,经营一定数量的产品。

4. 资金匮乏

新创企业自身的资金积累能力有限,同时由于资金市场供应和自身信誉等原因,其筹资能力也有限,很多新创企业的成长会受到资金的制约。

5. 灵活性强

新创企业的规模比较小,组织结构比较简单,具有较强的灵活性和适应性,能够根据市场变化不断地调整企业的经营行为。

(二) 新创企业战略选择的原则

1. 定位独特原则

企业需要制订独一无二的企业战略定位。在每个行业和价值链体系中，企业往往有多个位置可以选择，因此，企业战略选择的重点就是要选择一个为自己所独有的位置。

2. 选项较多原则

一个企业不可能为所有的人做所有的事，它必须选择该做什么、不该做什么。为了明确战略定位，必须列出尽可能多的可选择项。

3. 选择明确原则

在列出所有选择的范围后，必须做出明确的选择。在研究一系列可供选择的战略后，企业就要下定决心选择究竟要做什么。这意味着每个想法都必须经过评价，决定追求什么、放弃什么。

4. 配套互促原则

企业是一个行为的组合体，是一个由内部相互联系、相互依赖的各种行为组成的复杂系统，这些行为相互之间具有影响。因此，企业在战略选择中的单个行动必须符合市场需要，行动之间必须配套并达成彼此之间的平衡。

5. 灵活匹配原则

灵活性既有文化性的因素，也有竞争力的因素。企业所做的选择要能和企业所在的市场环境相协调，但该选择不能降低企业的灵活性。这就要求企业必须能够及时确认环境变化，及时接受和适应这种变化并做出合适的反应。当新的竞争对手出现后，企业要有展开竞争所必需的技巧与能力。

6. 制度支持原则

战略制订与实施的关键，是要将各个子系统组合起来，以确立一个有力的、不断增强的系统。因此，在制订与实施新战略时，企业应该做好企业内、外部的协调，建立适当的制度支持。

(三) 新创企业的战略模式

知己知彼，百战不殆。新创企业在进行战略选择时，必须基于自身情况，充分考虑自身的优势和劣势，结合新创企业战略选择的原则，扬长避短开展战略选择。

新创企业可以考虑采用以下几种战略模式。

1. 战略聚焦模式

战略聚焦模式是企业根据市场、顾客、销售等方面的情况，集中有限资源专注于某一特定的领域，致力于直接为最终用户服务，从而避开或减少竞争的战略。在战略聚焦模式下，特定的领域要契合企业的资源特点，才有利于发挥企业的竞争优势。

选择该战略时，企业应同时做好以下几个方面的工作。

（1）精准选择目标市场。在前期市场分析的基础上，进行准确的市场细分和描述，选择正确的目标市场。

（2）提高企业的产品开发能力。新创企业要在自己服务的目标市场上处于有利地位，必须强化产品的服务功能和创新能力，不断开发新产品，以满足目标市场的需要和进行市场专业化服务能力的构建。

2. 市场缝隙战略

市场内的大企业，在追求规模效益时，往往会忽略或难以涉足部分经营领域，这就在市场中产生了市场缝隙。新创企业应发挥机动灵活、市场适应性强的特点，随时根据市场环境的变化进行业务的重组和选择，选择市场缝隙开展业务，避免与大企业正面竞争。

市场缝隙战略的市场有以下特点：

（1）产品生命周期较短，只能在一段时间内进行生产和加工。

（2）产品的市场需求量较小，产品的生产批量不大，无法实现规模经济效应。

（3）大企业认为该市场的产品信誉风险大。

（4）该市场的产品是多品种、小批量生产的产品。

3. 特色经营战略

特色经营战略是指企业采用与众不同的经营特色来吸引顾客，从而在局部市场上取得竞争优势的战略。特色经营有利于企业直接接近顾客，可以赢得顾客的信任，从而构筑独特的优势，建立进入壁垒。

特色经营一般来源于企业的技术开发、工艺创新和服务创新，企业生产出具有自身特色与优势的产品，或提供独具特色的服务。在实际过程中，特色经营战略大都以专利、专有技术、工业产权保护等为基础，要注意控制好经营成本。

4. 联盟战略

联盟战略是指企业与其他企业结成战略联盟的一种战略。

战略联盟是指由两个或两个以上有着共同战略利益和对等经营实力的企业，为达到共同拥有市场、共同使用资源等战略目标，通过各种协议、契约而结成的优势互补或优势相长、风险共担、生产要素水平式双向或多向流动的一种松散的合作模式。联盟战略有两种主要模式，即小企业与大企业之间的联盟、小企业与小企业之间的联盟。

（1）小企业与大企业之间的联盟。大企业可以通过大批量生产获得规模经济，从而降低生产成本，以此获得竞争优势。规模经济必然会推动社会分工协作的发展，大企业为了节省成本、提高专业化水平，需要通过建立上下游产业链的方式，委托小企业生产某些特定的生产原料或中间产品。小企业通过接受一个或者几个大企业的长期固定订货，从而与大企业建立紧密的分工协作联盟。

（2）小企业与小企业之间的联盟。小企业与小企业之间在平等互利的基础上结成较为紧密的联系，互相取长补短，共同开发市场，从而为自己的成长与发展拓展空间。小企业由于受限于资金、生产技术水平等，难以形成规模效应，可以通过这种战略更有效地利用资源，从而实现优势互补，克服单个企业无法克服的困难和危机。

小企业与小企业之间的联盟有两种基本类型：（1）松散型的联合，联盟只限于生产协作或分工上的联合，在资金、技术、人员方面没有联系；（2）紧密型的联合，除生产协作和分工上的联合外，还进行资金、技术、销售、员工等方面的相互支援，如相互持股、互相调剂余缺、建立共同的销售网络等。

5.柔道战略

柔道是指一种借助一定的技巧，利用对手的体能和力量，借力打力，击败对手而获胜的一种武术，是弱者或体重处于劣势的人战胜身体方面占优势对手的手段。柔道战略是指小企业在市场竞争中应该避免和大企业正面竞争，但也可以伺机发动正面的、直接的挑战。如果能够成功，将会取得很大的收益。

一般大企业的弱点在于通常要负担巨额的费用用于开发新产品和新市场、扩张分销渠道、培育市场，决策要经历一段较长的时间，效率较低，忽视某些边缘市场等。小企业可以充分利用大企业的弱点，在关键领域迅速建立自己的特色，将竞争对手的优势转化为劣势。

实施柔道策略有以下几个步骤：

（1）发现大企业的弱点。

（2）进行创新，建立特色。

（3）避免正面刺激强者。

（4）借力打力。

第三节 企业财务管理

财务管理是企业管理活动的一项重要内容，是指企业在一定的整体目标下，对资产的购置（投资）、资本的融通（筹资）、经营中的现金流量（营运资金）和利润分配的管理。财务管理讲求成本效益原则，即通过对资金的管理，使企业资金更有效地为企业带来效益。

对企业而言，牢牢把握住企业的财务状况并进行科学的管理至关重要，若企业在财务上运转不灵，则很难长久存活。要进行有效的财务管理，必须了解企业财务管理的现状和财务管理过程中存在的主要问题，并进行改进。

从初创企业到小型企业、中型企业和大型企业，不同的发展阶段、规模大小与发展程度，对财务管理者的能力需求也是不同的。

一、财务管理的基础知识

（一）基本理论简介

1. MM 理论

资本结构是企业利益相关者权利义务的集中反映，影响并决定着公司治理结构。资本结构理论是研究公司筹资方式及结构与公司市场价值关系的理论。1958 年莫迪利安尼和米勒的研究结论（MM 理论）是：在完善和有效率的金融市场上，企业价值与资本结构和股利政策无关。在不考虑企业和个人所得税的情况下，任何企业的价值，不论其有无负债，都等于经营利润除以适用于其风险等级的收益率。风险相同的企业，其价值不受有无负债及负债程度的影响；但在考虑所得税的情况下，由于存在税额庇护利益，企业价值会随负债程度的提高而增加，股东也可获得更多好处。

2. 现代资产组合理论与资本资产定价模型（CAPM）

现代资产组合理论是关于最佳投资组合的理论。1952 年马科维茨提出了该理论，他的研究结论是：只要不同资产之间的收益变化不完全正相关，就可以通过资产组合方式来降低投资风险。马科维茨因此获 1990 年诺贝尔经济学奖。资本资产定价模型是研究风险与收益关系的理论。夏普等人的研究结论是：单项资产的风险收益率取决于无风险收益率、市场组合的风险收益率和该风险资产的风险。夏普因此获得 1990 年诺贝尔经济学奖。

3. 期权定价理论

期权定价理论是有关期权（股票期权、外汇期权、股票指数期权、可转换债券、可转换优先股、认股权证等）的价值或理论价格确定的理论。1973 年斯科尔斯提出了期权定价模型，又称 B-S 模型。90 年代以来期权交易已成为世界金融领域的主旋律。

4. 有效市场假说

有效市场假说是研究资本市场上证券价格对信息反映程度的理论。若资本市场在证券价格中充分反映了全部相关信息，则称资本市场为有效率的。在这种市场上，证券交易不可能取得经济利益。该理论的主要贡献者是法玛。

5. 代理理论

代理理论研究不同筹资方式和不同资本结构下代理成本的高低，以及如何降低代理成本以提高公司利益。理论主要贡献者是詹森和麦科林。

6. 信息不对称理论

信息不对称理论是指公司内外部人员对公司实际经营状况了解的程度不同，即在公司有关人员中存在着信息不对称，这种信息不对称会导致对公司价值的不同判断。

这些理论从不同的维度对企业的价值、财务管理等方面进行了研究。对这些理论进行深入学习，可以帮助创业者理解企业财务管理的内涵。

(二)财务管理的职能

财务管理的职能分为财务决策、期间财务计划和财务控制。财务决策分为投资决策和营运资本管理决策。期间财务计划是针对一定时期的，其编制目的是落实既定决策，明确本期间应完成的全部事项，分为长期财务计划和短期财务计划。财务控制是执行决策和计划的过程，包括对比计划与执行的信息、评价下级的业绩等。期间财务计划和财务控制都是财务决策的执行过程。

企业因为其规模不同、性质不同，财务管理的机构设置、人员配备、内部岗位设置也不尽相同，但从企业财务管理应具备的职能来看，应通过企业的会计部门和人员完成以下七个方面的职能。

1.会计核算

会计核算是企业财务管理的基础，也是企业财务最基础、最重要的职能之一。当前，关于会计的基本职能主要包括：反映与监督；反映、监督及参与决策；反映、监督、预算、控制与决策等三种观点，这些不同的观点中，都提到了"反映"这个职能。会计的反映职能必须通过会计核算来实现。

会计核算是一门管理科学，有着严格的确认、计量、记录与报告程序与方法。会计是用价值的方式来记录企业经营过程、反映经营得失、报告经营成果的，会计的审核和计算只有在业务发生后才能进行，所以会计核算都是事后反映，其依据国家的统一会计制度、会计政策等进行分类整理。

作为管理科学的一个分支，会计也有一整套国际通行的方法和制度，包括记账方法、会计科目、会计假设及国家制订的会计准则、制度、法规、条例等，为整个会计核算提供了较多的规范，目的是使得出的结论具有合法性、公允性、一贯性和客观性真实性，即使是由不同的人对相同的会计业务进行核算，在所有重大方面也不应存在大的出入。

2.财务监督

财务监督是除了会计核算外最重要的职能。监督是全方位的，覆盖了企业的各个方面，其中对企业资金的监督是企业应当非常重视的事情。

有别于会计核算，资金的运用与管理没有一套严格的管理方法，资金计划、筹融资、各项结算与控制都属于资金运用与管理的范畴，企业性质、资金量、会计政策、信用政策、行业特点、主要决策者偏好，甚至资金调度人员的经验都可能给企业资金运用与管理带来偏差。通过建立企业资金管理制度，可在一定程度上防止资金的使用不当，但要提高企业资金效用，单靠制度很难实现，除应建立一套适合企业的资金审批、监控系统外，更需要选择有一定经验的人员进行此项工作。

3.处理财务关系

企业经营过程中所涉及的财务关系有很多，既有内部各部门之间的财务关系，也有企业与外部的供应商、客户、银行、税务、工商、政府部门等组织之间的财务关系，财务部门应调节好这些关系。所有企业都重视财务管理，但财务管理常常被理解为会计的一部分。财务离不开会计，很多财务决策都依赖会计核算，会计核算的许多方法也直接被财务利用，然而财务管理和会计是两门学科，不能混为一谈。财务管理属软科学，更多地需要有经验的人员进行管理，财务管理的效用也往往高于会计核算。

4. 监控企业资产

财务部门的第一职能是会计核算，是用价值手段全面反映企业实物运动的过程，实物从这个车间到那个车间，从这道工序到那道工序，无不在会计核算的反映之内，因此除了要求账账相符、账证相符外，账实相符也是财务部门的职能之一，是财务履行其监督职能的一个重要方面。财务部门可通过定期与不定期进行资产的抽查与盘点，将企业资产实物与财务记录数据进行对比，从资产监管的角度来参与企业资产管理，以保证财务记录的真实性及企业资产的安全与完整性。

5. 企业信用管理

企业信用管理对企业而言是非常重要的，也是非常复杂的。企业在与客户进行经济往来的过程中常常会涉及赊销等操作，从而带来呆坏账的可能性。在当前企业高度竞争、毛利率不高的常态下，一笔呆坏账往往超过企业全年利润。为控制呆坏账的发生，企业间的信用管理与控制也越来越被企业重视。

企业的信用政策往往与销售业绩直接联系在一起，采用什么样的信用政策，客户的信用记录如何，直接关系到企业销售量和呆坏账数量。因此企业进行信用管理是十分必需的。各客户的购货量、货款支付的及时性、业务过程中是否容易达成合作等情况，市场部门和财务部门掌握得比较全面。根据企业管理中的相互制约原则，企业信用管理工作一般落实到财务部门进行管理，因此信用管理成为财务工作的重要职责之一，管好客户信用也就控制了企业呆坏账的发生率。

6. 财务参谋

管理会计主要从管理的角度，根据决策者的需要重新将企业以往发生的财务事项进行重新组合、分解，利用趋势预测等方法，为决策者提供一些决策数据。虽然管理会计的重要来源是财务会计，但它不像财务会计那样有严格的方法、政策限制，不受财务会计"公认会计原则"的限制和约束，得出的结论往往带有一些假设成分，其由于与企业会计核算不可分割，因此成为财务管理的重要内容之一。企业财务应在会计核算与分析的基础上，结合管理会计，对企业生产经营、融资、投资方案等提供好决策数据，做好参谋。

7. 绩效管理

当前很多企业都会对部门和员工进行绩效考核，就需要各项完成指标的计量与比较。生产经营过程中的增加投资、费用控制等，都在财务会计的计量范围之内。在价值计量上企业没有哪一个部门能比财务部门更专业，因此企业绩效考核工作少不了财务部门的参与,绩效考核中的大部分计算工作也成为财务职责工作之一。

(三)财务管理的目标

企业财务管理目标是企业财务管理工作的出发点,也是企业进行财务活动和财务关系要达到的目的,决定着财务管理的基本方向。大多数创业企业的财务目标有 4 个方面:盈利能力、流动性、效率和稳定性。

1. 盈利能力

企业股东创建或投资一个企业,根本目的是实现财富的扩大,要实现这个目标,企业必须有赚取利润的能力。同时,企业必须能够盈利才能保持运转。许多新创企业在成立的初期由于需要培训员工和树立品牌,因此并不盈利或盈利很少。

2. 确保流动性

资金是企业运行的血液,企业必须拥有足够的现金来保持正常运转、满足短期债务的偿还等。确保流动性主要关注应收账款和存货两项内容。应收账款是客户欠企业的货款,存货则是企业的货物、原材料和待售产品。如果这两项资产都过高,就很难保证企业有足够的现金来满足短期债务的需要。

3. 提高效率

财务管理要提升企业利用其资产进行生产经营的效率水平。没有得到充分利用的生产资料不能为企业带来任何价值,因此,企业必须充分利用其生产资料,以提升创造利润的效率。

4. 保持稳定性

稳定性是企业整体财务状况的活力与实力。稳定的企业,不仅要能够赚取利润和保持资金流动性,而且要能控制企业债务。如果企业不断向贷款者借款,它的权益负债率就会过高,这对企业偿还债务非常不利,会使企业的财务水平难以满足企业持续成长的需要。

(四)财务管理的原则

财务管理的原则是财务管理工作必须遵循的基本准则,反映了企业财务管理活动的内在本质要求。

1. 价值最大化原则

企业价值最大化是财务管理的目标和基本原则。财务管理的一切活动都应该按照企业价值最大化的原则进行,财务管理人员要严格控制企业的投入与产出、耗费与收入、盈利与亏损,努力使企业的资金在系统价值观念的指导下得以高效运行。

在企业的财务预测与决策、财务计划编制、财务控制和财务考核与分析等各项财务管理中,都要贯彻价值最大化的基本理念,自觉运用价值管理的有效手段,确保企业价值最大化目标的实现。

2. 风险与收益均衡的原则

在收益均衡的前提下，企业价值的最大化是与风险价值紧密相连的。市场经济的基本规律就是高风险高收益。在企业的财务管理活动中，要谨慎地对各种风险因素做深入的研究和仔细的分析，在收益与风险之间取得平衡，做到既不盲目冒险又不过于保守，这就取决于企业经营者的风险意识和财务管理的正确决策。

3. 成本—效益原则

财务管理要追求企业价值最大化，就必须处处讲求效益和节约成本，即把以最小的成本支出来获取最大的收益作为基本手段。在企业的整个财务管理活动中，要始终坚持成本—效益原则，任何不顾成本、盲目追求产值或利润最大化的做法都是错误的，其结果只能是给企业造成更大的损失。

4. 资源合理配置原则

财务管理应通过帮助企业合理配置财力资源，使其财力资源得到最优化的合理组合，从而最大限度地发挥其整体的效用，做到既要防止因资源供应不足而影响企业的整体规模效益，又要避免各个环节上的资源过剩和浪费，从而促进企业生产规模的合理发展、产品结构的有效调整、产品质量的不断提高、资金管理和利用效益的增长，以及企业员工福利待遇的改善等。

5. 利益关系协调原则

企业的财务管理涉及的利益相关者较多，包括企业的投资人、债权人、经营者和内部员工及外部合作者，因此会涉及企业各方面的利益关系。财务管理必须先理顺企业不同利益者之间的利益关系，才能理清企业的财产资源。企业利益关系的协调直接关系到各个利益相关者的积极性和期望收益的满足程度，也直接关系到能最大限度地实现企业价值最大化。在处理企业与经营者的财务关系时，企业要建立相应的机制，确保经营者的利益与企业的利益相一致；在处理企业利益与国家利益关系时，企业首先应做到依法纳税，同时在不违反相关法律法规、不违背社会道德的前提下尽可能地维护企业利益；在处理企业与员工的利益关系时，企业应充分关心职工的利益，确保员工的工薪收入和各项福利。只有正确地处理好各个方面的财务关系，确保企业具有长久的综合发展能力，才能使企业财务管理的目标得以实现。

二、新创企业的财务管理

（一）新创企业财务管理容易存在的问题

在创立初期，企业受人员规模等因素的影响，财务管理的基础相对薄弱，容易出现一些问题。

1. 重经营，轻管理

新创企业在生存压力下往往非常重视企业盈利，而对企业管理不太重视，尤其不重视财务管理，很多财务行为缺乏有效的规则约束。财务管理是企业管理的一项重要的基础性工作，对财务管理的忽视将制约企业的发展。

2. 重当前，轻筹划

新创企业的财务管理常常聚焦在具体的业务层面，只有短期打算，而无长远计划，更没有发展规划。在激烈的市场竞争环境中，企业要想长期发展，不能只看眼前，必须放眼未来，为企业做一个长远的规划，让企业不断发展壮大。

3. 基础弱，水平低

新创企业的会计基础工作一般比较薄弱，财务管理水平低，往往会出现会计资料不规范甚至丢失的问题，即使对会计资料做了妥善保存，也往往对其缺乏有效的分析，不能充分利用会计资料为创业者决策服务。

4. 分工弱，变动大

新创企业受成本效益原则的限制，企业工作人员相对较少，职责分工往往也不明确，工作职责变化大。一些单位对互不相容的职位没能做到职责分离，出现一名财务人员身兼数职的情况。这会造成资产管理的巨大风险。

(二)新创企业应强化财务管理的观念

新创企业必须在成本—效益的限定条件下，努力将财务管理的基础工作做好，为以后的经营发展和进行更高标准的管理打下良好的基础。

1. 转变观念，提高对财务管理的重视

财务管理是企业管理的重要内容，但新创企业普遍存在财务管理薄弱的问题。随着企业的不断成长壮大，如果这种情况没有改变，将会限制企业的继续发展。有些企业经营多年却不见成长，甚至规模越做越小，一个很重要的原因也许是经营者缺乏财务管理的理念，对财务管理不够重视，不能对资金进行有效的管理和运用。企业要发展，必须转变观念，要重视财务管理，做好财务管理的基础工作。

2. 加强学习，掌握财务管理基础知识

作为创业者，虽然很多的财务管理工作可以由企业聘请的财务管理人员来处理，但这并不代表创业者可以不懂财务知识。只有掌握基本的财务知识和财务规则，才能更加有效地管理企业，也可避免因不懂规则而造成的一些不必要的损失。企业负责人是企业财务工作最终的责任人，无论是办理银行贷款需要的现金流量表，办理税务的纳税申报表，还是需要提供给投资人的资产负债表和利润表，都需要创业者能够看懂。因此，创业者要学习财经法律法规和财务管理的相关基础知识。

3. 善于借力,从事务中解放出来

企业的经营管理事务非常多,创业者作为企业的管理者,个人精力和时间是有限的,一旦身陷具体的经营或管理事务,就将无暇思考企业发展的问题。创业者要学会把自己从日常事务中解放出来,如果条件允许,应考虑聘用专业的人士进行财务管理。如果没有条件聘请专人管理,也可与专业咨询机构建立联系,保证咨询渠道的畅通。

4. 做好记录,筑牢财务管理基础

财务管理的基础是规范化的记录,主要包括凭证、账簿和报表等内容,如果企业没有建立完善的财务记录,财务分析、财务决策将成为空谈。

没有完整的原始凭证不可能做出真实的会计报表。企业在生产经营过程中,各种经济业务发生的原始凭证(如销售单、出库单等)一定要保存完整,并及时转交会计记账,这是一切财务工作的基础。会计账簿可以提供每笔业务的具体财务信息,通过账簿记录详细地了解各类账户的发生额及余额等信息,通过会计账簿可以得到会计报表。作为经营者或投资人,看财务资料时应更关注会计报表。

5. 聚焦重点,抓牢企业核心资产

企业的资产有多种不同的形态和特征,其中最重要的是现金、存货和固定资产,现金流动性强,存货经过多种环节流转并转换形态,固定资产单位价值大。企业必须加强对核心资产的管理。

(1)单据管理要完整、严密。单据要一式几联,并明确各联的作用,并注意单据的连续编号。要核对每日的销售单与收到的销售款项。

(2)职责分工要明确。不相容职务必须分离,如记账、出纳职位必须分离。

(3)要定期对账。现金是企业流动性最强的一项资产,容易被挤占、挪用。出纳员要经常性地进行对账工作,包括每日结出现金日记账余额并与库存现金核对相符,定期与会计核对账目等。要严格执行现金突击盘点及与银行对账制度,及时发现和处理问题。

(4)定期盘存。存货是企业的又一项重要资产,占企业资产的比重往往很大,对存货也必须加强控制,要做好存货的入库、保管、出库等环节的记录,并定期或不定期地进行盘存。存货至少每年度要盘点一次,做到账实相符。

(三)新创企业财务管理的策略

在初创企业的管理中,进行各项财务活动、处理各种财务关系应以稳健、谨慎为原则。

1. 筹资管理

筹资管理要解决以何种形式、何种渠道、什么时机筹集经营所需资金的问题,要重点把握各种资金的结构、资金成本等问题。创业投资是初创企业主要的资金来源,吸引风险投资是初创企业主要的筹资渠道,创业者应注意寻找适合自己的风险投资商。一般来说,大企业及其所属的风险投资机构等战略投资者通常能为创业企业提供一些技术支持,甚至分享其已有的宝贵的客户资源;而且,纯粹的风险投资公司有良好的培育创业企业的经验和声誉及广泛的网络关系,能够及时发现和帮助解决创业企业成长中的问题。投资银行则能够帮助企业改善管理,为企业实现更大范围的融资提供市场运作的专业服务。

2. 投资管理

投资管理要解决做什么(投资方向)、做多少(投资金额)、何时做(投资时机)、怎么做(资金来源与运用)等问题。企业在初创阶段需要大量的资金,而且市场具有很大的不确定性,这个阶段的投资要处理好投资所面临的风险和收益问题。创业者要在充分搜集信息的基础上进行深入细致的市场调查和充分的可行性分析,通过审慎的研究评估,科学预测企业的投资价值和可能出现的风险,做到事先防范,将投资风险降到最低。创业期企业一般采用集中化投资战略,利用有限资金投资于某个特定市场,以最大限度地发挥资金使用效率。

3. 营运资金管理

营运资金管理是财务管理活动的重要环节,企业按月编制营运资金分析表可以有效地控制营运资金。发现营运资金不足时,企业应立即采取相应的措施来补救。

4. 利润分配

企业进行股利分配时,要从企业战略的角度出发,根据企业自身的情况选择适宜的股利分配政策,使股利分配既能满足企业发展的需要,又能满足投资者的需要。股利分配关系到企业战略资金能否得到有效的保障,因为股利发放的多少决定着企业内部资金来源的多寡,关系到企业财务战略的成败。如果企业的留存收益水平较高,就意味着企业发放的股利较少。如果企业留存收益较高,那么这些留存收益可以给企业发展提供资金保障。创业期企业收益水平低且现金流量不稳定,因此低股利政策或零股利政策往往是较明智的选择。

5. 财务控制

要解决创业期企业财务管理上存在的问题,就要完善内部控制的基础工作。只有完善内部控制才能发挥财务管理的应有职能,达到财务管理的目标。

创业期企业在加强财务控制的过程中,应该重视以下几个方面。

(1)聘请专业的财务人员,加强财务部门的力量。

(2)保持会计记录的准确性、完整性。建立必要的会计制度,加强对员工的专业培训和后续教育,防止出现会计记录混乱、错误或不完整的情况,这是发挥财务管理其他职能的最基本前提。

(3)建立健全职务分离制度。企业对记账、出纳、保管等不相容职务实行分离,应尽量由不同人员担任,避免一个人从头到尾处理一项业务,以减少错误和舞弊出现的可能性。根据分工原则,企业要尽量将不同功能的工作安排给不同的人来完成。

（4）避免任人唯亲。特定的亲属关系会弱化企业内部的互相制约关系，使内部控制制度的作用得不到充分发挥，容易产生不公平现象，影响企业的整体激励制度，有时还存在难以管理的问题。

（5）建立完善的资产管理制度，合理保证资产的安全性和完整性。首先，企业要建立健全物资购、销的内控制度，在物资采购、领用、销售，以及样品管理上建立合适的操作程序，从制度上保证操作规范，堵住漏洞、维护安全；其次，企业要做到不相容职务分离，将资产管理和凭证记录分开，形成有力的内部牵制；最后，企业要建立实物资产盘存制度。

（四）新创企业的财务风险与应对措施

企业财务风险是指企业在各项财务活动过程中，受到难以预料或控制的因素影响，财务状况出现不确定性，使企业有蒙受损失的可能性。企业财务风险主要包括流动性风险、信用风险、筹资风险、投资风险等，可分为可控风险和不可控风险。

新创企业所面临的经营环境相对复杂，财务风险也相对较大。因此，新创企业必须对财务风险管理有足够的重视，对财务风险的成因及其防范进行研究，有效开展对财务风险的控制与管理、监测与预警，有效降低财务风险，提高企业的效益。一般来说，有效降低企业创业初期财务风险的方法有以下几种。

1. 建立有效的风险防范处理机制

风险防范是企业在识别风险、研究风险和评估风险的基础上，用最有效的方法应对风险，将风险导致的不利后果降到最低限度的行为。创业者要正确理解和处理经营风险与财务风险的关系，企业各部门和人员，特别是企业的决策管理部门必须增强风险防范意识，建立有效的风险防范处理机制。在对外投资、对内融资、产品研发、产品销售等各个生产经营环节都应预测可能产生的风险，评估企业的承受能力，加强企业管理人员的业务培训，增强他们认识风险、分析风险和防范风险的能力，提高管理决策水平，以降低经营的盲目性和决策的随意性。

2. 理顺企业内部的财务关系

企业要理顺企业内部的财务关系，做到责、权、利相统一。企业要不断提高财务管理人员的风险意识，使财务管理人员明白，财务风险存在于财务管理工作的各个环节，财务管理人员必须将风险防范贯穿于财务管理工作的始终。企业应设置高效的财务管理机构，配备高素质的财务管理人员，规范各项规章制度，强化各项基础工作，使财务管理人员的风险意识不断提高。与此同时，企业必须理顺内部的各种财务关系，明确各部门在企业财务管理中的地位、作用及应承担的职责，并赋予其相应的权力，真正做到权责分明、各负其责。在利益分配方面，企业应兼顾各方利益，以调动各部门参与企业财务管理的积极性，从而真正做到责、权、利相统一，使企业内部各种财务关系清晰明了。

3. 引进科学的风险管理程序

科学的风险管理可以有效避免或显著减少企业在经营过程中遭遇风险所带来的损

失，因此，企业必须加强制度建设，建立健全财务风险管理机制。财务风险管理是一个识别和评估风险、分析风险成因、预防和控制风险、处理风险损失的有机过程。在风险识别、评估和分析的基础上，企业确定应付风险的方案和措施，制订企业财务战略和计划，优化财务决策和控制方法，健全财务信息的控制系统，当风险出现时及时处理以减少损失。企业加强制度建设要做到：首先，建立客户管理制度，加强对客户信用的调整，形成一套适合本企业的风险预防制度，把财务风险降至最低；其次，建立统计分析制度，通过完善的统计分析及时发现问题，并采取相应措施加以解决；最后，建立科学的内部决策制度，对风险较大的经营决策和财务活动，要在企业内部的各职能部门中进行严格的审查、评估、论证，尽量避免因个人决策失误而造成的风险。

第四节　企业运营管理和人力资源管理

一、企业运营管理

企业的发展一般会经过创业期、成长期、成熟期、衰退期四个阶段。创业期的企业由于各方面的实力相对较弱，容易受到来自市场、人才、资金、环境等各方面因素的影响。对于创业者来说，如何充分利用各种资源，解决企业运营中遇到的各种困难，是必须解决的问题。

企业的运营管理就是通过组织设计与制度安排，充分调动和优化组合企业的各种资源，通过采购、生产、销售、财务等主要经济活动提供产品或服务，并通过市场营销获得企业利润的过程。企业运营管理主要涉及人力资源、市场营销、采购、生产、财务、战略等专项管理活动。

（一）新创企业管理的特点

1. 生存是首要的目标

对于任何一个成长阶段的企业而言，生存都是最基本的目标。新创期是成熟企业必经的一个阶段，是从零到一的过程，创业初期企业一般会存在产品不成熟、正处于市场接受的过程、市场占有率低、创业者企业管理经验不足、人力资源相对不规范等问题，这些问题都容易导致创业失败。因此，新创企业的主要目标是生存，一切可能危及生存的行为都应该尽量避免。新创企业要想生存，往往需要做到持续盈利或者能够吸引到持续的风险投资，通过不断地迭代更新产品和服务，抢占市场占有率。探索新的成功的生存模式，是新创企业创业管理的本质所在。

2. 依靠自有资金创造自由现金流

自由现金流是指除融资、资本支出、纳税和利息支出等项目外的经营活动净现金流。任何企业都无法承受自由现金流中断的后果，自由现金流一旦出现赤字，企业将发生偿债危机，可能导致破产。自由现金流的大小直接反映企业的赚钱能力，它不仅是创业阶段的重点，也是成长阶段管理的重点，区别在于对新创企业管理来说，由于融资条件苛刻，只能主要依靠自有资金运作来创造自由现金流，从而使管理难度增大。新创企业管理要求创业者必须锱铢必较，千方百计增收节支、加速周转、控制发展节奏。

3. 分工不够明确

在新创企业中，尽管建立了必要的部门结构，也有了基本的权限分工，但由于人数较少，很难按照正式的组织方式进行运作，因此往往采用任务驱动的模式。一旦有了工作任务，所有的人都会参与，一人可能会承担多个职能任务，甚至创业者本人都会直接参与产品推销、仓储物流、客户服务等工作。企业初期的这种现象可以帮助创业者了解企业经营的全过程，体验企业管理的细节，对创业者做出科学的决策有一定的帮助。同时，也可以锻炼整个创业团队和核心员工，促使团队精神和企业文化的形成。当然，随着企业的发展壮大，企业还是要回到规范经营的道路上去。

(二)新创企业的基本管理模式

对于新创企业而言，科学的管理模式是成功的保障，而管理制度的设计是关键。在企业管理制度的健全和表现上，企业组织管理是关键。企业组织管理是在企业内部建立健全管理机构，合理配备人员，制订各项规章制度等管理工作的总称。

具体来说，企业组织管理就是为了有效地配置企业内部的有限资源，实现一定的共同目标而按照一定的规则和程序构成的一种责权结构安排和人事安排，其目的在于确保以最高的效率来实现企业的目标。组织管理的具体内容是设计、建立并保持一种组织结构，而在新创企业中，基本的组织管理模式一般包括功能部门管理和项目管理两种。

1. 功能部门管理

功能部门管理又称岗位管理，是通过建立一定的功能部门，形成特定的企业组织结构，规定各功能部门的职务或职位，明确责权关系，以使企业各部门成员互相协作配合、共同劳动，有效实现企业目标的过程。功能部门管理是企业的基本管理模式。

概括地讲，功能部门管理的工作内容包括以下四个方面。

(1)确定实现企业目标所需要的活动，并按专业化分工的原则进行分类，按类别设立相应的工作岗位。

(2)根据企业的特点、外部环境和目标需要划分功能部门，设计组织机构及其结构。

(3)规定企业组织机构中的各种职务或职位，明确各自的责任，并授予相应的权力。

(4)制订规章制度，建立健全企业组织机构中各方面的相互关系。

功能部门管理应该明确企业中有什么工作，谁去做什么，工作者承担什么责任，具有什么权力，与组织结构中上下左右的关系如何。只有这样，才能避免由于职责不清造成的执行中的障碍，才能使组织协调地运行，保证组织目标的实现。每一个公司的部门分配应该是不一样的，它与这个公司的业务范围、发展阶段有关系，既要稳定又要灵活。

2. 项目管理

功能部门管理是按工作职能组织起来的管理模式，属于平行结构的管理模式。项目管理与之相对，是以任务组织起来的管理模式，属于垂直结构的管理模式。项目管理是第二次世界大战后期发展起来的管理技术之一，是以项目为对象的系统管理方法，通过一个临时性的专门的柔性组织，对项目进行高效率的计划、组织、指导和控制，以实现项目全过程的动态管理和项目目标的综合垂直协调与优化。项目管理是以项目经理负责制为基础的目标管理模式。

项目管理的主要任务一般包括项目计划、项目组织、质量管理、费用控制、进度控制等五项。日常的项目管理活动通常是围绕这五项基本任务展开的。项目管理自诞生以来发展很快，当前已发展为三维管理：①时间维，即把整个项目的生命周期划分为若干个阶段，从而进行阶段管理；②知识维，即针对项目生命周期的各个不同阶段，采用不同的管理技术方法；③保障维，即对项目人、财、物、技术、信息等的后勤保障管理。

项目管理具有以下属性：

（1）不可重复性

项目有明确的起点和终点，没有可以完全照搬的先例，也不会有完全相同的项目。项目的其他属性也是从这一主要的特征衍生出来的。

（2）独特性

每个项目产生的时间和地点、内部和外部的环境、自然和社会条件有别于其他项目，因此项目总是独一无二的。

（3）目标的确定性

项目必须有确定的目标，包括：时间性目标，如在规定的时段内或规定的时点之前完成；成果性目标，如提供某种规定的产品或服务；约束性目标，如不超过规定的资源限制；其他需满足的要求，包括必须满足的要求和应尽量满足的要求。目标的确定性允许有一个变动的幅度，也就是可以修改。不过一旦项目目标发生实质性变化，它就不再是原来的项目了，而将产生一个新的项目。

（4）组织的临时性和开放性

项目班子在项目实施的全过程中，其人数、成员、职责是在不断变化的。某些项目班子的成员是借调来的，项目终结时班子要解散，人员要转移。项目组通过协议或合同以及其他的社会关系组织到一起，在项目的不同时段，不同程度地介入项目活动。可以说，项目组织没有严格的边界，是临时性的、开放性的。这一点是项目制管理与功能部门管理的主要区别。

（5）成果的不可挽回性

项目在一定条件下启动，一旦失败就永远失去了重新开展原项目的机会。项目制管理相对于功能部门管理的日常运作来说，具有较大的不确定性和较高的风险性。

项目制运作一般适用于特定行业的企业创立初期，此类企业业务的灵活性、不确定性很强，专业程度一般比较高，如技术类、咨询类公司，摄影或设计工作室等。但在其发展到规模较大，对经营管理的日常性、规范性要求较高的阶段之后，一般还是应建立一定的功能部门，以使管理规范化。但在承接具体的业务时，仍可根据实际情况采用项目制运作。

二、企业人力资源管理

人才是企业最宝贵的资源之一，也是企业能创业成功的关键因素。随着市场经济的快速发展，越来越多的企业将人力资源管理作为企业管理的核心之一。人力资源的管理是创业者必须做好的工作之一，如何组成、发展、凝聚团队，做好员工的选、用、育、管、留，已成为一项必要的创业管理能力。

(一)新创企业常见的人力资源管理问题

新创企业的管理体系往往不够完善，在招聘、用人等方面存在一定的问题。

1. 对人才的吸引力较差

新创企业的资源相对缺乏，暂时没有足够的实力进行人力资本投资，一般会选择成本相对较低的人力资源管理模式，如与员工签订雇佣合同，减少员工培训、额外福利等，且新创企业提供的薪酬、福利相对较低，没有较高的市场竞争力。同时，对于员工而言，新创企业可能随时面临失败的危险，风险较高；或者出于资金等问题，办公地点相对偏僻，通勤成本较高，吸引力较差。

2. 人才稳定性差

新创企业由于成立时间较短，具有强大吸引力的企业文化尚未形成，内部成员间缺乏充分磨合，难以形成较强的凝聚力和使命感。新创企业的人力资源管理也相对不规范，企业内部权责不清等问题也不同程度地存在。这些情况，造成了新创企业人才稳定性差的问题。还有的创业者为了吸引优秀的人才，采用虚构企业前景或承诺虚高的待遇等方式，为优秀人才的流失埋下了隐患，甚至可能引起诉讼。

3. 人力资源管理规范化程度低

新创企业普遍采用非正式和灵活的方式进行人力资源管理，人力资源管理规范化程度低。很多新创企业在招聘员工时，倾向于通过私人网络或熟人推荐的方式，较少委托专业的中介机构或通过校园推广方式来进行人员招聘，招聘和面试的程序相对简单，招人、用人有较大的随意性。此外新创企业一般没有适应企业长期发展目标的员工成长培训系统，缺乏员工的生涯规划指导和成长培训，很多企业只开展针对当前工作胜任力的简单培训。

4.尚未形成良好的企业文化

新创企业缺乏成熟的企业文化制度，企业凝聚力主要来自创业者的个人魅力和愿景，员工之间缺乏共同的价值观，对企业的认同感也不强。在新创企业艰难的成长过程中，如果遇到企业经营发展的困难情况，员工的个人价值观容易与企业理念产生冲突，可能导致优秀人才的流失。

(二)新创企业人力资源管理的重点

新创企业应把人力资源工作的重点放在以下几个方面：

1.开展人力资源规划

人力资源规划是指通过对人力资源需求和供给的预测，制订人力资源补充计划、晋升计划、人员配置与挑战计划、培训开发计划以及薪酬计划等。企业人力资源管理受到企业战略管理的影响，某种程度上属于企业战略的一个重要组成部分。企业人力资源管理要和企业战略保持一致。新创企业往往缺乏战略规划，但人力资源管理要有战略思维。新创企业的人力资源规划需要抓住企业业务定位、企业规模、企业发展计划、人力资源运行模式等几个核心要点。

新创企业的人力资源规划应主要从业务开展的层面(包含技术、生产、营销等几个主要方面)以及企业整体运营的层面来进行思考，同时结合企业的长远发展来进行规划。

2.岗位设置

新创企业按照企业业务内容的专业方向，将所有的工作按照专业划分为多个组成部分，职能和业务流程中相同或相类似的部分，可以设定由一个岗位负责。实际上，相似业务的企业的岗位划分有一定的标准和惯例，新创企业可以学习和参考业务相似的成熟企业的岗位设置，并结合本企业的实际情况对岗位进行设置。

岗位设置完成后，即可对已有员工进行岗位匹配，并开展新员工的招聘工作。

3.新员工的招聘

人力资源管理最基本、最关键的工作就是员工招聘。企业人力资源部门可通过多种渠道向社会发布招聘信息，或者参与社会机构、高校举办的各类招聘活动，在招聘信息中应尽可能多地介绍公司的发展优势，以吸引优秀人才前来应聘。

新创企业在招聘员工前，应根据企业的生产经营业务情况，针对企业内部的组织部门、工作岗位、岗位职责、薪酬分配和福利待遇等问题，制订相应的规划和制度，做到按需招聘、规范招聘。

企业在做员工招聘计划时，应该坚持实事求是的原则，根据工作的实际需要和岗位空缺情况开展员工招聘，节省企业成本。新员工的招聘要本着公开、公平、公正的原则。企业要把招聘信息、招聘方法及招聘结果公示出来，监督整个招聘的过程，防止出现以权谋私、假公济私、裙带招聘等现象。对于应聘者，应综合考虑其思想品质、道德品质、业务能力等各方面的素质能力，确保招聘到真正优秀的人才。

4.员工的定岗定责

在企业组织结构确定的条件下，为员工进行岗位的设置和工作职责的设定是一件非常重要的事情，应遵循以下的原则。

(1)因事设岗原则。岗位必须按照企业各部门职责范围设置，即因事设岗而不能因人设岗。当然，针对企业急需或对企业做出巨大贡献的极少数高端人才，也可以适当放宽这个限制，避免人力资源浪费和劳动成本提高的现象出现。

(2)分工协作原则。虽然企业不同的岗位有不同的分工，但是岗位之间的协作也非常重要，因此，在新员工的定岗定责中，应采取科学的制度设计，保障各岗位职责明确又能相互协调，这样才能发挥出人力资源的最大效能。

(3)岗位精简原则。对新创企业而言，其可用的资源相对较少，应本着精简的原则处理各项企业事务，做到非必须，不设岗，最大限度地节约人力成本。

(4)客户导向原则。企业存在的价值就是为客户创造价值，企业的生产经营和管理都应以客户需求为导向，因此，岗位设置必须从客户的角度考虑问题，以尽可能满足客户需求为标准。

5.员工的培训

员工培训是提升员工工作能力和凝聚力的重要手段，也是员工重要的福利之一。培训可以有效地帮助员工了解并融入企业文化，让员工体会到企业对他们的重视，改善员工的工作态度，提升员工的工作技能，激发员工的创新潜能和创造能力。

6.员工的激励

激励员工是新创企业人力资源管理的重点和难点。如何让员工自觉地立足本职岗位，充分发挥聪明才智，为企业带来更大的效益，是创业者必须要考虑的重要问题。

新创企业必须建立一套科学实用的薪酬管理体系，根据各个工作岗位所需的技能、学历、工作难易程度等维度，判断每个工作岗位的相对价值，以此作为薪酬管理的依据，制订公平合理的薪酬制度。同时，新创企业还要加强企业文化建设和企业管理水平，建立良好的员工激励机制，特别是适当加大人力资本投入力度，通过具有竞争力的薪酬待遇、股权期权等方式，吸引和留住人才。

(三)新创企业人力资源管理问题的对策

在企业的生产经营中，人的因素始终是第一位的，人力资本往往是新创企业克服竞争压力获得成功的关键因素。因此，如何吸引高素质的人才，通过有效的手段留住优秀人才并使其能力得以充分发挥，成为新创企业生存和发展的关键。

新创企业应通过各种手段不断改善其人力资源管理，通过树立团队共同价值观，提供有竞争力的薪酬待遇等，积极引导员工进行自我管理，开发员工的潜能，促进员工的个人能力和企业绩效的共同提升。新创企业可以从以下方面改善人力资源管理。

1. 重视对人力资本的投入

既然人力资源对企业的生存发展有非常重要的作用，企业就应该重视对人力资本的投入。尽管新创企业一般资源都相对匮乏，但也应舍得加大对人力资本的投入，做到以人为本，通过改善员工的工作环境、设计合理的薪资福利体系、举办提升员工能力的培训活动等方式，提升员工的工作效能。

2. 增强对优秀人才的吸引力

优秀人才是企业人力资源的最关键部分，如何吸引、招聘和留用优秀人才是每个创业者都必须认真考虑的问题。新创企业可以通过以下几种方式吸引优秀人才。

(1)以高额的远期风险收入来吸引优秀人才。新创企业由于缺乏资源，往往不能支付高额的薪酬来吸引所需的人才，那么可以考虑通过风险收入和远期收入来吸引优秀人才，比如允许其投资入股或给予股票期权等。这样不仅可以增强对优秀人才的吸引力，而且可以把他们的利益和企业的利益结合到一起，激发员工的工作热情和积极性。

(2)重视企业员工发展空间的拓宽和职业生涯规划，以良好的职业前景和工作的挑战性作为吸引人才的一种手段。新创企业规模不大，分工宽松，可以为员工提供更为丰富的工作内容、较大的发展机会和成长空间以及较短的上升周期。成功的职业生涯规划能将员工自身的发展和企业的成长有机结合起来，使员工在追求自身发展的同时推动企业的发展。

(3)充分发挥新创企业的创业者的人格魅力、创造力和影响力。

3. 实现人力资源管理的专业化

新创企业可以通过增强本企业人力资源部门的专业化水平，或者将企业人力资源管理进行外包等方式实现企业人力资源管理的专业化。增强本企业人力资源部门的专业化水平，有利于更深入地掌握企业人力状况、政策制度、企业文化等因素，制订的人力资源计划和人力资源管理活动更能符合本企业的利益，能对突发状况做出及时反应。选择人力资源管理外包的方式，可以节省企业的精力，使企业将工作重点放在产品业务上。一般情况下，人力资源外包只能帮助企业完成初级阶段的员工招聘和培训等工作，其他的工作还需由企业人力资源管理部门自行解决。

拓展阅读

用人的四项基本原则

管理大师彼得·德鲁克曾经总结出用人的四项基本原则：

一、确保各项职位的合理性

如果某项工作已连续使两三个人觉得无法胜任，而这些人在过去的岗位上却有出色的表现，那么管理者就必须认识到问题不在人的身上，而需要对这个职位进行重新设计。

二、确保自己管辖的职位既有很高的要求，又有宽广的范围

管理者应使设置的职位具有很大挑战性，这样有利于员工发挥他们自己的优势和特长，同时又可以保证职位有足够的回旋余地，使员工容易将自身的优势转化成重大的成果。

三、人尽其才

管理者将某人安置在某个职位上时，要充分考虑这个人的特点、长处和条件，使安排的职位能最大限度地发挥其潜能和长处。

四、用人之长，管理者就必须容忍他们的短处

用人之长，一方面可以激励人才的职业发展，另一方面可以保证组织的运作效率。

实战案例

新创企业成长管理——嘉信公司为例①

嘉信公司的创建人之一林晓勇是公司总经理。2004年，他刚满42岁。他是行伍出身，在公安部门干了20年，先是干了10年的公安管理，之后的10年经营一家公安局的三产企业。经过10年商场摸爬滚打，他不仅积累了创业的物质资源，也练就了创业需要的诸多素质：敏锐的市场感觉，驾驭公司的技巧，承受风险的能力，以及在商海中大起大落仍宠辱不惊的气度。

1998年初，中央军委做出了军队与企业脱钩的决定。这一年，林晓勇36岁。此时，摆在他面前的是两种选择：要么回到机关，按部就班；要么自立门户，走一条前途未卜的创业路。林晓勇选择了后者。日后，当有人问及他是否顾虑过时，他说："现在是社会主义市场经济发展的黄金时期，我们应抓住历史机遇，为国家振兴干点大事业。"正是这种信念，使他义无反顾地走上了创业之路。与他志趣相投的还有宗群，一位在部队某部充电研究所的技术专家；另一位是董滨，一位有着多年部队管理经验的干部。于是，三人离开了原来的工作单位，用拼凑的200多万元资金创建了属于自己的企业。

他们坦言自己并不是最优秀的，但他们相互信任、优势互补。有意见分歧时，开诚布公，直言不讳，一切以公司发展为最高目标。即使某些决策事后证明是错误的，也从不相互埋怨。他们在相互的信任中，彼此欣赏着，包容着。他们都认为团队的成功是公司成功的源泉。

林晓勇虽然有过经营企业的多年经验，但面对创业时，他仍显得无所适从。是做自己熟悉的低投入、保证产出的劳动密集型企业，还是做高投入、高风险的高科技企业？这个问题着实让三个人大伤脑筋。当时正值大量外资企业涌入中国，利用中国廉价的劳

① 姚苏阳.新创企业成长管理嘉信公司案例分析[D].北京：清华大学，2004.

动力成本和优惠政策成立制造工厂。国内企业面临来自外界的强大竞争压力，生存艰难；民营企业更因得不到政府的有力支持，处于自生自灭的境况。为了能够让自己的企业摆脱大多数加工型民营企业的窘境，并且让企业的出现能够解决用户的实际问题，他们最终决定自主研发生产高科技产品。于是他们在 1998 年 9 月注册了北京嘉信公司，办公地点选在了北京经济开发区。

创业之初，资金、市场、人才等都严重不足。此时，企业首先要的是产品开发。只有下大力气让产品被市场认可，才是唯一的发展道路。所以，前 3 年他们十分重视产品研发，但由于知名度不高，其产品只在很小的范围内得到市场的认可，因此收益很有限。第一年，三个创业者没有拿到一分钱报酬。在这段公司发展最艰难的日子，曾经有人建议他们做一些投入少，收益尚可的项目，以补充公司的现金流，但遭到了团队的抵制。在这个问题上，他们三个人的意见惊人地一致：与其做多种经营分散精力，不如集中优势在主要研发项目上；要做就做最好的，如果公司不行，再想办法。这也许就是企业家精神的另外一种诠释：把握认准的市场机会，整合资源，勇于冒风险，实现目标。

产品开发大多从自己熟悉的领域开始。嘉信公司的宗群是充放电领域的专家，他开发的智能快速充电技术先后获得多项国家专利。做高科技产品，自然就要从与充电技术相关的产品入手。嘉信在企业创业初期，明确地把企业服务的行业定义在快速充电产品的研发和生产领域。充电产品的市场细分按用户分为专业用户、民用用户和军用用户三大方面。即使是同类产品，三类产品的具体需求、产品特点和所需要的技术和资源投入都各不相同。初创企业资源有限，不可能在三个不同方面都做尝试。在经历了开发专业用户市场的失败后，他们对当初的决策进行了重新评估。

经反思，他们发现公司犯了四个错误。第一，没有找到真正的客户。真正的客户是产品的最终使用者，而并非中间环节。第二，由于非真正客户的误导，客户对已有产品的态度以及对未来产品的要求没能传达给公司。第三，公司忽略了铁路采购与使用分离的实际问题，导致了信息偏差。第四，过于乐观地估计了市场容量和市场增长潜力。总结的过程使创业者们摸索出判别商业机会的方法和标准。方法就是要进行充分的市场调查，进行定性与定量的分析；标准有四条，即判断机会的价值、需要的投资、可能的回报以及风险。这为公司日后准确把握商业机会奠定了基础。从此之后，嘉信公司的生产经营走上了快速发展的道路。

嘉信公司用了不到 6 年的时间，从一个只有 20 多个员工、200 多万元资金的初创企业发展到了拥有 260 人、资产过亿的规模。

实操训练

创业梦工厂

全班同学分为多个小组，每个小组5~6人，完成以下任务。

1. 经过小组共同讨论后商定开展某个项目的创业活动。

2. 开展该项创业活动，拟选择哪种企业法律形式？需要说明选择该法律形式的原因，做选择时都考虑了哪些因素。小组各个成员占股多少，在企业担任什么职务，原因是什么？

3. 企业技术负责人需要说明：企业的产品或服务创新点在哪里？如何防止别人仿制？

4. 企业人力资源管理负责人需要说明：企业需要招聘什么样的人才？

5. 小组间互相提问和打分。

第七章

创业计划的设计及路演

名师金课

第一节　创业计划概述

创业计划是创业者对拟创办企业的构建思想和所有准备工作的具体事项安排与行动的指南，是新企业创立之前的所有准备工作的总述。内容包括商业前景展望，人员、资金、物质等各种资源的整合及经营思想、经验战略的确定等。创业计划用于描述与拟创办企业相关的要素特点和内外部环境特征，为创业行为提供发展规划和检验衡量标准。创业计划可以阐述企业的发展目标，实现目标的时间、方式和资源需求。

创业者制订创业计划的根本目的，是围绕一个具有市场前景的产品或服务，通过分析商机，说明创业者的基本思想和期望目标，分析并阐述创业者如何利用这一创业机遇进行发展，分析影响创业成败的关键因素，分析并确定创业企业筹集资金的办法等，将创业者的理念、行动计划进行具体化，以此来获得风险投资和实现盈利。

创业计划可帮助创业者整理、明晰创业思路，也可以帮助投资者了解这个创业项目的内容、价值和优势，从而确定项目是否具有投资价值。因此，创业计划既是"说明"，又是"广告"。虽然创业者在创业过程中，受到客观环境变化的影响，可能不一定按照创业计划执行，且创业计划也不能保证创业活动一定能成功，但创业计划的制订，对于提高创业成功率仍具有重要的价值。

一、创业计划的作用

（一）优化创业思路

编写创业计划是一个统筹资源、梳理创业思路的过程，也是创业者对创业行为进行系统性再思考的过程。在制订创业计划的过程中，创业者需要以求真务实的态度，系统分析市场的状况和自己所能支配的资源等情况，冷静客观地分析自己的创业理想可能面临的机遇和挑战，检视创业行动是否可行，明确创业活动的方向和目标。

对于创业者而言，创业想法一开始可能相对模糊，考虑的因素相对较少。通过创业计划的制订，创业者能够明确创业目标和详细的行动计划，确定创业目标的实现步骤和时间安排，从而对创业项目有更加清晰的认识。所以，这也是一个对创业进行系统再思考的过程。通过制订创业计划，一一评估创业的所有环节，理智分析创业形势，把正反理由都写下来，然后再逐条推敲，创业者就能对创业项目有更清晰的认识，也进一步优化了创业思路，使得创业不再是一种冲动行为，而是一种建立在理性分析和科学评估基础上的行为。

(二) 为经营活动提供依据

创业计划是创业者进行创业活动的计划和行动指南。当创业者将自己的创业思路和想法以文字形式确立下来后,创业便有了明确的目标和方向,面对复杂多变的内外部环境因素,在创业的过程中创业者才不会迷失方向。当创业者的创业行动受到干扰或遭遇挫折时,可以依据创业计划科学地分析问题、解决问题、校正方向,避免打乱创业活动的节奏和进程。

创业计划分析了企业的现状,明确了企业的未来发展方向,为企业提供了经营管理监控指标,建立了良好的效益评价体系,使创业者和企业员工在创业实践中有章可循。因此,创业计划是解决创业过程中困难和问题的重要工具,可以极大地提高创业的效率和效能。

(三) 凝聚创业团队

创业计划的制订,也是一个创业团队思想碰撞和统一的过程。团队成员经过认真的思考、讨论而制订的创业计划,将成为团队成员共同的目标和行动指南,成为团队成员之间相互沟通的工作语言,增进团结、凝聚团队力量方面发挥非常重要的作用。

同时,创业计划通过对企业发展前景和成长潜力的描绘,可以提升企业管理层和普通员工对企业未来发展的信心,并指导每个人明确做事的目标和责任,明确每个人在企业中要充当什么角色、完成什么工作。因此,创业计划可以帮助创业者吸引人才和凝聚人心。

(四) 获取外部支持

创业活动必须要获得外部的支持,特别是风险投资的支持,成功的可能性才会更大。创业的构想通常比较复杂,涉及企业成长、产品服务、市场、营销、管理团队、股权结构、组织人事、财务、运营、融资方案等方方面面的内容,如果想让投资者完全了解创业项目,一份内容翔实、数据丰富、体系完整、装订精致的创业计划就显得十分必要。

创业活动在获取外部支持的过程中,往往会遇到竞争者的竞争,如何在竞争中脱颖而出,赢得创业资源,创业计划的作用非常关键。一份精心准备的创业计划,可以帮助创业者理清创业思路,提升项目路演和展示时的自信心,从而赢得支持。

二、创业计划的特点

创业计划书具有以下特点。

(一) 开拓创新性

创业计划是对创业活动的规划和说明。创业最鲜明的特点就是创新,这种创新性通过其开拓性表现出来。一般而言,创业计划书不仅要提出新项目、新技术、新材料、新的营销模式和新的运作思路，更重要的是要把新的东西整合起来，通过一种开拓性的商业模式变成现实。这是创业计划书与项目建议书的根本区别。

(二)客观性

创业者提出的创业设想和创业商业模式是建立在大量充分的市场调研和客观分析的基础上的，不是拍脑袋想出来的，要具有客观性。

(三)逻辑性

创业计划书要把严密的逻辑思维融会在客观事实中体现和表达出来。创业是通过市场调研和分析、市场开发和生产安排、组织、运作，通过全过程衔接管理、过程管理和严密的组织去把设计好的商业模式付诸实施，把预想的利益变成切实可行的商业利润，创业计划书的每个部分都是为这个整体目标服务的。

(四)可操作性

创业计划书上的商业模式不仅是能够运作的，而且必须是能够经受现实考验的。只有经过实践检验，其预测的价值才能够真正体现出来。

三、创业计划的分类

(一)按内容分类

1.综合创业计划

综合创业计划是全面阐述创业战略的创业计划。一般而言，综合创业计划的主要阅读者为投资者、供应商、潜在客户、招聘的关键员工等利益相关者，目的是让利益相关者了解创业计划，吸引他们关注并使他们积极投入到创业活动中，进而促进创业活动的进行。

2.专项创业计划

专项创业计划是针对创业活动中的某一个项目制订的创业计划，如创业融资计划、产品开发计划、市场开拓计划等。专项创业计划为某一项目的发展定下了比较具体的方向，从而使创业项目中的相关员工了解该项目的发展规划，并激励他们为创业成功而努力。

(二)按目标分类

1.吸引风险投资

一般而言，风险投资人评估投资项目的首要资料是创业计划，创业者要想向风险投资人募集资金，必须按照创业计划的写作规范撰写商业计划。一份简练而明晰的创业计划，可以帮助创业者向风险投资人说明投资项目的运作和效果。

　　吸引风险投资的创业计划应包括计划概述、产业背景和公司概述、市场调查和分析、公司战略、项目总体进度安排、关键风险和应对策略、管理团队的组成、企业经济状况、财务预测、假定公司能够提供的利益等 10 项主要内容。也可以根据风险投资人的要求确定创业计划的内容。

　　此类创业计划在撰写过程中，要以风险投资人的需求为出发点，阐述创业项目具有的充足市场容量和持续盈利能力，展示出创业者有完善、务实和可操作的项目实施计划，有完全具备成功实施项目素质能力的管理团队，并且具备项目运营的成功保证。

　　2. 吸引创业伙伴

　　创业伙伴包括创业团队的新成员和对企业生存发展具有重要意义的关键员工。创业者无论是从亲朋好友中招募创业伙伴，还是公开招募创业伙伴，一份结构清晰、前景良好的创业计划都是必需的材料。

　　吸引创业伙伴的创业计划应包括创业机会及其商业价值描述、新企业将提供的产品及可能的消费者、可能的市场竞争与拟采取的市场策略、可能的市场收益、可能遇到的风险及应对策略、希望别人以怎样的方式参与、将给新进入者哪些利益、有待与新进入者讨论的问题等 8 项内容。

　　在制订此类创业计划时，创业者不仅要清晰地阐明企业的商业模式和未来发展规划，更要对创业团队成员的利益分配和权限做出清晰的说明。

　　3. 获取政府支持

　　在某些特定的领域，政府部门所制订的各项政策对创业活动的成败具有重要的影响。因此，能否获取政府的支持，对创业能否取得成功至关重要。只有在政府政策允许和鼓励的条件下，新企业才能获得更多的人才、贷款、投资、各种服务及优惠等。

　　获取政府支持的创业计划包括总论、团队情况、产品的市场需求预测、项目的技术可行性、项目实施方案、投资估算与资金筹措、项目收益分析及对社会的影响、项目风险及不确定性分析、关于项目可行性的综合结论和希望政府给予的具体支持 10 项内容。

　　在制订此类创业计划时，创业者应强调新企业的项目投资可行性，尤其要着重说明新企业的社会收益和社会成本。创业项目只有具有较好的社会影响，才有可能成为政府关注的对象，进而获得政府的支持。

第二节　创业计划的撰写

　　毋庸置疑，创业计划在创业活动中的作用是非常大的，优秀的创业计划是创业者成功创业的必备条件。对于创业者来说，撰写一份优秀的创业计划已经成为"必备技能"。

一、创业计划的撰写准备

(一)明确撰写人

创业计划最好由创业团队共同撰写，可以主要创业者为主体，其他创业成员根据各自的职责分工和特长提供支持和协助。创业计划是创业者对创业活动的构思和计划，也是创业者能力和价值观的具体体现，由创业团队亲自撰写创业计划可以帮助创业者理清思路，把创业的激情落实在纸面上、融入创业计划之中，有利于增加创业计划的感染力。当然，由于创业活动设计的内容很多，创业计划的写作过程比较复杂，需要用到各个方面的专业知识，如市场营销知识、企业管理知识、财务管理知识、人力资源知识、调查与预测知识等，即使是整个创业团队都参与撰写，也不可能做到所有的方面都很专业。因此，为了尽可能使创业计划更符合现实、更有可操作性、更加专业，在撰写的过程中，创业者应该向财务专家、市场营销专家、律师、工程师等各个领域的专家进行咨询。

(二)明确主要内容

根据不同的阅读对象，创业计划有不同的类型。不同的阅读对象感兴趣的内容差别很大，创业计划很难做到面面俱到。所以，创业者在开始撰写创业计划前，必须首先明确创业计划的阅读对象，充分考虑阅读者可能对哪些问题感兴趣。创业计划要满足不同阅读对象的需求，做到重点突出，有针对性，这样才能吸引阅读者，达到事半功倍的效果。

同时，撰写创业计划时，要从自身、市场和投资者等多个角度进行深入思考，系统全面地确定创业计划的内容。

(1)创业者的角度。创业者对创业活动的独特技术、管理创新等方面有更深的理解，必须对这些独特的优势进行清晰的表达，说明创业企业的产品和服务是什么，特色是什么，竞争优势在哪里。

(2)市场的角度。创业者不能只关注产品和服务本身，而必须以用户的角度来审视企业的技术、产品和服务，考察产品和服务能否被用户接受，能否卖得出去。要采取以客户为导向的市场营销策略，创业者必须亲自进行市场调研工作，必要时也要请教市场营销专家。

(3)投资者的角度。创业者要学会换位思考，以投资者的角度来考察企业的生产经营状况，特别是投资者会重点关注的创业计划中的财务规划情况。如果创业者不具备财务分析和预测的能力，就应向外部的专家寻求帮助。

拟创办企业的经营范围和规模不同，创业计划所需要达到的精度和深度也不相同。如果创业活动是开发和销售一种新产品，创业计划需要涵盖的内容就至少包括开发、生产、销售等各个方面的内容，要非常具体。如果创业活动是从事简单的零售业或服务业，创业计划的要求就相对简单。

此外，创业计划的内容也会受到市场规模、竞争状况、发展潜力等因素的影响。

（三）明确信息搜集需求

撰写创业计划时，需要的信息很多，其中最主要的信息是市场信息、运营信息、财务信息、生产信息等，创业者需要结合企业的发展目标进行相关信息的搜集工作。

（1）市场信息。企业的产品和服务必须通过市场才能到达最终用户手中，因此，市场信息对创业企业非常重要。撰写创业计划时，创业者需要首先对目标市场进行界定，明确客户的类型，如客户的性别、面向组织还是个人、目标群体收入高低、城市还是农村；明确市场的范围，如是国内市场还是国外市场。目标市场确定了，确定新创企业的市场规模和市场目标就会相对容易。相关资料可以从公开的信息中获取，也可以通过自己开展市场调研获取。为了确保市场信息的真实性、及时性，建议创业者花费一定的时间和精力亲自进行市场调查。

（2）运营信息。企业运营信息主要包括企业选址情况、生产制造情况、原材料情况、设备情况、劳动技能情况、生产或办公场所情况及其他相关的开支情况等，这些信息是企业正常运作所必须掌握的，因此在创业计划中必须明确。

（3）财务信息。财务信息主要包括资金需求和来源情况、未来销售情况、资金周转情况、企业的投资收益率如何、投资回收期为多长、风险资本退出情况等。创业者必须对企业的资金需求、资金周转和盈利能力有一个全面的评价。

（四）学习和借鉴

按部就班地撰写一份创业计划相对容易，但写出一份能够突出创业企业优势的创业计划难度较大。因此，创业者在撰写创业计划之前，可以寻找一些相似企业的成功创业计划作为参考，学习和借鉴其撰写经验，特别是其突出创业活动特色和优势的方法、撰写的规范等。同时，学习和借鉴不是拷贝，切忌照抄。

二、创业计划的内容

（一）创业计划摘要

创业计划摘要是创业计划的第一项主要内容，是创业计划核心内容的凝练，主要目的是吸引战略伙伴与风险投资人的注意。创业计划摘要一般是在创业计划撰写完毕后才总结撰写的，可以说，创业计划摘要是整个创业计划的精华。创业计划摘要涵盖了创业计划的关键要点，简明扼要、条理清晰地阐明了创业的基本思路、目标和比较优势，内容不宜过长。创业者要高度重视创业计划摘要的撰写，要反复推敲文本内容，确保创业计划结构完美、语句清晰、内容流畅、富有感染力，便于读者在最短的时间内了解创业者的创业计划,科学地进行评审并做出判断。

创业者应在创业计划摘要中突出以下内容(见表7-1)。

表7-1 创业计划摘要中需要突出的内容

项目	内容
企业介绍	包括企业理念的简单描述,以及企业的名称、联系方式和重要联系人,并简要介绍企业类型、法律形式、企业业务范畴和经营目标
产品或服务描述	包括产品或服务的开发情况、产品或服务的特点等
目标市场	列出将要进入的目标市场及选择这一目标市场的原因、市场发展趋势,同时还要提供市场调查和研究分析的结果
营销策略	说明如何进入目标市场、主要的营销策略是什么
竞争优势	描述有关市场的竞争状况,分析企业能够在竞争中成功的原因,阐明企业产品或服务的优势
管理团队	说明管理团队的背景和能力,特别是企业创始人和主要决策人的情况
生产管理计划	重点介绍如何组织和开发生产能力,包括生产制造的方式、生产设备和工艺流程等
财务计划	预测未来3年的销售额和利润,项目所需资金的总数、来源、筹资方式,资金运用计划及投资者的回报等
企业长期发展目标	介绍企业未来5年的发展计划

(二)创业者和企业

初次创业的创业者可以重点介绍自身的成长背景、求学经历,突出创业者的性格、兴趣爱好与特长,表明创业者的生活追求和强烈的进取精神,阐述为什么要创业,以及创意是如何产生的等问题。要尽量突出创业者的突出优点,使战略伙伴或投资人对创业者有一定了解,为今后的合作打下基础。

企业介绍应包括创办新企业的思路、创意的形成和发展过程以及企业的目标和发展战略,客观描述企业的背景和企业的经营范围,在突出经验和优势的同时不回避失误,中肯地分析其中的问题并说明补救措施。描述时要坚持实事求是的原则,这样更能赢得投资者的信任。

企业介绍主要包括以下内容。

(1)企业理念,满足客户需求是创业者的经营理念,让人们相信创业者的企业能为客户带来利益。

(2)企业的基本情况,包括企业名称、成立时间、注册地点、经营场所、企业的法律形式、法人代表、注册资本、主要股东、股份比例等,重点介绍企业未来发展的详尽规划，企业近期及未来 3~5 年的发展方向、发展战略和要实现的目标。

（3）企业的发展阶段，包括企业创立时的情况、早期发展情况、稳定发展期的情况等。

(三)产品或服务

战略伙伴和投资人最关心的是企业的利润来源，即企业的产品和服务。具有市场前景的产品或服务能够帮助客户解决现实生活中的问题，或帮助客户节约开支、增加收入，并通过实现客户的价值最终实现企业的价值增值。

战略伙伴和投资人在进行投资项目评估时，可能会针对产品或服务提出很多问题，创业者应对所有可能发生的情况进行充分的考虑，开展预演并准备合理的答复，详尽且准确地描述自己的产品或服务项目，特别是产品的技术特点。描述要通俗易懂，使不具备专业技术知识的投资者也能明白。产品或服务介绍应包括以下内容(见表7-2)。

表 7-2　产品或服务介绍应包括的内容

项目	内容
基本描述	介绍产品或服务的性能和用途，尤其是介绍产品或服务的新颖性、先进性和独特性，旨在说明企业的产品或服务能解决什么问题，客户能从企业的产品或服务中获得什么好处
竞争优势	说明企业的产品或服务与竞争对手的产品或服务相比有哪些优缺点，客户为什么会选择本企业的产品或服务
研究和开发情况	主要包括企业或技术骨干以往的研究与开发成果及其技术先进性(包括技术鉴定情况，获国际、国家、省、市及有关部门和机构奖励的情况)，参与制订产品或服务的行业标准和质量检测标准的情况，在技术与产品或服务开发方面同国内外竞争对手的比较情况，以及企业为提高竞争力拟采取的措施等
开发技术和成本分析	在技术开发方面，已经投入的资金总额是多少，计划再投入多少开发资金(列表说明每年购置的开发设备、开发人员工资、试验检测费用，以及与开发有关的其他费用)；企业今后的开发方向、开发重点和正在开发的技术、产品或服务；企业现有技术开发资源及技术储备情况；企业寻求技术开发依托(如大学、研究所等)情况及合作方式；企业将采取怎样的激励机制和措施以保持关键技术人员和技术队伍的稳定
市场前景预测	说明为什么企业的产品或服务定价可以使企业产生足够的利润，为什么用户会大批量地购买企业的产品或服务
品牌和专利	说明企业为自己的产品或服务采取了何种保护措施，拥有哪些专利、许可证，或与已申请专利的厂家达成了哪些协议，如拥有的专门技术、版权、配方、品牌、销售网络、专营权、特许经营权等

(四)市场分析与营销策略

创业者开展市场分析和预测，然后据此制订市场营销策略，是新产品开发或市场扩张的前置环节。市场分析和预测的主要内容包括目标客户和目标市场情况，市场容量和未来市场的发展趋势情况，企业在市场竞争中的地位、竞争对手的情况，以及各自的竞争优势，还要对市场份额和销售额进行预计。营销策略主要包括市场机构和营销渠道的选择，以及针对价格、促销、建立销售网络等方面计划采取的策略。

1.解释企业解决了什么问题，或者实现了哪些未被满足的需求。比如设计一种供老年人使用的手机，有较大的按键，声音很大，而且可以一键给子女拨打电话等。投资者往往更偏好具体化的描述。

2.说明存在适宜的目标市场。这不同于行业介绍，而是本企业选择的目标市场。正如上面的例子，只表述手机的市场规模是不充分的，还应该包括老人对手机的特定需求、社会老龄化情况等方面。

3.说明现实顾客很可能花钱买这种产品或服务。

4.设定基本的销售预期。多数情况下，商业计划应说明潜在的销售收入，这取决于详细财务预算、竞争分析，以及获取潜在顾客的相关信息。

商业计划书的这部分内容应表明：创业者已经为其产品或服务认真地调查过潜在的市场，并且有证据显示，当这种产品上市时，会有消费者或其他企业购买它。当然，市场预期总是不确定的，甚至没有人能确切地知道消费者将如何对新产品作出反应，但通过这部分的描述，至少证明了创业者已经尽了最大努力来查明人们为什么想购买或使用他们的产品。

(五)开发、生产和选址

创业计划中，产品或服务的开发是非常重要的内容，包括产品或服务所处的开发阶段，是仍处于待开发阶段，还是已被充分开发，正准备生产？产品或服务所处的生产阶段，如何开始实际生产并提供产品或服务，预期成本以及制造产品或提供服务的时间表如何？

产品或服务的开发过程可能需要较长的时间和巨额的费用，所以该项工作已进行到哪个阶段，直接影响到创业项目的吸引力。如果企业每项事务都处于合理状态，就可以确保新企业快速向前发展。创业计划应包含这些详细的信息，以方便投资人进行选择。如果信息不全面或太宽泛，可能会磨灭投资人的热情。

产品生产制造情况主要包括生产制造方式、生产设备、质量控制等方面的问题。

(1)产品生产制造方式，说明产品的生产方式(自己生产、委托生产或其他方式生产)；如果自己生产，生产条件如何(购买还是租用生产场地、生产场地面积、生产面积、生产场地地点、生产场地的交通运输和通信条件如何等)。

(2)生产设备情况，说明现有生产设备的情况如何：是专用设备还是通用设备，先进程度如何，设备的价值是多少，是否对设备进行了投保，最大生产能力是多少，能否满足产品销售增长的需求，等等；如果需要增加设备，采购计划、采购周期及安装调试周期如何；如果设备操作需要特殊技能的员工，如何解决这一问题。

（3）质量控制，描述产品的生产制造过程、工艺流程，说明如何保证主要原材料、配件及关键零部件等生产必需品的进货渠道的稳定性、可靠性、质量及进货周期；正常生产状态下，成品率、返修率、废品率控制在怎样的范围内，生产过程中产品的质量保证体系及其运作模式如何。

企业的选址关系到企业的目标客户、生产成本、人力资源吸引力等，特别是对于服务领域的创业，如餐饮业来说，选址就非常重要。因此，创业计划中对企业选址也要进行详细说明。

（六）管理团队

团结高效的管理团队是企业能否最终取得成功的关键因素之一。因此，管理团队往往是影响投资决策的首要因素。企业的生产经营必须具备各方面的专业人才，主要包括产品设计与开发、市场营销、生产作业管理、企业理财等。良好的企业管理水平可以大大降低企业的经营风险，而良好的组织结构和高素质的管理团队是提升企业管理水平的保障，能够确保企业抓住商业机会，以有效的方式实现企业的经营目标。很多投资者非常关注创业管理团队的情况，甚至会在创业计划存在一定瑕疵的情况下，由于对创业管理团队比较认可而对创业计划给予一定的支持。因此，在创业计划中，必须阐明企业的管理结构及主要管理人员的相关情况，重点展示管理团队的凝聚力和战斗力，使战略伙伴或风险投资人了解企业的管理团队组成情况。

1. 管理机构

企业的管理机构包括企业的主要股东及他们的股权结构，董事和其他一些高级职员、关键雇员及企业管理人员的职权分配和薪金情况等。为了更加清晰直观，可以使用一览表的形式将管理机构情况、股东情况、董事情况、各部门的构成情况等进行展示。

2. 关键管理人员

关键管理人员是企业的重要成员，在创业计划中应说明其职务职责、工作经历、经营业绩和受教育程度等内容，并详细介绍其专业知识、技能和成就。

3. 激励和约束机制

创业计划中要说明企业拟设机构情况，这些机构的人员配备和员工年收入情况；企业如何加强对员工的持久激励，是否考虑员工持股，如果考虑员工持股，则还要说明股票期权实施办法和红利分配原则；阐明企业的内部约束机制和外部约束机制。

（七）竞争分析

创业计划中要有企业的现有竞争者和竞争环境的分析，以及企业的竞争优势分析，说明企业将如何参与这些竞争。当然，此部分内容有时候也包含在市场分析部分中。

1. 通过识别当前竞争者、潜在进入者和评价竞争强度来构建竞争优势。

2. 通过解释新产品和技术的竞争与当前市场动态的匹配性，来展示管理团队的能力与知识。要说明在潜在顾客并未真实买单的情况下，或者市场中已有企业(竞争企业)为现有产品(竞争产品)构筑了准入壁垒的情况下，创业企业如何参与竞争。

3. 说明此类机会足以创造近期或长期优势的核心特征。

基于前面提到的市场分析，对关键的竞争者和竞争技术进行简要的描述，客观准确地评价创业企业的技术能力、运营能力和竞争压力，可以列表做出相关的比较。

(八)财务管理

财务损益情况直接决定了战略伙伴或风险投资人能否获得预期的回报，因此，企业经营的财务损益情况是战略伙伴和投资者最关心的问题，也是决定他们是否进行投资的关键因素。创业计划中财务管理情况介绍应包含以下3部分的内容。

1. 过去3年的财务情况

企业过去的财务状况对战略伙伴或风险投资人来说具有重要的参考价值。创业计划中应该提供企业过去3年的现金流量表、资产负债表、损益表和每年的财务总结报告书等内容。如果企业刚刚成立，就应向战略伙伴或创业投资者阐述自己对财务管理重要性的认识。

2. 未来3年的发展预测

在创业计划中，创业者要根据企业的经营计划、市场计划的分析和预测，在全面评估市场信息和企业财务环境的情况下，提供企业未来3年的预计资产负债表、损益表及现金流量表。为了提高预测的科学性和可信度，创业计划中要对预测的依据、预测的前提假设及预测的方法进行逐一说明。

3. 融资计划

创业计划一个重要的功能就是为企业进行融资，因此，融资计划是创业计划的关键部分，也是风险投资人十分关心的问题，其内容包括以下几个方面。

(1)资金需求量及资本结构。说明为保证项目实施，需要新增多少投资；新增投资中需要投资方投入多少，对外借贷多少，公司自身投入多少；如果有对外借贷，抵押或担保措施是什么。

(2)如何使用这些资金。说明投入资金的用途和使用计划。

(3)投资人可以得到的回报。预计未来3~5年平均每年的净资产回报率；投资方以何种方式收回投资，以及具体方式和执行时间。

具体须包含4个关键财务报表(见表7-3)。

表 7-3　融资计划中应包含的关键财务报表

报表名称	内容
预编资产负债表	新创企业拥有的资产和负债等方面的估价，表明未来不同时期的公司财务状况，显示权益负债率、营运资金、存货周期律和其他财务指标是否在可接受限度内，对公司的初始和未来投资是否合理。 在最初 3 年内，这些信息应按半年进行预期
预编收入表	说明基于损益的预期运营成果，提供运营结果的合理规划。 记录销售额、销货成本、费用、利润或亏损，并应该认真考虑销售预测、生产成本、广告成本、分销和储存成本与管理费用
现金流量表	通过预测突出某一时期的预期销售额和资本费用，强调进一步融资的需求和时机，以及对营运资金的需求
盈亏平衡分析表	为补偿所有成本所需要的销售水平，包括随生产量变化的成本（技术、劳动力、原材料、销售额），以及不随生产量变化的成本（利息、工资、租金等）

以上财务数据报表能帮助创业者思考影响销售和成本的关键要素。对于多数处于早期发展阶段的企业而言，详细的资金预算比形式上的财务计划更有价值，因为资金预算揭示了业务发展的现金需要，而不是预测业务的盈利性。由于现金流分析更多反映的是现金周期的波动（取决于销售及其运营），而不是开发周期的波动（取决于研发及其运营），因此现金流分析对于早期发展阶段的企业来说并不是很适用。另外，现金流分析还可能造成对现金需要的保守估计，因为创业者一般都会低估成本而高估收入。

对种子期高科技新创企业来说，多数投资人可能不注重其未来 3 年营业收入的财务计划。他们更关注的财务要素是未来（通常为 8~16 个月）实现两三项关键指标的预算和业务成功后长期潜在的收入。这些数据反映了种子期企业投资人所关注的核心问题，也就是保证企业存活下来直至创造价值需要多少，以及投资者因承担风险将获得多大的利益回报。

（九）风险因素

商业计划书除了预测企业良好发展的一面，还要充分考虑发展的不利因素或新产品和服务在开发中容易发生错误的地方。要讨论新企业将面临的各种风险，以及管理团队为防范风险所采取的措施和步骤。

（十）回报和退出机制

任何新企业发展到一定阶段，都会出现创业者与投资人的退出及投资回报问题，创业计划中应就这个问题进行合理的规划。描述创业者如何被取代，以及投资者退出战略，即他们如何收获资助新企业所带来的利益。例如，出售业务、与其他企业合并、IPO，或者其他重新募集资金的事宜，使得其所有者和投资人有机会获得先前的投资回报。

（十一）附录

附录的内容包括企业的组织结构图、产品说明书或照片、设施或技术的分析、现金流量表、资产负债表等，是创业计划的重要内容，可以方便直观地为阅读者提供参考信息。一般来说，附录的内容可分为附件、附图和附表 3 种。

1. 附件

（1）营业执照副本。

（2）董事会名单及简历。

（3）公司章程。

（4）产品说明书。

（5）市场调查资料。

（6）专利证书、鉴定报告。

（7）注册商标。

2. 附图

（1）企业的组织结构图。

（2）工艺流程图。

（3）产品展示图。

（4）产品销售预测图。

（5）项目选址图。

3. 附表

（1）主要产品目录。

（2）主要客户名单。

（3）主要供应商和经销商名单。

（4）主要设备清单。

（5）市场调查表。

（6）现金流量预测表。

（7）资产负债预测表。

（8）损益预测表。

三、创业计划的注意事项

撰写创业计划是为了能够取得战略伙伴或风险投资人的支持，因此，创业计划必须紧密围绕阅读者最关心的问题，如消费者的需求是什么、市场的规模有多大、投资报酬与投资风险有多大等，创业计划所体现的关注产品、敢于竞争、了解市场、行动方针、队伍管理、生产计划等要与投资者的期望一致，能够提供可供佐证的客观数据，充分展现出创业者对于企业内外部环境的熟悉程度，以及实现创业计划的信心。撰写创业计划时要注意以下问题。

（一）规范完整

创业计划有一定的基本格式，撰写者必须遵守这些规范，要做到重点、特点突出，避免加入一些与主题无关的内容，文字长度适中，各部分比例适当。完整是指创业计划要以书面形式将与企业生产经营相关的全部内容展示出来。

创业计划各个部分的内容应该具有连贯性和前后顺序编排，要有摘要，便于读者掌握创业计划的核心内容；要有索引和目录，便于读者查阅各个章节；在正文中，要使用管理学专业术语对产品或服务描述、行业分析、营销策略、创业团队等内容进行说明；要采用直观的图表形式进行财务分析。

（二）针对读者

创业计划的读者可能是风险投资人、银行、供应商、消费者、雇员及顾问。不同的读者感兴趣的内容不同，因此，撰写创业计划时一定要根据目标读者的需求进行内容的设计。不管是哪种类型的创业计划，都要有明确的主题，围绕创业产品或服务展开阐述，避免与主题无关的内容。

（三）具体可行

无论是吸引投资，还是对创业行动进行指导，创业计划都要内容具体、切实可行。创业计划的撰写除需尽可能地展现创业项目的前景及收益水平外，还要展现出创业项目的可操作性、可盈利性和可持续性。在编写创业计划时，进行预测要科学合理，如市场占有率、财务预测分析、投资报酬率等都要尽可能做到数字准确，不应做大而化之的粗略估计，不过分强调或夸大收益状况与可能的成就，不依据生产能力来预估销售量。

对目标市场消费特性的描述也要有确凿的依据，为此创业者需要做好市场调查研究，并引用官方或学术研究机构的权威统计资料。如果已有具体产品原型，创业者应考虑先进行消费者使用测试并取得专家的检验意见，这样有助于提高创业计划的质量与可信度。另外，还要注意使用资料的时效性，及时更新有关资料数据。

（四）市场导向

在撰写创业计划前，创业者要进行详细的市场调研和分析。在创业计划中使用这些调研的数据和资料时，必须进行审核、鉴定，确保数字客观、准确，不能夸大、缩小甚至杜撰数据。

（五）科学严谨

创业计划涉及的内容很多，因此，创业计划的撰写要做到条理清晰、意思准确、逻辑严密。对经营中的关键问题，如产品、消费者、经销渠道、顾客群体、制造成本、盈利平衡点等的解释要清楚准确；前后假设或预测要相互照应，逻辑合理；市场分析和技术分析要从调查所得的数据中得出结果，财务预测必须根据市场分析和技术分析的结论进行报表的规划。

创业者可成立一个写作小组，制订创业计划编写计划，确定创业计划的种类与总体框架，并确定创业计划编写的日程安排与人员分工。小组成员分工协作，各司其职，最后由组长统一协调定稿，以避免零散、不连贯、文风相异等。

最后要进行文字的校对和版面设计，使创业计划更易阅读。

（六）突出优势

创业计划应向阅读者展示核心优势，呈现新创企业在技术、质量、价格、营销等方面的竞争优势，展现创业团队强大的经营能力和丰富的经验背景，说明创业者对于产业、市场、产品、技术及营运等已做好充分的准备，展示投资者可以获得的投资回报。

（七）注意保密

创业计划是创业者对创业活动的综述，具有重大的商业价值，其中有可能涉及企业核心的技术和商业机密，因此，必须要注重商业计划的保密。一方面，创业者要平衡创业计划可信度和敏感信息的保密，做到在尽量不把敏感信息写进创业计划的同时，保证创业计划的内容让人信服。另一方面，创业者也可以通过在创业计划中加入保密条款、与读者另外签订保密协议等方式，加强对创业计划及其附属内容的知识产权保护。

四、创业计划的撰写步骤

（一）明确格式和要求

不同用途的创业计划格式要求各不相同，甚至在某些具体的场景中，要按照需求方提供的专用模板进行撰写。所以，创业者在撰写创业计划前，应该明确创业计划的格式和要求。即使已经完成了创业计划的撰写，根据不同的使用场景和要求，也要对创业计划进行结构和内容的调整。比如，大学生参加"挑战杯"创业计划大赛时，组委会一般会在参赛通知中提供一个标准的创业计划模板，参赛者只能按照这个模板来进行创业计划的撰写。

（二）确定目录和提纲

明确了创业计划的格式和要求之后，就要结合创业计划的用途，合理安排创业计划的内容，拟定创业计划的目录和提纲。目录和提纲应该尽量详细，必要时可以详细到四级小标题，并且标注出哪部分详、哪部分略，甚至可标出每一部分的大概字数。

(三)收集材料和数据

根据创业计划的提纲,对于还没有可靠材料支撑的部分,创业者要有目的地去搜集资料;对于需要用图表、数字展示观点的部分,要有目的地进行图表制作和数字计算。创业计划涉及的内容较广泛,因此需要搜集的资料和数据也非常多,可能要花费创业者较多的精力。创业者应该不畏艰辛,克服困难,老老实实地去完成这些任务。

(四)撰写初稿

资料和数据收集齐备后,创业者就可以开始起草创业计划了。如果时间允许,最好按照目录和提纲的次序按章节顺序进行撰写,这样可以从整体上把握创业计划的思路,也便于掌握撰写进度。如果时间不允许,则撰写时要处理好统筹和分工的关系,要召开写作成员会议,就整体思路、文风、写法等方面提出统一的要求,并定期开会掌握进度,合稿后要由主要成员进行统稿,以统一创业计划的整体思路和写作风格。

(五)修改和定稿

创业计划的初稿完成后,一定要进行检查。创业者应该反复阅读,从客观性、实践性、条理性、创新性等多个视角检查创业计划是否达到了相应的要求。特别是要进行换位思考,从创业计划使用者(投资商、评委、客户等)的视角来阅读创业计划,从目标读者的角度发现不足。此外,创业者还可以请有关人士阅读创业计划,多方征求意见。在充分检查和征求意见的基础上,要反复修改,力争完美,最后定稿。

(六)印刷和制作

定稿后,就要对创业计划进行排版、设计、印刷并装订制作。一定要注意印刷质量和装帧的美观,可以设计一个简洁而漂亮的封面。

五、撰写创业计划应规避的误区

在撰写创业计划时,创业者应注意规避以下误区。

(一)过度描述和分析

创业计划的内容很多,应该做到简洁清晰,尽可能避免不必要的描述和分析。创业计划应该清晰、简洁地展示创业者市场调查的结果及其预期的市场容量,清晰地描述顾客未来的需求特点,以及顾客乐意购买企业产品或服务的理由,使投资者信服。

(二)认为创业计划不需要修改

撰写创业计划不可能一次就能做到完美无缺,必须要经过多轮修改。即使是创业团队共同确定的创业计划，在内外部环境发生了变化、企业经营策略做出了调整，或者风险投资人提出了修改意见等情况下，也必须修改。

随着企业生产经营活动的进行，投资组合与经营组合逐步确定，市场、销售渠道变得更加清晰，创业者通过不断地沟通、协调并修改创业计划，可以使企业的生产经营活动更加合理。

（三）希望单独完成计划

创业计划的内容涉及面广，专业性强，靠一个人的力量往往很难完成。因此，创业计划的撰写需要整个创业团队的成员进行分工协作，共同完成。如果有需要，还要引入专业的商业咨询机构，对创业计划进行完善。

（四）过分乐观

创业计划的内容一定要以市场为导向，基于实际的市场调研数据，对企业的生产经营现状和竞争形势有清晰的认识，避免盲目乐观，严禁数据造假。如果创业者过于乐观，就有可能会给企业的生产经营造成巨大的损失，甚至会导致创业失败。

六、创业计划的检查

创业计划的检查是创业计划撰写过程中非常重要的一环。通过检查，可以确认创业计划是否能够准确地回答投资者的疑问，是否逻辑清晰、具有指导价值，能否争取到战略伙伴或风险投资人的青睐。创业者可以从以下几个方面对创业计划加以检查。

（1）创业计划是否显示出创业者具有管理企业的经验。如果创业者没有管理企业的经验，就要明确已经建立了企业管理的机制，引入了相关的具有经验的管理人员来进行企业的管理，从而增强阅读者对企业管理状况的信心。

（2）创业计划是否显示了创业者有能力偿还借款，并保证给预期的投资者提供一份完整的相关数据分析。

（3）创业计划是否显示出创业者已进行过完整的市场分析，让投资者坚信在计划书中阐明的产品需求量等市场数据是确实存在且准确的。

（4）创业计划是否容易被投资者所理解。创业计划应备有索引和目录，以便投资者快速查阅各个章节。

（5）创业计划中是否有摘要并放在了最前面。计划摘要相当于公司创业计划的封面，为了引起投资者的兴趣，摘要应写得简明、生动、语句清晰、富有感染力。

（6）创业计划是否存在文法或排版错误。是否存在拼写错误和排印错误反映了创业者对创业计划的态度，如果存在错误，会让阅读者对创业项目的评价大大降低。

（7）创业计划能否打消投资者对产品或服务的疑虑。

七、创业计划的评估

可以从以下 5 个方面对创业计划的质量进行评估。

(一)创业能力

创业能力是指创业者抓住创业机会,将创业设想转化为现实创业行动的能力,是判断创业者是否具有投资价值的关键指标。创业能力集中体现在创业者的业务水平、团队结构及团队的稳定程度上。不同的创业团队,创业能力有强有弱。创业团队应该保持相对的稳定性,并具有强烈的创业意识。创业意识是团队创业行为的出发点,在创业意识的引领下,团队成员精诚合作,朝着共同的目标一起努力,才能在市场竞争中立于不败之地。

(二)创新能力

创新能力是大学生创业者具备的核心竞争力之一,采用创新手段开展创业活动也是大学生常见的创业形式。创新能够将最先进的技术转化为现实的生产力。在创业初期资源较为稀缺的条件下,在产品、模式、流程、技术或市场等方面开展创新,可以帮助新创企业获得较好的竞争力和发展潜力。创业计划要体现大学生的创新意识和创新能力。对创业计划的评估,可以从潜在技术创新资源、技术创新活动、技术创新产出能力和技术创新环境等 4 个方面进行。

(三)市场前景

市场前景评估主要考察产品或服务能否开辟一个新的市场,满足顾客的新需求,具有良好的市场前景,拥有较高的市场占有率,具有较大的市场吸引力,拥有广阔的市场发展空间,带来巨大的销售利润等。同时,还要考察创业团队的销售能力、创业计划的盈利模式等内容。市场前景主要通过新产品的市场占有率和新产品的销售收入来进行评价。

(四)可行性

创业计划最终需要落地执行,因此必须具备较强的可行性。创业计划的可行性评估主要从以下几个方面进行。

(1)创业所需要的资金、场所、人员、信息、服务支持等要素是否都做好了准备。

(2)是否拥有企业生产经营所需要的特许资源保障,自主创新产品或服务是否申请了专利、注册了商标等。自主创新产品的数量与专利拥有量是企业核心竞争力的保障,可以使创业计划的可行性大大提高。

(3)创业项目是否得到了科技、金融等机构的支持,支持力度是否能够维持企业正常的生产经营。

（五）效益评价

主要是评价创业计划能否最终实现经济效益和社会效益。经济效益是指创业计划可以给风险投资人带来符合预期的投资回报，主要评价创业计划的财务效益与股东回报指标。社会效益是指通过创业计划的落地执行，能否达到促进地区经济发展和社会进步的目的，能否以创业带动就业，创造就业机会，为社会做出重要贡献。

第三节　创业路演

创业路演是获取项目融资、进行产品推介的必经之路。创业者在创业路演的准备过程中，可以再次梳理创业思路，检视创业准备情况；在创业路演现场接受专业创业投资人的提问和质疑，能够发现创业计划的薄弱点和缺点，加深对创业活动的理解。可以说，创业路演是对创业者的考验，更是对创业者的磨炼。

一、创业计划的展示

创业者要获得外部资源的支持，就要进行创业计划的展示。创业计划的展示就是创业者对创业计划进行深入剖析和高度凝练以后，根据受众的需要，将创业计划的核心要点通过语言、视频、实物和操作等形式进行组合，并向受众呈现出来的过程。对大学生创业者群体而言，创业计划的展示主要通过创业路演来实现。创业路演分为线上路演和线下路演两种方式，以线下路演为主。线上路演主要通过各类在线视频办公软件来实现，线下路演则是由创业者直接面对投资人进行演讲和交流。

（一）创业计划展示的注意事项

1. 认真做好准备

创业计划的展示能否获得成功，创业项目本身和创业计划是根本。充分的展示准备可以帮助创业者极大地提高成功的可能性。相反，如果创业者没有经过认真的准备，就无法在创业展示环节将自己创业项目的亮点和优势呈现出来，最终无法得到投资人的青睐。因此，创业者在进行创业计划的展示前，务必要做好准备工作。

创业者首先应该了解听众（或评委）的相关信息，掌握其所属的行业、职位等基本信息，通过网络了解其曾经投资的项目或参与的创业计划展示，了解其提问的内容方向和方式，掌握成功案例中创业者的回答技巧等。

其次，创业者应该熟悉创业项目展示的规则和要求，并严格按照这些规则和要求进行准备。创业者要注意使演讲生动有趣、充满激情，如介绍个人经历或趣闻逸事、保持幽默、通过手势和激昂的语调显示热情等，必要时可以请相关领域的专家进行指导。

在创业计划展示前，要准备好着装、相关的资料、到达路线和交通工具等。

2. 充分利用展示媒介

仅有激情澎湃的演讲是不够的，在规则允许的情况下，还应该结合多种展示手段全方位地展示创业计划。创业者在创业计划的展示过程中，除了必备的幻灯片外，能用到的展示手段还有视频、实物(产品或模型等)等。

(1)视频可以提高信息传递的效率，增强信息传递效果，能够将口头语言无法表达的内容展示出来(如某些复杂的产品原理等)。

(2)实物一般指实际的产品或模型，可以形象地进行产品技术原理说明和功能效果展示，增强创业计划展示的真实性，提高可信度，具有极强的说服力和吸引力。

(二)创业计划的展示技巧

1. 善用表达技巧

在创业计划展示的时候，创业者如果能够运用表达技巧，就可以在将创业计划的内容阐述清楚的同时拉近与听众的距离，获得听众的好感，对争取外部资源起到事半功倍的效果。大学生创业者在平时应有意识地锻炼思维能力，不断提升语言表达能力，学会准确且有条理地表达自己的思想，灵活运用科学的语言，以多种形式表达自己的看法。

表达技巧的提升是一个长期的过程，但是，在创业计划展示前的一段较短的时间内，也可以通过复述这个最简单的方法锻炼表达能力，提升表达技巧。复述就是将创业计划按照主办方提出的规则进行多次的模拟演讲，从而提升表达时语言的组织能力和连贯性，逐渐提炼重点、增强理解。复述时，可以邀请创业团队的其他成员在现场观摩，对讲述者的表达提出意见和建议，对展示的内容和形式进行谋划，同时模拟观众进行提问。也可以将每次演讲的内容录音录像，自己反复观看，多次修改。

在创业计划的展示过程中，创业者要自信满满，声音要清晰洪亮，站姿方位要适当，展示内容要逻辑清晰、简洁明了，并围绕展示的关键点、容易出现的错误、自己的初步解释等进行展示内容的取舍。

2. 科学营造气氛

在进行创业计划的展示时，创业者应事先设计好调动现场气氛的方式方法，在展示现场营造一种自信满满、乐观向上的氛围。创业者要用最短的时间使观众了解产品的特性和市场前景等基本信息，务必做到对创业计划的内容非常熟悉，尽量不使用讲稿。同时，创业者应该明白，创业计划的展示不是滔滔不绝、以量取胜，更不是忘乎所以、以自我为中心，而是要注意观察听众的反应，自然流畅、条理清晰地回答各种问题。

演讲时，创业者可以使用卡片纸道具，将关键点写在上面，在紧张的时候可以起到提醒和缓解压力的作用。抓住演讲开头和结尾的30秒时间，开场富有感染力，结束时可以再次强调团队或项目的比较优势。最后，充满信心地面对观众，等待他们提出问题或进行点评，做到落落大方、有礼貌、有修养。

总之，大学生创业者应努力克服紧张情绪，营造良好的现场氛围，敢于展示、善于展示，这样才能取得良好的展示效果，达到征服投资者的目的。

3. 优化展示形式

有创意的展示形式既可以体现创业者的创新意识，也能让"有价值的事有意思"，给听众留下深刻的印象。常用的创业计划展示形式有口头展示、书面展示、实物展示、肢体语言展示等，创业者要根据创业计划的内容和听众的需求来决定采用什么样的展示形式，做到展示层次分明，表现形式多元化。

在规则限定下，无论是在口头展示中加入励志故事元素，还是在书面展示中灵活运用形态符号、视听符号、图形符号等，创业者都要提前做好展示形式的设计和优化，使创业计划的展示形式兼具科学思维和创新设计，在充满感性的展示过程中融入理性的科学思维，将主题信息准确地传达给观众。

二、创业路演材料的制作

（一）路演幻灯片的制作

创业路演时，一般都会用到路演幻灯片来配合创业者的演讲。创业路演是对创业计划的展示，因此，创业者需要根据路演的规则要求（特别是时间要求）确定幻灯片的张数，然后对创业计划的内容进行浓缩，对幻灯片的内容做好规划。

在路演进行时，创业者在台上进行讲解，同时配合幻灯片进行相应的展示和说明。因此，幻灯片上的内容应该和创业者讲解的内容进行匹配，使观众能通过查看投影屏幕上的文字描述、图表数字、关系图示、视频动画等内容，在短时间内快速了解项目要点。因此，路演幻灯片的制作对于提升创业路演的最终效果作用非常大。

路演幻灯片在制作时，要注意以下内容。

1. 幻灯片的整体风格

幻灯片的整体风格要符合整个展示的主基调，最好和创业计划保持统一，要美观大气。可以从网络上下载一些公开的项目展示幻灯片作为参考，切忌直接对模板幻灯片进行简单修改就作为路演幻灯片。创业者应根据创业计划中拟创办企业的价值观、企业文化设计、企业商标等，设计自己独特的幻灯片展示元素，以增强展示效果。

2. 幻灯片的版式

幻灯片的版式要统一，内容要进行合理的安排，在保持一致性的基础上，为每张幻灯片展示内容的安排和布局增添团队和创业计划个性设计。

3. 幻灯片的设计建议

（1）要根据路演组织方提供的投影屏幕参数设计幻灯片的长宽比，一般为 4：3 或 16：9。

（2）幻灯片的页数要根据路演组织方要求创业者演讲的时间而定，路演讲解的时间一般为 8 分钟左右（国际标准的路演时间为 8 分钟，我国的路演时间一般为 8~10 分钟）。所以，路演幻灯片的页数一般在 12~15 页之间即可。

（3）配色建议使用白底黑字或浅灰底黑字，视现场的灯光情况而定。如果要使用页面背景，切忌选用太多色彩，一般 1~2 种比较合适，图案要尽量简单大方，不能影响正文的表达。同时，连同正文一起，同一页面不要使用超过 3 种颜色。

（4）字体的使用遵循保守、美观的原则，不使用默认的、随意的字体，不使用标新立异的字体；字体越大越好，最好不要小于 16 磅；同一页面的字体不要超过 3 种；注意路演主办方电脑上是否有相应的字体，如果没有，可以将使用特殊字体的文字转换成图片。

（5）内容的排版要加大对比度，突出显示核心元素；精心设计每个页面元素，使每个元素都有存在的必要和意义；元素放置的位置不能随意，要体现深意，元素间要有一定的视觉联系和意义；避免使用居中对齐；避免复杂或延时较长的动画和页面切换效果。

（6）如果页面需要添加视频内容，要考虑视频格式在路演主办方用于展示的电脑中能否正常播放，考虑是否需要自动播放；视频内容要控制在 2 分钟以内，视频的画面配色、风格等与幻灯片保持一致；视频体积不宜过大，以免播放时出现卡顿。

（7）幻灯片的大小尽量在保证分辨率的基础上进行压缩，制作软件的版本要符合路演主办方的要求。

（8）路演幻灯片的制作，有一个"3 个 6"法则可以参考，即一般情况下，每一张展示的幻灯片中文字内容最好不要超过 6 行，每一行文字不超过 6 个字，连续的 6 张文字的幻灯片后最好有一张图表形式的幻灯片。

4. 幻灯片展示的思路

幻灯片展示要确定一个整体思路，通常要有概述、问题引出、企业简介、产品或服务介绍、市场分析、团队介绍、生产与销售、财务分析、风险控制和最后的总结等部分。

相对于创业计划的撰写和展示，路演幻灯片的制作属于"锦上添花"的事项，但幻灯片制作的好坏也是创业者态度和能力的一定体现，因此，创业者要对路演幻灯片的制作给予足够的重视。

（二）路演幻灯片的内容

1. 路演幻灯片内容的重点和核心功能

路演幻灯片需要体现创业计划展示的 6 个重点内容，即向观众阐述清楚创业者是谁,想通过创业干什么,希望干成什么,拥有什么资源,需要投资者提供什么样的资源,可以给予投资者什么回报。

路演幻灯片有 3 个展示核心功能,即:

(1)展现创业团队的专业性和软实力,证明该创业行动是由一群足够优秀的创业者将优秀的创意落地的行动,可以取得成功。

(2)展现商业梦想实现的数字逻辑,证明该创业行动是基于充分的市场调研数据基础上,经过严密的数据逻辑分析、推演和预测的理性行动。

(3)展现创业行动的价值取向,证明该创业行动通过价值驱动来凝聚核心竞争力,以客户需求为中心,具备完整的、系统化的实施策略,具备实现市场价值的闭环,能够确保投资利益的持续发展和利益的最大化。

2. 路演幻灯片内容的设计建议

路演幻灯片多为 12~15 页,以 12 张幻灯片为例,其内容设计建议见表7-4。

表7-4　路演幻灯片内容建议

幻灯片顺序	内容建议
第 01 张	企业的概述,介绍企业的名称、现状、创业者等
第 02 张	这个创业项目满足客户什么样的需求,目前市场的供给情况等
第 03 张	说明如何解决这些问题:是提供全新的产品还是对原有产品进行改进,是从功能上还是从外观上改进等
第 04 张	对这个项目的机会以及目标市场进行描述,说明开展该项目的理由,该项目未来的市场机会和具体的目标市场等
第 05 张	关于技术的介绍,包括要解决所发现的问题需要什么技术,该技术目前现状如何,是否拥有该技术及技术的专利保护,未来技术的发展方向等
第 06 张	关于竞争的介绍,包括市场上现有的竞争对手情况,己方和竞争对手各自的优势是什么,市场容量如何,竞争的激烈情况,己方的应对策略等
第 07 张	关于市场和销售的介绍,包括现有的市场状况,未来市场发展的预测,市场营销计划和安排,促销的渠道和方式等
第 08 张	关于管理团队的介绍,包括管理团队的构成,核心管理人员的教育背景、资质、经历、职责等,要重点突出管理团队中的技术顾问、法律顾问和市场顾问
第 09 张	关于财务规划的介绍,包括对于资金需求的预测,未来资金的可能的筹集渠道,项目实施之后可能的盈利状况,企业在发展一段时间之后的资产负债状况等。 如果一张幻灯片无法放下这些内容,可以使用 2~3 张,先对当前的创业资金进行描述,再对未来的利润状况和资产负债情况进行预测
第 10 张	关于企业现状的介绍,包括创业活动现在的状态,是否已经注册了企业,是否已经形成了收入,如果没有注册,是否已经提出了申请等

续表7-4

幻灯片顺序	内容建议
第11张	关于财务要求的介绍，包括是想筹集债权资金还是想筹集股权资金，如果筹集债权资金的话，希望的金额是多少，如果筹集股权资金的话，能够出让的股权的比例是多少。以及未来分配利润的方式，天使投资或风险投资的退出渠道等
第12张	总结一下这个项目的性质如何，要通过什么样的方式解决什么样的问题，在这个过程中，对于创业团队、社会、顾客、投资者能够产生什么样的价值等

以上是通常情况下路演幻灯片的内容设计建议，创业者应该根据实际情况进行取舍和修改。在内容制作时，要注意逐一审查页面上的每一个元素，逐一思考为什么要放置这个元素，不放行不行，坚持"如无必要，绝不添加"的原则，任何不能对创业项目进行解释或增加感染力的元素，全部要删除。

如果幻灯片中需要添加视频内容，建议放在开场或结尾处，放在开头用于介绍产品，特别是产品的典型应用场景；放在结尾用于展示用户真实反馈。

幻灯片内容设计完成后，一定要和团队成员一起进行讲解模拟演练，对幻灯片进行多次修改。

创业内容是创业路演的核心，也是投资者最关注的地方。一般情况下，听众(风险投资者或评委)都具有丰富的创业项目投资经验，很多人都是创业成功人士，他们会根据创业者所阐述的创业内容进行可行性对比和分析，从而做出最终的决定。创业路演要以创业内容为支撑，通过精心的制作和反复的演练，尽量争取听众的支持。

拓展阅读

七招看你的创业计划是否可行

你确定自己适合创业后，不必马上走上创业这条路，可先评估一下自己的创业计划是否可行。

1.你看到过别人使用过这种方法吗？一般来说，一些经营红火的公司的经营方法比那些特殊的想法更具有现实性。在有经验的企业家当中流行这样一句名言："还没有被实施的好主意往往可能实施不了。"

2.你真正了解你所从事的行业吗？许多行业的创业者都是从事过并了解这个行业的人。如果对要在其中创业的行业不了解，你就得花费很多时间和精力去调查诸如价格、销售、管理费用、行业标准、竞争优势等情况。

3.你能否用语言清晰地描述出你的创业构想？根据成功者的经验，不能将这想法变成自己的语言的原因大概也是一个警告——你还没有仔细地思考吧！

4.你的设想是为自己还是为别人？你是否打算在今后5年或更长时间内，全身心地投入到这个计划的实施中去？

5. 你的想法经得起时间考验吗？当未来企业家的某项计划真正得以实施时，他会感到由衷的兴奋。但过了一个星期、一个月甚至半年之后，将是什么情况？它还那么令人兴奋吗？或已经有了完全不同的另外一个想法来代替它？

6. 你有没有一个好的网络？开始办企业的过程，实际上就是一个组织供应商、承包商、咨询专家、雇员等的过程。为了找到合适的人选，你应该有一个服务于你的个人关系网。

7. 明白什么是潜在的回报。每个人投资创业，其最主要的目的就是赚更多的钱。可是，在尽快致富的设想中隐含的绝不仅仅是钱。你还要考虑成就感、爱、价值感等潜在回报。如果没有意识到这一点，那就必须重新考虑你的计划。

经过自我分析后证明你适合创业，同时你也能正确回答上述几个问题，那么你成功的概率将会很高，你可以决定着手去创业。

实战案例

星空下的创意生活梦——大学生创业者汪伟玲[①]

社会是在摸索中不断前进的，大学生创业者的涌现也向我们昭示着市场的转变。诚然，大学生创业会面对许多困难，比如大学生由于社会经验不足，常常盲目乐观，没有充分的心理准备，或者急于求成、缺乏市场意识及商业管理经验，等等。但是，观念是与时代一起改变，与新生力量一起前行的。路就在你我脚下，走的人越多，路肯定会越宽。

最初坚持的源泉与动力

汪伟玲，北京科技大学经管学院硕士毕业。毕业后为了追求自己的梦想，汪伟玲自2013年初开始创业，在家乡开办了一家创意生活馆。2014年初，开办了第一家以星空为主题的主题公寓，事业日渐走向正轨。

2013年初汪伟玲偶然在北京接触到绘本馆这个行业，其鲜明的特色和新潮浓郁的现代时尚气息让她对这个行业的前景颇为看好。仿照它的模式，她开办了一家梦想魔方创意生活馆。汪伟玲介绍，梦想魔方是一家教育机构，其优势在于项目本身立足于教育，并且有创意，更容易被家长接受，因此现在发展得不错，未来有希望能帮助更多家庭接触亲子阅读。在创立梦想魔方的过程中，汪伟玲积累了经验，增加了阅历，之后，在2014年初，她开办了梦想家星空主题公寓。汪伟玲的创业萌芽于她对市场和行业的细致观察，也源自自己的兴趣——她是一个忠实的天文爱好者。

兴趣永远是人类发展的动力。生活中遍布着人类兴趣带给我们的影响，社会的发展

[①] 孙长林. 大学生创业教育理论与实务[M]. 北京：现代教育出版社，2017：119-120.

也正是由兴趣所推动的。一份工作，假若我们自身都对它没有兴趣，那么我们就会对其产生厌恶之情，甚至不能长久地从事这份工作。如果一个人选择的职业与自己的兴趣吻合，那么枯燥的工作也会变得丰富多彩、趣味无穷。

出发战斗前的摸索与准备

只有兴趣是远远不足以满足创业的基本条件的，影响汪伟玲创业选择的还有市场因素。她在问卷中写道："在北京看到绘本馆这个行业，我特别喜欢，觉得前景也不错，回来就开起来了。因为一开始创业规模比较小，最开始考虑的就是市场能不能接受的问题。"这确实是现实问题，创业首先要考虑的就是盈利问题，那么这必然和市场的接受程度息息相关。创业需要我们从校园走入社会，开始接触很多对我们来说一直都很陌生的东西。尽管她的专业就是经济管理，但在创业初期，汪伟玲还是专门对国家政策和市场现状进行了相关了解。她有很扎实的专业知识，这无疑为她的创业打下了良好的基础。

同时，她也通过在社会中的不断历练努力积累经验。汪伟玲给自己定下了如下几点要求：第一，树立全新的人才观，重视创业精神的自我培养；第二，在思想和精神上训练自己，培养自己吃苦耐劳的精神和对挫折的承受力；第三，充分利用各种渠道，获取各种经验；第四，重视并珍惜社会实践的机会，去了解市场、了解职业，迈开走入社会的第一步；第五，广泛社交，网罗人脉，积累一笔可观的人力资源。这些要求看上去并不困难，但当真正去做时才会发现并不简单。许多事情都是这样，往往表面上看起来最易操作的反而最考验人。在如今有些浮躁的社会氛围中，我们不得不承认，现在的大学生缺乏许多创业必需的因素，比如谈判的能力、处理突发事件的能力、人际交往的能力等，但这并不是大学生创业的绊脚石，而是激励大学生创业的动力。人只有知道自身的不足才会有动力去改善自己，以追求更高的境界。汪伟玲也同样如此，她克服了自己的许多缺陷，从而在创业前期做好了相对充足的准备。这也许不一定能让你成功，但是妄想不劳而获，不做任何准备的人是绝对不可能获得成功的。

前进道路上的困难与扶持

创业一旦开始，就意味着创业者要面临不知何时就会突然到来的机遇和挑战。汪伟玲的创业之路亦经历了跌宕起伏。她告诉我们，在创业初期，市场的竞争、对政策的不了解、创业资金的不足、团队人才的不足和经验的缺乏，让刚刚开始起步创业的他们产生了动摇。最大的一次危机是人才的缺乏，这对任何一个企业来说都是致命的。人才的引入及培养涉及方方面面的问题，一个好的管理人员千金难得。汪伟玲做了许多努力，吸引与自己有共同理念的人，想尽办法留住人才。通过团队的共同努力，他们最终渡过了这次危机。

在数次危机中，汪伟玲也察觉到了政府和学校方面支持大学生创业中的一些问题，如对大学生创业和小微企业的支持很少，许多文件仍停留在政策层面，未得到实际落实，这让很多大学生创业者感到无助。在大学生创业率越来越高的今天，学校和社会仍需要完善各项帮扶措施并实施到位，如学校可以对大学生展开创业相关的培训，包括公司财务管理，人力资源管理，市场调查，前景分析，政策解答和引导等。政府部门要让各项对大学生创业者的帮扶政策落实，营造良好的创业环境。一方面要开辟融资渠道，为大学生创业提供金融支持，另一方面要求政府部门加强服务意识，为大学生创业提供方便之门。要简化手续，提供方便快捷的优质服务，进而形成全社会支持大学生自主创业的氛围。

风雨兼程中的经验与感悟

创业无疑是实现理想的一种很"光鲜"的方式。同时，创业也伴随着高付出、高风险、知识面有限和技术能力不够等问题，这使许多大学生对创业望而生畏。然而，既然选择了创业，那就只顾风雨兼程。

汪伟玲肯定会失去某些东西，但肯定也学到了很多。学校和社会终究只是辅助系统，真正牢固稳健的根基还需要我们自己来夯实。如果有创业的想法，就要从现在起多学习专业知识，多多实践。读好学校的书，也要读好生活和社会这本大书。有意识地去培养自己，锻炼自己，充分利用假期进入公司和职场学习。

创业是修行，不是做学问。修行重在实践与行动，在其中体验、见证与感悟。只有在修行中逐渐成长，才能在创业中找到属于我们自己的道路。创业不伟大，也不卑微。创业是最有效的学习方式，哪怕创业失败了，拥有的这份经历也是很有含金量的。创业不仅考验一个人的成功观与事业心，更考验一个人的生活观。当你拥有了这种心态时，你便已经获得了最大的成功。

实操训练

撰写创业计划

创业计划是创业活动的行动指南和获得投资的重要依据，要基于创业活动的实际情况，只有这样创业计划才有指导意义。要实事求是地向投资者说明情况，进行科学的推算，以赢得投资者的信任和支持。

"纸上得来终觉浅，绝知此事要躬行"，只有亲自动手撰写一份创业计划，才能得到真正的锻炼。

1. 准备阶段

(1) 组成团队，3~6人一组，自由搭配，每个小组的成员说出自己的优势与劣势，推选领导者，并按成员的特长进行分工。

(2) 项目选择，小组成员商讨出一个创业意向，开展市场调研和可行性分析，最终确定项目内容。

(3) 模拟讨论，对创业活动的细节进行商讨，如产品性能、营销策略、质量管理、财务管理、筹资计划等。

2. 撰写阶段

撰写一份创业计划。

3. 评估评价

不同小组间互换创业计划进行评估和评价。评估时主要从以下几个方面进行考察：

（1）创业计划是否实用？

（2）创业计划是否有浮夸成分？

（3）创业计划有哪些模糊的地方？

（4）创业计划有没有凸显项目的价值和优势？

（5）创业计划制作是否规范？

（6）如果你是投资人，你会投资这个创业活动吗？

（7）对这份创业计划提出意见和建议。

第八章

大学生创业政策及法律

第一节 大学生创业政策

国家政策对大学生的创新创业活动影响巨大。创业政策属于创业活动所属政治环境的一部分，政治环境包括国家的社会制度，执政党的性质，政府的方针、政策、法令等。我国是中国共产党领导下的社会主义国家，在我国经济社会发展的不同时期，需要解决的主要社会矛盾不同，政府的政策倾向也不断发展变化。当前，我国的市场经济发展迅猛，近几年，国家出台了很多鼓励和支持大学生创新创业的优惠政策，大学生在准备进行创业时，要对国家的有关创新创业政策进行深入了解。

从广义上看，创业政策是指政府出台的系列法律法规或者高校等其他主体单位出台的制度条例和措施办法等，为创业主体创造良好的社会环境和氛围是创新创业政策制订的目的。[①] 创业政策为创业者提供了良好的创业环境，提高了创业成功率，同时也激发了创业者的创新创造性。

一、国家鼓励大学生创业的有关政策

党和国家一直高度重视大学生的创新创业活动，陆续出台了一系列大学生创新创业支持政策，特别是近几年，支持大学生创新创业已经在全社会达成了共识，国家政策的支持力度不断加大。无论是在政府的工作报告中，还是在国务院、教育部等国家各部委每年发布的与民生密切相关的文件中，鼓励创新创业，特别是鼓励大学生群体创新创业，已成为一项重要的内容。

2020 年 7 月 15 日，李克强总理主持召开国务院常务会议，部署深入推进大众创业、万众创新，重点支持高校毕业生等群体就业创业。会议指出，按照党中央、国务院部署，为全面做好"六稳"工作、落实"六保"任务，应对疫情冲击和发展环境变化，必须贯彻创新驱动发展战略，深入推进大众创业、万众创新，激发市场活力和社会创造力，以新动能支撑保就业保市场主体，尤其是支持高校毕业生、返乡农民工等重点群体创业就业。

近几年，国家鼓励大学生开展创新创业的主要政策还有：《国务院办公厅关于支持多渠道灵活就业的意见》《国务院办公厅关于提升大众创业万众创新示范基地带动作用进一步促改革稳就业强动能的实施意见》《国务院办公厅关于应对新冠肺炎疫情影响强化稳就业举措的实施意见》《国务院办公厅关于推广第三批支持创新相关改革举措的通知》《国务院关于推动创新创业高质量发展打造"双创"升级版的意见》《关于开展双创示范基地创业就业"校企行"专项行动的通知》《科技部关于印发 2020 年度国家备案众创空

---

① 薛浩杰.我国大学生创业政策研究[D].首都经济贸易大学，2017.

间的通知》《财政部等三部门关于进一步加大创业担保贷款贴息力度全力支持重点群体创业就业的通知》《教育部关于应对新冠肺炎疫情做好 2020 届全国普通高等学校毕业生就业创业工作的通知》《工业和信息化部组织推荐 2020 年度国家小型微型企业创业创新示范基地》等。

这些文件为大学生开展创业活动提供了行业引导、便捷服务、金融和资源支持、教育培训、示范引领、知识产权保护和转化等方面的支持。

(一)创业鼓励政策

创业鼓励政策是指国家根据大学生创业所属的行业和单位规模、性质等因素,对创业企业给予不同类型的支持。同时,国家在政府采购方面也加大了对创业企业的支持力度。这些政策对大学生创业而言都具有积极的意义(见表 8-1)。

表 8-1 创业鼓励政策

文件名称	国务院关于推动创新创业高质量发展打造"双创"升级版的意见(国发〔2018〕32 号)
具体内容	完善创新创业产品和服务政府采购等政策措施。完善支持创新和中小企业的政府采购政策。发挥采购政策功能,加大对重大创新产品和服务、核心关键技术的采购力度,扩大首购、订购等非招标方式的应用
文件名称	国务院办公厅关于提升大众创业万众创新示范基地带动作用进一步促改革稳就业强动能的实施意见(国办发〔2020〕26 号)
具体内容	顺应消费需求升级和服务便利化要求,重点围绕托育、养老、家政、乡村旅游等领域,组织有条件的企业、区域示范基地与互联网平台企业联合开展创业培训、供需衔接、信息共享和能力建设,打造社会服务创业带动就业标杆项目,及时复制推广经验成果,吸引社会资本发展社会服务新业态新模式,拓展更大就业空间。 细化政府采购政策,加大对中小企业的采购支持力度。鼓励双创示范基地聚焦核心芯片、医疗设备等关键环节和短板领域,建立大中小企业协同技术研发与产业化的合作机制,带动壮大高新技术企业、科技型中小企业规模。瞄准专业细分领域,培育专精特新"小巨人"企业、制造业单项冠军企业
文件名称	国务院办公厅关于支持多渠道灵活就业的意见(国办发〔2020〕27 号)
具体内容	引导劳动者以市场为导向,依法自主选择经营范围。鼓励劳动者创办投资小、见效快、易转型、风险小的小规模经济实体。支持发展各类特色小店,完善基础设施,增加商业资源供给

(二)创业便捷服务政策

大学生在创业过程中会遇到很多复杂的问题,需要到各个政府部门、金融机构等处办理各种复杂的手续,因此,出台优化大学生创业的注册、审批、管理等程序的政策,可以帮助大学生将主要精力聚焦在技术创新和生产经营上面(见表 8-2)。

表 8-2　创业便捷服务政策

文件名称	国务院关于推动创新创业高质量发展打造"双创"升级版的意见(国发〔2018〕32 号)
具体内容	简政放权释放创新创业活力。进一步提升企业开办便利度,全面推进企业简易注销登记改革。积极推广"区域评估",由政府组织力量对一定区域内地质灾害、水土保持等进行统一评估。推进审查事项、办事流程、数据交换等标准化建设,稳步推动公共数据资源开放,加快推进政务数据资源、社会数据资源、互联网数据资源建设。清理废除妨碍统一市场和公平竞争的规定和做法,加快发布全国统一的市场准入负面清单,建立清单动态调整机制。 放管结合营造公平市场环境。加强社会信用体系建设,构建信用承诺、信息公示、信用分级分类、信用联合奖惩等全流程信用监管机制。修订生物制造、新材料等领域审查参考标准,激发高技术领域创新活力。引导和规范共享经济良性健康发展,推动共享经济平台企业切实履行主体责任。建立完善对"互联网+教育""互联网+医疗"等新业态新模式的高效监管机制,严守安全质量和社会稳定底线。 优化服务便利创新创业。加快建立全国一体化政务服务平台,建立完善国家数据共享交换平台体系,推行数据共享责任清单制度,推动数据共享应用典型案例经验复制推广。在市县一级建立农村创新创业信息服务窗口。完善适应新就业形态的用工和社会保险制度,加快建设"网上社保"。积极落实产业用地政策,深入推进城镇低效用地再开发,健全建设用地"增存挂钩"机制,优化用地结构,盘活存量、闲置土地用于创新创业。 大力促进创新创业平台服务升级。提升孵化机构和众创空间服务水平。搭建大中小企业融通发展平台。深入推进工业互联网创新发展。完善"互联网+"创新创业服务体系。 切实打通政策落实"最后一公里"。强化创新创业政策统筹。细化关键政策落实措施。做好创新创业经验推广
文件名称	国务院办公厅关于提升大众创业万众创新示范基地带动作用进一步促改革稳就业强动能的实施意见(国办发〔2020〕26 号)
具体内容	强化双创复工达产服务。进一步提升双创示范基地服务信息化、便利化水平,充分发挥双创支撑平台、工业互联网平台、电子商务平台等作用,推广"一键申领、网上兑现""企业网上跑、政府现场办"等经验,多渠道为企业解决物流、资金、用工等问题,补齐供应链短板,推动全产业链协同。鼓励双创示范基地积极探索应对疫情影响的新业态新模式。政府投资开发的孵化基地等创业载体安排一定比例场地,免费向下岗失业人员、高校毕业生、农民工等群体提供。引导平台企业降低个体经营者相关服务费,支持开展线上创业
文件名称	国务院办公厅关于支持多渠道灵活就业的意见(国办发〔2020〕27 号)
具体内容	持续深化商事制度改革,提供便捷高效的咨询、注册服务。 加强审批管理服务。开通行业准入办理绿色通道,对需要办理相关行业准入许可的,实行多部门联合办公、一站式审批。在政府指定的场所和时间内销售农副产品、日常生活用品,或者个人利用自己的技能从事依法无须取得许可的便民劳务活动,无须办理营业执照。加大"放管服"改革力度,引导劳动者规范有序经营。 取消部分收费。取消涉及灵活就业的行政事业性收费,对经批准占道经营的免征城市道路占用费。建立公开投诉举报渠道,依法查处违规收费行为

（三）创业金融和资源支持政策

大学生创业初期需要相对较高的资金投入，但大学生往往因为缺乏自有资金、社会资源和经营经验等原因而遭遇融资难题。因此，给予大学生创业者金融和资源的支持，采取措施降低大学生创业成本，是对大学生创业最大的支持和帮助。我国创业金融和资源支持政策见表8-3。

表8-3 创业金融和资源支持政策

文件名称	国务院关于推动创新创业高质量发展打造"双创"升级版的意见（国发〔2018〕32号）
具体内容	加大财税政策支持力度。聚焦减税降费，研究适当降低社保费率，确保总体上不增加企业负担，激发市场活力。将企业研发费用加计扣除比例提高到75%的政策由科技型中小企业扩大至所有企业。对个人在二级市场买卖新三板股票比照上市公司股票，对差价收入免征个人所得税。将国家级科技企业孵化器和大学科技园享受的免征房产税、增值税等优惠政策范围扩大至省级，符合条件的众创空间也可享受。 进一步完善创新创业金融服务。引导金融机构有效服务创新创业融资需求。充分发挥创业投资支持创新创业作用。拓宽创新创业直接融资渠道。完善创新创业差异化金融支持政策
文件名称	国务院办公厅关于提升大众创业万众创新示范基地带动作用进一步促改革稳就业强动能的实施意见（国办发〔2020〕26号）
具体内容	落实创业企业纾困政策。切实落实阶段性减免企业社会保险费、缓缴住房公积金等减负政策，根据所在统筹地区政策做好阶段性减征职工基本医疗保险费工作，落实好小规模纳税人增值税减免等优惠政策。落实承租国有房屋房租减免政策，确保惠及最终承租人。鼓励双创示范基地通过延长孵化期限、实施房租补贴等方式，降低初创企业经营负担。优先对受疫情影响较大但发展潜力好的创新型企业加大金融支持力度，简化贷款审批流程，提高信用贷款、中长期贷款比重。 增强协同创新发展合力。充分发挥双创示范基地大企业带动作用，协助中小企业开展应收账款融资，帮助产业链上下游企业和相关创新主体解决生产经营难题。在符合条件的示范基地加快推广全面创新改革试验经验，探索实施政银保联动授信担保、建立风险缓释资金池等改革举措，为中小企业应对疫情影响提供有效金融支持。 增强创业带动就业能力。盘活闲置厂房、低效利用土地等，加强对创业带动就业重点项目的支持。加强创业培训与创业担保贷款等支持政策的协同联动，提升创业担保贷款贴息等扶持政策的针对性和及时性。 对首次创业并正常经营1年以上的返乡入乡创业人员，可给予一次性创业补贴。对符合条件的返乡入乡创业人员按规定给予创业担保贷款贴息和培训补贴
文件名称	国务院办公厅关于支持多渠道灵活就业的意见（国办发〔2020〕27号）
具体内容	对……高校毕业生……等重点群体从事个体经营的，按规定给予创业担保贷款、税收优惠、创业补贴等政策支持。 提供低成本场地支持。落实阶段性减免国有房产租金政策，鼓励各类业主减免或缓收房租，帮助个体经营者等灵活就业人员减轻房租负担。有条件的地方可将社区综合服务设施闲置空间、非必要办公空间改造为免费经营场地，优先向……高校毕业生……提供

目前，金融和资源支持政策主要包括以下五种：

(1)创业基金政策。由地方政府、高校校友基金等出资成立大学生创业扶持资金，对符合条件的大学生创新创业项目给予无偿资助。有的基金项目会跟大学生创业者签订合同，约定如果大学生创业成功并达到一定条件后，就偿还本金用于基金回流，继续支持其他大学生的创新创业活动；如果创业失败，则不需要偿还本金。

(2)税收优惠类政策。针对符合条件的大学生自主创业项目，在一定年限内，地方财政采取先征后返的方式减免其营业税和个人所得税的地方所得部分，市属行政事业性收费全免。大学生自主创业一定年限内申请专利、商标、软件著作权等无形资产的，由纳税地知识产权部门对申请费用给予全额补贴。

(3)金融贷款类政策。大学生创业者可以申请一定额度的财政贷款贴息。大学生合伙经营或组织起来就业，具备一定自有资金和相应条件的，由地方政府在一定额度内给予担保贷款。对大学生自主创办的新兴项目，根据企业规模可给予一定额度的小额担保贷款扶持，财政按贷款基准利率的50%给予贴息。

(4)准入门槛类政策。放宽对大学生群体的创业准入条件，并在此基础上免收工商登记注册等的登记类、证照类收费。很多地区都设立了大学生创业的绿色通道，如果大学生创业项目属于非禁止、非限制类发展项目的，在大学生办理注册登记时无重大要件缺失的情况下，实行即到即办的政策。

(5)资源支持类政策。对大学生创业租用国有房产的租金开展阶段性减免，鼓励大学生双创示范基地通过延长孵化期限、实施房租补贴等方式降低大学生创业企业经营成本。

(四)创业教育培训支持政策

开展大学生创新创业教育，对于提升大学生创新创业意识、增强创新创业能力、获取创新创业经验具有不可替代的作用。近年来，国家大力引导和鼓励各高校开展创业教育和培训工作，成效显著。高校普遍建立了创新创业教育学院、创新创业教育研究中心、创新创业指导中心等机构，为大学生提供创新创业课程、学分、咨询、指导、比赛、孵化等服务，极大地调动了大学生创新创业积极性。我国创业教育培训支持政策见表8-4。

表8-4 创业教育培训支持政策

文件名称	国务院关于推动创新创业高质量发展打造"双创"升级版的意见(国发〔2018〕32号)
具体内容	强化大学生创新创业教育培训。在全国高校推广创业导师制，把创新创业教育和实践课程纳入高校必修课体系，允许大学生用创业成果申请学位论文答辩。支持高校、职业院校(含技工院校)深化产教融合，引入企业开展生产性实习实训。 打造创新创业重点展示品牌。继续扎实开展各类创新创业赛事活动，办好全国大众创业万众创新活动周，拓展"创响中国"系列活动范围，充分发挥"互联网+"大学生创新创业大赛、中国创新创业大赛、"创客中国"创新创业大赛、"中国创翼"创业创新大赛、全国农村创业创新项目创意大赛、中央企业熠星创新创意大赛、"创青春"中国青年创新创业大赛、中国妇女创新创业大赛等品牌赛事活动作用。对各类赛事活动中涌现的优秀创新创业项目加强后续跟踪支持

续表8-4

文件名称	国务院办公厅关于提升大众创业万众创新示范基地带动作用进一步促改革稳就业强动能的实施意见(国办发〔2020〕26号)
具体内容	完善支持返乡入乡创业的引人育人留人政策,加大对乡村创业带头人的创业培训力度,培育一批能工巧匠型创业领军人才。 提升高校学生创新创业能力。支持高校示范基地打造并在线开放一批创新创业教育优质课程,加强创业实践和动手能力培养,依托高校示范基地开展双创园建设,促进科技成果转化与创新创业实践紧密结合
文件名称	国务院办公厅关于支持多渠道灵活就业的意见(国办发〔2020〕27号)
具体内容	开展针对性培训。将有创业意愿的灵活就业人员纳入创业培训范围,组织开展开办店铺、市场分析、经营策略等方面的创业培训,促进提升创业能力和创业成功率

鼓励高校为大学生提供创新创业教育和培训的政策主要有以下类型:

(1)开设创新创业教育课程。在2007年发布的《教育部办公厅关于印发〈大学生职业发展与就业指导课程教学要求〉的通知》(教高厅〔2007〕7号)文件的附件《大学生职业发展与就业指导课程教学要求》中要求"各高等学校要按照《教学要求》,结合本校实际,制订科学、系统和具有特色的教学大纲,组织实施本校的大学生职业发展与就业指导课程建设和教学活动,积极促进高校毕业生就业。"《教学要求》的内容一共分为六个部分,其中创业教育是其中一个部分。在教育部等部门之后每年发布的相关文件中,大学生创新创业教育都是其中重要的内容。

在《教育部关于应对新冠肺炎疫情做好2020届全国普通高等学校毕业生就业创业工作的通知》(教学〔2020〕2号)中,教育部要求"强化线上就业创业指导","充分利用各类国家、省和高校教育资源,开发、共享一批线上就业创业精品课程和就业创业讲座视频,方便毕业生点播观看"。

在《教育部关于做好2021届全国普通高校毕业生就业创业工作的通知》(教学〔2020〕5号)文件中,要求建立"全国大学生就业创业指导专家库",打造大学生就业创业指导"名师金课"。

(2)开展创业实践活动。创业实践活动是大学生获得创业经验的一个重要途径。2020年发布的《国务院办公厅关于提升大众创业万众创新示范基地带动作用进一步促改革稳就业强动能的实施意见》(国办发〔2020〕26号)明确要求"提升高校学生创新创业能力。支持高校示范基地打造并在线开放一批创新创业教育优质课程,加强创业实践和动手能力培养,依托高校示范基地开展双创园建设,促进科技成果转化与创新创业实践紧密结合"。

(3)加强创业教师队伍建设。高素质的创业教师队伍是做好创新创业教育的基础,教师的专业程度直接影响大学生创新创业教育的水平。2015年发布的《教育部关于做好2015年全国普通高等学校毕业生就业创业工作的通知》(教学〔2014〕15号)中要求"要把就业指导教师专业技术职务评聘工作落到实处,进一步推进就业创业指导教师专业化、专家化"。2015年发布的《教育部关于做好2016届全国普通高等学校毕业生就业创业工作的通知》(教学〔2015〕12 号)文件中，再次强调"加快建设一支职业化、专业化、专家化的就业创业指导工作队伍，高度重视解决就业创业指导教师专业技术职务评聘问题。在专业技术职务评聘中充分考虑就业创业指导教师的工作业绩，并在同等条件下予以适当倾斜"。

从近些年国家发布的关于大学生就业创业的各类文件来看，国家鼓励各高校聘请行业专家、企业家、创业校友等担任大学生创业团队的指导教师，鼓励专业教师、科研人员、实验室教师全程参与和指导大学生创新创业。提出各高校要加快建设一支专业化、专家化、职业化的创新创业指导队伍，在专业技术职务评聘、教学工作量计算和绩效考核等工作中充分考虑指导教师付出，并给予适当的支持。还提出建立创新创业指导教师的培训机制，开展专业化的师资培训，鼓励创新创业指导教师到企业开展挂职锻炼。

(五)知识产权保护和转化政策

大学生创新创业一个典型的特征就是科技含量相对较高，很多大学生的创业项目都是基于自己在大学期间取得的科技发明、科研课题成果等，或者是利用大学里自己熟悉的教授的科研成果开发的。因此，鼓励和支持高校科研人员积极投身科技创业，加强知识产权保护就显得非常有必要。我国知识产权保护和转化政策示例见表 8-5。

表 8-5 知识产权保护和转化政策示例

文件名称	国务院关于推动创新创业高质量发展打造"双创"升级版的意见(国发〔2018〕32 号)
具体内容	建立完善知识产权管理服务体系。建立完善知识产权评估和风险控制体系，鼓励金融机构探索开展知识产权质押融资。完善知识产权运营公共服务平台，逐步建立全国统一的知识产权交易市场。鼓励和支持创新主体加强关键前沿技术知识产权创造，形成一批战略性高价值专利组合。聚焦重点领域和关键环节开展知识产权"雷霆"专项行动，进行集中检查、集中整治，全面加强知识产权执法维权工作力度。积极运用在线识别、实时监测、源头追溯等"互联网+"技术强化知识产权保护。 鼓励和支持科研人员积极投身科技创业。对科教类事业单位实施差异化分类指导，出台鼓励和支持科研人员离岗创业实施细则，完善创新型岗位管理实施细则。健全科研人员评价机制，将科研人员在科技成果转化过程中取得的成绩和参与创业项目的情况作为职称评审、岗位竞聘、绩效考核、收入分配、续签合同等的重要依据。建立完善科研人员校企、院企共建双聘机制。 推动高校科研院所创新创业深度融合。健全科技资源开放共享机制，鼓励科研人员面向企业开展技术开发、技术咨询、技术服务、技术培训等，促进科技创新与创业深度融合。推动高校、科研院所与企业共同建立概念验证、孵化育成等面向基础研究成果转化的服务平台。 健全科技成果转化的体制机制。纵深推进全面创新改革试验，深化以科技创新为核心的全面创新。完善国家财政资金资助的科技成果信息共享机制，畅通科技成果与市场对接渠道。试点开展赋予科研人员职务科技成果所有权或长期使用权。加速高校科技成果转化和技术转移，促进科技、产业、投资融合对接。加强国家技术转移体系建设，鼓励高校、科研院所建设专业化技术转移机构。鼓励有条件的地方按技术合同实际成交额的一定比例对技术转移服务机构、技术合同登记机构和技术经纪人(技术经理人)给予奖补

（六）示范引领政策

创新创业榜样对大学生开展创新创业活动具有较强的示范引领作用，因此，在创业地或高校建设一批大学生创新创业示范园区，对促进大学生创新创业有重要的作用。当前，各省市、各高校不断加强大学生科技园、大学生创新创业孵化基地、众创空间等创新创业平台建设，在为大学生创业者提供场地、注册、投资、孵化等服务的同时，通过聚集一大批创新创业大学生团队，形成示范引领效应。

同时，在政府的倡导和推动下，社会各界为大学生的创新创业提供了良好的文化环境。政府采取多种措施支持大学生开展创新创业活动，组织全国性大学生创新创业大赛，调动企业、高校和大学生的积极性，为大学生提供展现创新创业才能的平台，在社会上形成了鼓励创新创业的文化氛围。各高校也根据自己本校的实际情况，创造性地进行机制体制建设和制度文化建设，大力提倡和帮助大学生进行创新创业，为大学生提供丰富多彩的创新创业学习和实践机会。良好的创业文化引导和鼓励大学生通过开展创业活动实现自我和社会价值，激励大学生独立自主、艰苦奋斗、不怕失败、敢于争先、勇于创新。我国创新创业示范引领政策示例见表8-6。

表8-6　创新创业示范引领政策示例

文件名称	国务院关于推动创新创业高质量发展打造"双创"升级版的意见（国发〔2018〕32号）
具体内容	加快推进首台（套）重大技术装备示范应用。充分发挥市场机制作用，推动重大技术装备研发创新、检测评定、示范应用体系建设。编制重大技术装备创新目录、众创研发指引，制定首台（套）评定办法。依托大型科技企业集团、重点研发机构，设立重大技术装备创新研究院。建立首台（套）示范应用基地和示范应用联盟。加快军民两用技术产品发展和推广应用。发挥众创、众筹、众包和虚拟创新创业社区等多种创新创业模式的作用，引导中小企业等创新主体参与重大技术装备研发，加强众创成果与市场有效对接。 增强创新型企业引领带动作用。在重点领域和关键环节加快建设一批国家产业创新中心、国家技术创新中心等创新平台，充分发挥创新平台资源集聚优势。建设由大中型科技企业牵头，中小企业、科技社团、高校院所等共同参与的科技联合体。加大对"专精特新"中小企业的支持力度，鼓励中小企业参与产业关键共性技术研究开发，持续提升企业创新能力，培育一批具有创新能力的制造业单项冠军企业，壮大制造业创新集群。健全企业家参与涉企创新创业政策制定机制
文件名称	国务院办公厅关于提升大众创业万众创新示范基地带动作用进一步促改革稳就业强动能的实施意见（国办发〔2020〕26号）

续表8-6

具体内容	支持有条件的区域示范基地建设产教融合实训基地、人力资源服务产业园，加快发展面向重点群体的专业化创业服务载体。 优先支持区域示范基地实施返乡创业示范项目。 推动高校示范基地和企业示范基地深度合作，建立创业导师共享机制。支持区域示范基地与高校、企业共建面向特色产业的实训场景，加快培养满足社会需求的实用型技能人才。 实施双创示范基地"校企行"专项行动，充分释放岗位需求，支持将具备持续创新能力和发展潜力的高校毕业生创业团队纳入企业示范基地人才储备和合作计划，通过职业微展示、创业合伙人招募等新方式，拓宽创业带动就业的渠道。 支持大企业与地方政府、高校共建创业孵化园区，鼓励有条件的双创示范基地开展产教融合型企业建设试点。 发展"互联网平台+创业单元"、"大企业+创业单元"等模式，依托企业和平台加强创新创业要素保障。 鼓励企业示范基地结合产业优势建设大中小企业融通发展平台，向中小企业开放资源、开放场景、开放应用、开放创新需求，支持将中小企业首创高科技产品纳入大企业采购体系。 加强双创示范基地"校+园+企"创新创业合作，建设专业化的科技成果转化服务平台，增强中试服务和产业孵化能力。 加强不同类型双创示范基地协同联动。推动建设孵化器、加速器、产业园区相互接续的创业服务体系。 加强创新创业金融支持，着力破解融资难题。深化金融服务创新创业示范。完善创新创业创投生态链。 深化对外开放合作，构筑全球化创业重要节点。做强开放创业孵化载体。搭建多双边创业合作平台。 推进全面创新改革试点，激发创新创业创造动力。探索完善包容创新监管机制。深化双创体制改革创新试点。创新促进科技成果转化机制

大学生在国家一系列"双创"政策的引导和帮助下，积极转变传统的就业思维模式，将就业压力转化为创业动力，成为推动社会经济发展的新动能。

二、广东省鼓励大学生创业的有关政策

广东省是中国经济大省，自1989年起，广东国内生产总值连续居全国第一位，省域经济综合竞争力居全国第一。广东珠三角9市将联手港澳打造粤港澳大湾区，成为与纽约湾区、旧金山湾区、东京湾区并肩的世界四大湾区之一。根据教育部《全国普通高等学校名单（截至2020年6月30日）》统计，广东省本专科高校数量为154所，居全国第

二位。因此,广东省在大学生创新创业方面具有得天独厚的条件。

广东省政府积极作为,出台了很多大学生创业扶持政策,为大学生创业提供了一个良好的政策环境。2018年,广东省出台了1.0版"促进就业9条",推出诸如社保降费率、失业保险稳岗返还、创业担保贷款等含金量十足的政策举措。2020年,广东省出台了2.0版"促进就业9条",进一步推出社保减免、延缓等强有力的减负稳岗举措。2021年,广东省政府出台的3.0版"促进就业9条",坚持稳定就业总基调,围绕扩大就业新目标,注重保持连续性、提高针对性,提出59项政策举措,减负担、育增长、稳重点、强技能、优保障。虽然这些政策的主要目的是"促进就业",但是其中关于支持创新创业的举措力度也非常大,通过给已创业企业减负、提供担保贷款,直接支持大学生创新创业等措施,鼓励大学生创业。

根据广东省政府2018年发布的《广东省高校毕业生就业创业扶持政策清单》①有关内容,结合近几年广东省支持大学生创新创业的有关文件精神和具体做法,广东省支持大学生创新创业的主要做法有以下几个方面。

(一)创业补贴和资助政策

1.创业培训补贴

具有创业要求和接受培训愿望并具备一定创业条件的高校毕业生,参加创业培训并取得合格证书的,可给予创业培训补贴,其中创办企业培训每人可得补贴最高1000元。创业培训机构向当地人力资源社会保障部门办理开班申请,经批准同意组织学员免费创业培训并取得培训合格证书后,向当地人力资源社会保障部门提出补贴申请。

2.一次性创业资助

在校及毕业5年内高校毕业生成功创业(在本省领取工商营业执照或其他法定注册登记手续,本人为法定代表人或主要负责人)的,正常经营6个月以上,可申请5000元的创业资助。符合条件人员只能享受一次创业资助。符合条件的人员可向创业所在地人力资源社会保障部门提出申请,并提交规定的材料。

3.租金补贴

在校及毕业5年内高校毕业生创办初创企业并担任法定代表人或主要负责人的,可申请租金补贴,珠三角地区每年最高6000元、其他地区每年最高4000元,补贴期限累计不超过3年,租金补贴直接补助到所创办企业。

4.创业带动就业补贴

初创企业吸纳就业并按规定缴纳社会保险费的,按其吸纳就业(签订1年以上期限劳动合同)人数(法定代表人或主要负责人除外)给予创业带动就业补贴。招用3人(含3人)以下的按每人2000元给予补贴;招用3人以上的每增加1人给予3000元补贴,总额

---

① http://www.gd.gov.cn/zwgk/zdlyxxgkzl/jycy/content/post_165172.html

最高不超过 3 万元。

5. 优秀创业项目资助

被省级人力资源社会保障部门评定为省级优秀创业项目的,可享受 5~10 万元资助。优秀项目可通过以下三种途径产生:①大赛选拔。在广东省人力资源和社会保障厅牵头举办的创新创业大赛获得特定奖项的优秀项目。②落地注册。获得省级以上创新创业大赛前三名,并于获奖后两年内在广东省行政区域内登记注册的优秀项目。③社会征集。通过公开征集、社会推荐、专家评审等方式确定的优秀项目。省人力资源和社会保障厅每年 6 月底前根据年度预算和工作计划,确定当年度优秀项目产生途径(可采取第二条规定的一种或一种以上途径)、重点行业和评审标准等相关事宜。

(二)创业担保贷款

劳动者创办初创企业(国家限制行业除外)自筹资金不足的,可申请小额创业担保贷款,其中个人贷款额度最高 20 万元,合伙经营或创办小企业的可按每人不超过 20 万元、贷款总额不超过 200 万元的额度实行"捆绑性"贷款;符合贷款条件的劳动密集型和科技型小微企业,贷款额度不超过 300 万元。在规定的贷款额度内,个人贷款和捆绑性贷款可按照贷款基准利率最高上浮 3 个百分点据实给予贴息;劳动密集型和科技型小微企业贷款,按贷款基准利率的 50% 给予贴息。

(三)创业孵化支持

2015 年广东省政府出台的《关于进一步促进创业带动就业的意见》中明确提出"省重点建设一个省级综合性创业孵化(实训)示范基地"。2016 年,广东省就建立了广东省综合性创业孵化(实训)基地,打造了创业培训平台、展示交流平台、企业孵化平台、融资支持平台、培育众创空间平台、产品实验试制平台和一站式全方位创业服务平台等 7 个平台,并下设发展服务中心,负责省基地的管理和运营工作。以产品实验试制平台为例,由省创业基地引进世界先进设备,为初创企业提供创业产品的公共测试环境、研发设备和综合服务,促进相关成果转化为应用技术和有形产品,使创业产品走向市场。在这一过程中,创业团队几乎无须额外担负任何费用。

视野拓展

2021 年 1 月 6 日,全国首家由共青团指导管理的公益性港澳青年创新创业孵化基地——广州市港澳青年创新创业服务中心(下称"穗港澳青创中心")正式运营,符合条件入驻的创业团队可享受 2 年的免租入驻和孵化服务。[①] 青创咖啡、项目路演、开放式办公区域……位于广州市白云区广园中路 541-543 号的穗港澳青创中心

---

① http://www.gd.gov.cn/gdywdt/zwzt/ygadwq/mtjj/content/post_3167642.html

共 7 层 4200 平方米。广州市青年就业创业服务中心主任李荣新介绍，穗港澳青创中心主要面向广州青年(大学生)及来穗港澳创新创业青年，申请入驻的团队主要负责人年龄在 18~35 周岁，港澳籍青年可放宽至 44 周岁。产业发展定位须符合新一代信息技术、人工智能、生物医药、新能源、新材料、智能网联汽车和金融、先进制造业、法律、会计、文化创意等。

2020 年 5 月，广东省教育厅等八部门联合印发《关于推进 2020 年广东省普通高校毕业生就业工作的若干政策措施》，提出八大举措，为支持广东省大学生就业创业释放大批利好。其中第 6 条举措"鼓励高校毕业生自主创业"提出：承办第六届中国国际"互联网+"大学生创新创业大赛，广东"众创杯""创青春""挑战杯"等创新创业大赛活动，营造浓厚创业氛围；支持"双创"示范基地、孵化器等发展，增加大学生就业创业机会；加快推动大学科技园发展，降低创业成本；普通高等学校、职业院校、技工院校学生(在校及毕业 5 年内)成功创办初创企业且正常经营 6 个月以上，可按规定申请一次性创业资助。

2021 年 3 月，广东省发布了《广东省人民政府关于印发广东省进一步稳定和扩大就业若干政策措施的通知》(粤府〔2021〕13 号)文件，提出了鼓励创业和多渠道灵活就业的多条措施。

1. 深化"一照多址"改革，允许企业在同一地级以上市范围内登记多个经营场所，免办分支机构登记。个体工商户从事网络经营的，可将网络经营地址登记为经营场所；承租市场摊位的，可用市场主办方营业执照作为住所使用证明。

2. 加大创业担保贷款力度。创业带动 5 人以上就业的借款人，个人最高贷款额度可提高至 50 万元。借款人需贷款金额超过创业担保贷款最高额度的，可采取创业担保贷款和普通商业贷款组合贷款的形式进行贷款，对其中的创业担保贷款提供担保和贴息，还可将借款人条件中本人及其配偶名下小额消费贷款(含信用卡消费)限额由 5 万元提高至 10 万元。各地可适当放宽创业担保贷款借款人条件、提高贷款额度上限和贴息标准，由此额外产生的贴息资金支出由地方财政承担(含各地从失业保险基金安排的资金)。

3. 各级创业孵化基地为普通高等学校、中等职业学校、技工院校学生(在校及毕业 5 年内)，出国(境)留学回国人员(领取毕业证 5 年内)，港澳台青年，就业困难人员，返乡创业人员，退役军人等 6 类人员提供 1 年以上创业孵化服务并孵化成功的，可按每户每年 3000 元标准申请补贴，补贴期限不超过 2 年。

4. 对获省授牌的港澳青年创新创业基地，参照省级示范性创业孵化基地给予奖补。

5. 鼓励各地结合当地特色举办各类创新创业大赛。

6. 支持开发特色创业实训项目，对地市评审通过的项目可按每个不超过 20 万元标准给予补贴，参加实训的学员可按每人不超过 2800 元标准申请创业培训补贴，补贴所需资金由省市共担。

三、佛山市鼓励大学生创业的有关政策

为支持大学生创业，佛山市根据国家和广东省关于鼓励大学生创业的有关政策，结合本地区实际情况，制定了一系列政策支持大学生创新创业。根据 2021 年 1 月 15 日佛山日报消息：在疫情大考之年，迎难而上的创业者和创业项目在佛山还有不少。2020 年，佛山市促进创业 9016 人，完成年度目标任务的 143.11%，带动就业 28603 人。同时，佛山加大创业担保贷款发放力度，发放创业担保贷款 1369 笔，发放金额 41879.3 万元。孵化基地是创业创新的重要平台。近年来，佛山进一步加大返乡创业孵化基地、"1+5+N"创业孵化基地群、港澳青年创业孵化基地建设及其补贴支持力度。目前，全市由人社部门主导建设或认定的创业孵化基地有 68 家，其中区域性基地 2 家，累计进驻企业 8941 户，累计带动就业 63224 人。

佛山市大学生如果想申请创业有关政策支持，可登录佛山扶持通查看具体办事指南，如符合条件可直接进行网上业务申请。具体内容如下（以下内容均来自佛山扶持通并根据需要进行编辑，除注明外，政策不包含顺德区）。

（一）一次性创业资助

1. 在校及毕业 5 年内的普通高等学校、中等职业学校、技工院校学生，领取毕业证 5 年内的出国（境）留学回国人员，或返乡创业的大学生均可提出申请。

2. 申请条件是法定劳动年龄内的以上人员成功创办初创企业（指在广东省省登记注册 3 年内的小微企业、个体工商户、民办非企业单位和农民专业合作社、家庭农场等），申请资助时未被市场监管部门列入企业信用信息系统"经营异常名录"或注销，且正常经营 6 个月以上，即符合以下条件之一：①当前纳税状态正常；②有一名以上在职员工连续 3 个月正常缴纳社会保险费。

3. 补贴标准：10000 元。

（二）创业租金补贴

1. 在校及毕业 5 年内的普通高等学校、中等职业学校、技工院校学生，或者领取毕业证 5 年内的出国（境）留学回国人员可以提出申请。

2. 上述法定劳动年龄内的以上人员创办初创企业并租用经营场地，申请时处于正常经营状态，可申请租金补贴。

备注：（1）初创企业是指登记注册 3 年内的小微型企业、个体工商户、民办非企业单位和农民专业合作社、家庭农场等；（2）分公司不可申请；（3）该补贴只能分年申请，不可一次性申请往年补贴。

3. 补贴标准：对符合条件的申请人，按实际累计缴纳租金的金额进行补贴，每年最高补贴 6000 元，补贴期限累计不超过 3 年。

（三）创业担保贷款担保贴息（含顺德区）

1. 贴息对象：享受创业担保贷款政策，根据经办银行的规定，每月按时足额向经办银行还本付息的借款人。

备注：因借款人不按约定还款而产生的利息（指罚息）由借款人自行负责，政府不予贴息。由担保基金提供担保的贷款需要进行展期的，展期期间不予贴息。展期期限不超过 1 年。

2. 贴息频率：按季度贴息，每季度核拨 1 次。

3. 个人贷款和"捆绑性"贷款按合同签订之日在中国人民银行公布的同期限 LPR 的基础上上浮 3 个百分点标准（即 LPR+3%）内据实贴息，小微企业贷款按合同签订之日在中国人民银行公布的同期限 LPR 的 50% 给予贴息，每次贴息期限最长不超过 3 年。对还款积极、带动就业能力强、创业项目好且属于重点扶持对象或小微企业借款人，可继续提供创业担保贷款贴息，累计次数不得超过 3 次（不属于重点扶持对象的借款人，只能享受 1 次贴息）。

（四）创业孵化补贴

1. 补贴对象：经各级人力资源社会保障部门认定的创业孵化基地运营主体或主办单位。

2. 经各级人力资源社会保障部门认定并签订服务协议的创业孵化基地，为创业者提供 1 年以上期限创业孵化服务，按实际孵化成功（在本省领取工商营业执照或其他法定注册登记证照）户数给予创业孵化补贴。

备注：①服务协议内容包括：孵化基地软硬件标准、提供服务项目、责任义务、支持配合人社部门创业就业工作等内容；②创业孵化服务主要包括：创业指导、风险评估、开业指导、融资服务以及相关后续跟踪服务等；③入孵创业实体营业执照地址在基地地址范围内，入孵创业实体入驻基地时成立时间不超过 2 年；④孵化时限不超过 3 年；⑤分公司不可作为孵化主体申请。

3. 补贴标准：每户 3000 元。

（五）创业带动就业补贴

1. 补贴对象：初创企业（所有股东均为法人股东的企业、劳务派遣企业除外）

2. 初创企业招用员工（签订 1 年以上期限劳动合同、缴纳社会保险费满 6 个月且申请补贴时仍在本企业就业，法定代表人或主要负责人除外）。初创企业吸纳劳动者就业申请补贴后 12 个月内，不同初创企业吸纳同一劳动者就业的不能再次申领补贴。

备注：①初创企业是指登记注册 3 年内的小微型企业、个体工商户、民办非企业单位和农民专业合作社、家庭农场等；②初创企业创始人于法定劳动年龄内（男 60 岁，女 55 岁）提出申请。③分公司不可申请；④同一法人名下有多家初创企业的，只有一家可申请创业带动就业补贴；相同登记注册地址的不同初创企业，带动相关人员就业的，只有一家企业可申请。

3. 补贴标准：招用 3 人(含 3 人)以下的按每人 2000 元给予补贴；招用 4 人以上的每增加 1 人给予 3000 元补贴，总额最高不超过 3 万元。

第二节　大学生创业法律

大学生创业者在企业创立和企业生产经营的过程中，会遇到很多复杂的法律问题。但是，大学生创业者可能由于法律知识欠缺等问题，导致企业遭受不必要的损失；或者由于对法律认识不足，可能以获得更多利益为目标而忽视法律法规，致使企业不得不承担相应的法律责任。因此，大学生创业者必须重视生产经营过程中的法律问题，在此基础上采取相应的措施加以防范，只有这样，才能保证企业生产经营活动的顺利开展。

一、企业创办相关法律

(一)融资相关法律

融资是绝大多数创业者在创业时都会进行的活动。在进行融资时，创业者除了需要聘请专业的法务工作人员帮助完成融资业务外，自己了解一些基本的融资法律规定也是十分必要的。2021 年 1 月 1 日起，《中华人民共和国民法典》施行，原婚姻法、继承法、民法通则、收养法、担保法、合同法、物权法、侵权责任法、民法总则同时废止，因此，创业者应该认真学习《中华人民共和国民法典》中与融资相关的担保、合同、物权等方面的条款内容。此外，创业者还要了解有关的特别法律，如《中华人民共和国中小企业促进法》第十条规定："国家设立中小企业发展基金。国家中小企业发展基金应当遵循政策性导向和市场化运作原则，主要用于引导和带动社会资金支持初创期中小企业，促进创业创新。"

(二)企业成立相关法律

在本书第六章第一节"新创企业的设立"中提到，依据我国现行法律，个人创立新企业的法律形式主要有有限责任公司、合伙企业、个人独资企业、个体工商户等。其中，有限责任公司是根据《中华人民共和国公司法》登记注册的，合伙企业是依照《中华人民共和国合伙企业法》设立的，个人独资企业是依照《中华人民共和国个人独资企业法》设立的，个体工商户则主要受《中华人民共和国民法典》的约束。

二、企业经营相关法律

企业在经营中，可能和政府机关、合作企业、客户发生各种经营关系，同时和内部员工发生雇佣关系。根据企业与这些社会主体发生关系的相关内容，可以将企业经营相关的法律内容分为以下几种。

（一）企业合法经营法律

企业合法经营法律主要用于约束企业生产经营过程中的行为，保证市场经济的正常运行，保障政府对企业的管理有法可依、行之有效。具体包括：①企业规范纳税方面的法律问题，如企业需要依据《中华人民共和国税法》依法进行税务登记，按期足额履行纳税申报义务，按期交纳相关税金，不能偷税漏税；②企业会计行为方面的法律问题，如按照《会计法》等法律的有关要求，招聘具有任职资格的会计人员，按照规定建账建制、编制财务报告，规范执行发票领用、填开、核销等手续；③在企业市场行为方面的法律问题，如企业需要按照《中华人民共和国价格法》《中华人民共和国反不正当竞争法》《中华人民共和国产品质量法》《中华人民共和国食品安全法》等有关法律要求，签订合同时确保合同主体和内容合法合规，在规定的资质范围内承接业务、开展生产经营活动，按要求执行产品的知识产权和商标权，产品和服务符合国家规定的质量标准等。

（二）企业商事关系法律

企业商事关系法律主要用于协调企业与合作企业、客户等平等民事主体之间的商事关系，调整各类经营者之间的合作关系，要求企业在平等自愿、公平、诚信原则下开展各类商务合作，同时注重承担企业的社会责任，开展商品交易时注重遵守社会公德，依法依规经营。由于企业的生产经营涉及多种商事关系，因此具体可能涉及的法律较多，如《中华人民共和国民法典》《商标法》《专利法》《反不正当竞争法》《土管法》《房地产管理法》等。甚至可能由于出现了公司股东婚姻变动、继承等事项，导致股东或股份的变动，需要根据《中华人民共和国民法典》中关于婚姻和继承的相关内容进行调整的情况。

创业者需要了解《中华人民共和国民事诉讼法》《中华人民共和国行政诉讼法》《中华人民共和国仲裁法》中规定的具体诉讼程序，培养法律程序意识。

（三）企业劳动关系法律

近年来，企业和员工之间由于存在纠纷而对簿公堂的事件屡见不鲜，在其中的很多案例中，企业由于不懂法律或不尊重法律，最终败诉。员工是企业最重要的资产，按照《中华人民共和国劳动法》《中华人民共和国劳动合同法》等法律要求，妥善处理好企业劳动关系，是企业顺利发展的基本保障。企业要依法和员工签订劳动合同，并严格履行劳动合同，按照相关规定足额、及时为员工缴纳各种保险，符合劳动保护规定的给员工的劳动报酬要符合当地最低工资标准等。

三、企业解散相关法律

企业解散是指企业达到一定的条件，通过一定的程序，终止其权利和义务，取消企业法人主体资格的法律行为，一般包括自愿解散和强制解散两种情况。如果创业者不幸创业失败，创业企业就需要解散。但是，此时有些法律责任并不会随着企业的注销而消灭，创业者必须妥善处理相关的法律责任。企业解散时，创业者所需要承担的法律风险主要有以下几种。

（1）企业存续期间的纠纷风险。企业的类型不同，创业者所应承担的法律责任也不同。有的企业类型，如有限责任公司以出资额来承担责任，创业者只需要承担额度范围内的责任；有的企业类型，如个体工商户、个人独资企业和合伙企业等，则需要创业者（合伙企业中的普通合伙人）承担无限责任。如果创业企业在存续期间与其他经营实体存在债务等纠纷，就必须在相关的法律规定范围内妥善解决，创业者不能一走了之，导致纠纷加剧，甚至面临后续被诉讼的风险。

（2）企业解散的办理过程相对复杂，办理时间长，因此很多创业者不愿去办理正式的企业解散手续，这种情况有可能会因被不法分子冒用而带来法律风险。

总之，创业企业的法律风险是在企业的生产经营过程中产生的，只要企业和外部环境发生关系，就会受到宏观环境中的法律法规制约。因此，创业者除了对技术、产品、营销、运营等环节给予重视外，还要不断加强守法经营和防范法律风险的意识。

第三节　知识产权的相关法律

知识产权是指人们就其智力劳动成果所依法享有的专有权利，通常是国家赋予创造者对其智力成果在一定时期内享有的专有权或独占权，包括占有、使用、处分和收益的权利。知识产权从本质上说是一种无形财产权，是创造性的智力劳动所创造的劳动成果。如发明、外观设计、文学和艺术作品，以及在商业中使用的标志、名称、图像，都可被认为是某一个人或组织所拥有的知识产权。知识产权与房屋、汽车等有形财产一样，都受到国家法律的保护，都具有价值和使用价值，也可以像有形财产一样继承、转让、获利。

知识产权是企业最核心的资产之一，也是企业核心竞争力的重要来源。知识产权保护对企业而言是十分重要的，是创业企业，特别是高新技术创业企业必须要开展的工作。

一、知识产权法律体系

知识产权法律体系是指调整知识产权领域的各种社会关系的法律规范的总称，即规范各行为主体的知识产权产生、获得、使用和维护的法律。当今社会已经进入了知识经济时代，国家间、企业间的竞争很大程度上是知识产权的竞争，对知识资源的生产、占有、分配、配置、使用、消费成为这个时代的重要问题。从宏观层面讲，知识产权保护的水平反映了一个国家知识经济发展的水平。从微观层面讲，能否将知识资源作为第一要素投入生产经营活动，反映了一个企业是否具有创新发展的能力和潜质。

知识产权法律体系按照国别可以分为国内法和国际法两个大类。其中国内法包括各个国家自行制定的知识产权相关法律、法规；国际法则主要包括各国公认的国际条约、国际惯例、双边或多边协议和备忘录等法律文件。

（一）国外知识产权法律体系

专利制度是最早产生的知识产权保护制度。1623 年在英国诞生的《垄断法》被认为是世界上第一部涉及专利保护的法律，因此也被称为"世界现代专利法之祖"。随着工业大革命的兴起，法国、荷兰、西班牙、美国、德国、日本等国家都相继制定并实施了本国的专利法案。到了 18 世纪，在英国、法国等发达国家诞生了保护作者权益的现代著作权制度。

从知识产权立法的发展过程来看，其在诞生的前 200 年主要以各个国家国内法的形式存在，后来，随着国际贸易的发展，到了 1883 年，诞生了以保护工业产权为目的的《巴黎公约》，1886 年又诞生了以保护文学和艺术作品为目的的《伯尔尼公约》。以这两个公约为开端，知识产权保护的国际法律体系开始建立。

知识产权制度从国内法演变为国际法后，在保护创新创造的同时，也慢慢成为先发国家遏制后发国家的工具，先发展起来的国家利用知识产权维护本国的技术优势、成本优势、贸易利益和国际市场的核心竞争力。从十九世纪欧洲和美国的知识产权冲突，到 20 世纪后半段美国和日本、美国和韩国、欧洲和韩国等国家之间的知识产权纠纷，可以说知识产权的冲突伴随着知识产权保护国际法的发展。时至今日，美国、欧洲、日本、韩国等先发国家就知识产权保护问题频频向中国施压，知识产权保护甚至成为这些国家遏制中国崛起的工具和手段。

（二）中国知识产权法律体系

中国的知识产权法律体系由宪法、相关法律和司法解释以及行政规章组成，其中最重要的是商标法、专利法和著作权法。

1. 商标法

《中华人民共和国商标法》是我国改革开放后颁布的第一部专门保护知识产权的法

律，1982年经五届全国人大常委会第24次会议通过，并于1983年3月1日施行。《商标法》颁布时，我国的商标制度已经中断了30年，国家在改革开放之初制定和颁布商标法，是为了应对经济发展的急需，所以第一版的《商标法》难免存在立法技术上、对商标的保护上的很多问题和不足。随着经济社会的发展，特别是市场经济的发展和改革开放后国际合作的加深，《商标法》必须经过修订以适应实际需求。随后，我国在1993年、2001年、2013年和2019年对《商标法》进行了四次修订。

2019年4月23日，第十三届全国人民代表大会常务委员会第十次会议通过《全国人民代表大会常务委员会关于修改〈中华人民共和国建筑法〉等八部法律的决定》，其中包括对商标法的修改，这是我国第四次修改《商标法》，修改条款于2019年11月1日起正式实施。本次修订增加"不以使用为目的的恶意商标注册申请，应当予以驳回"条款；增加了商标代理机构对"不以使用为目的的恶意商标注册申请行为"的合理注意和审查义务；新增了申请商标异议的法定事由，即将不以使用为目的的恶意商标注册申请作为申请商标异议的法定事由；新增了申请注册商标无效的法定事由，即将不以使用为目的的恶意商标注册申请行为作为申请注册商标无效的法定事由；增加对恶意申请商标注册行为的处罚方式。这些条款从商标注册申请的源头遏制恶意抢注商标的乱象，让商标注册申请的目的归于商标原本的使命，提高了对侵犯商标权的处罚力度，提高了侵犯注册商标专用权的赔偿额计算倍数和法定赔偿额，对假冒注册商标的商品以及主要用于制造假冒注册商标的商品的材料、工具加大了处罚力度，对假冒注册商标的商品再次进入商业渠道流通提出了新要求。

2. 专利法

《中华人民共和国专利法》是继《商标法》之后制定的第一部知识产权相关法律，目的是保护专利权人的合法权益，鼓励发明创造，推动发明创造的应用，提高创新能力，促进科学技术进步和经济社会发展。《专利法》于1984年颁布，先后经过1992年、2000年、2008年、2020年的多次修订。2020年10月17日，第十三届全国人民代表大会常务委员会第二十二次会议通过修改《中华人民共和国专利法》的决定，自2021年6月1日起施行。

2020年《专利法》的修订内容包括新增惩罚性赔偿制度，大幅提高法定侵权赔偿数额；完善证据规则，解决举证难问题，严惩故意侵权，加强对专利权人合法权益的保护；新增了专利开放许可制度，促进专利实施和运用，唤醒"沉睡"专利；完善外观设计保护制度，明确给予局部外观设计专利保护，将外观设计专利保护期延长为15年，增加外观设计专利申请国内优先权制度；建立药品专利权期限补偿制度和专利链接制度；完善专利申请、授权制度，新增"诚实信用原则"，放宽不丧失新颖性例外规定，放宽发明、实用新型优先权文件副本的递交时间等。

3. 著作权法

《中华人民共和国著作权法》的立法目的是保护文学、艺术和科学作品作者的著作权，以及与著作权有关的权益，鼓励有益于社会主义精神文明、物质文明建设的作品的创作和传播，促进社会主义文化和科学事业的发展与繁荣。《著作权法》1990 年由全国人民代表大会常务委员会通过，于 1991 年 6 月 1 日起正式实施。由于著作权的认定存在定义不明晰、维权举证难、侵权成本低等问题，在知识产权法律体系中，《著作权法》可以说是法律关系最为复杂的法律，其前后于 2001 年、2010 年和 2020 年经历了三次修订，第三次修订版本于 2021 年 6 月 1 日起施行。

二、企业知识产权战略

（一）设置专门的管理机构

1. 高度重视，加强知识产权保护的意识

创业者要深刻认识当今社会企业竞争中知识产权保护的重要性和迫切性，高度重视知识产权相关工作，加强知识产权保护的意识，推动在企业中建立和完善知识产权管理机构。创业者要关心企业知识产权管理机构的工作情况，及时对其工作汇报、请示给予指示和帮助，提高知识产权管理机构的业务水平，使企业知识产权管理机构真正成为企业管理的重要支柱。同时，创业者也要以身作则，通过日常的宣传教育，提高企业各个部门、全体员工的知识产权保护意识。

企业的专利管理是企业知识产权战略管理的核心和基础。因此，在企业知识产权管理机构的设置中，尤其要重视专利管理机构的建设。企业可以参考《关于加强企业专利工作的规定》和《企业专利工作办法》等文件的有关内容，因地制宜地采取多种措施加强企业的专利管理。

2. 落实职责，发挥管理机构的管理职能

企业知识产权管理机构建立后，要充分发挥其在知识产权管理方面的职能，有效开展各项工作：制订知识产权管理工作的规划、计划和管理制度；开展企业职工知识产权保护的宣传教育工作；办理企业专利、著作权等的申请、注册等事宜，管理本企业拥有的知识产权内容；处理有关知识产权纠纷、诉讼与仲裁、调解等事务；参与组织知识产权在企业的实施，管理知识产权许可合同；了解与本企业有关的知识产权市场动向，注意保护企业的知识产权和防止侵犯他人的知识产权；对企业中获得知识产权的发明人或设计人进行奖励；参与管理技术和产品进出口中有关知识产权的工作；管理与本企业有关的知识产权资料；筹集并管理企业的知识产权相关基金；支持企业职工的发明创造等知识产权相关活动，为职工提供有关知识产权事务的咨询服务。

（二）制定知识产权制度

1. 依法依规，贯彻执行国家有关的规定

商标法、专利法、著作权法等国家知识产权法律法规对企业的知识产权战略具有全

面指导和严格约束的作用，也是检验企业知识产权战略管理工作的尺度。企业的知识产权制度是在企业内部实施的微观的、具体的管理制度，是落实国家知识产权制度的具体措施，可以有效地促进企业专利、商标战略管理工作的开展，为实现企业的经济效益奠定坚实的基础。

企业在制订知识产权战略管理制度时，一定要切实贯彻执行国家知识产权制度，结合本企业的实际情况，科学地制订本企业的具体制度，这是企业知识产权战略的基础。对于企业的知识产权战略管理制度，领导者要高度重视，员工要认真落实，工作检查要经常，违反制度的行为要及时得到制止和惩罚，遵守和维护制度的先进事迹要大力表彰，从而在企业内形成遵守和维护知识产权制度的良好风气。同时，企业的知识产权战略管理制度要与时俱进，要认真探索研究新情况和新问题，不断对知识产权制度进行审慎调整和科学完善，解决和克服知识产权战略管理中的新问题。

2. 科学设计，增强知识产权制度的时效

企业在进行知识产权制度设计时，要做到内容全面，知识产权战略管理制度要覆盖企业生产经营全过程中涉及知识产权的全部内容和工作全过程，防止遗漏，以免造成工作的被动；企业知识产权战略管理制度的制订要遵循国家的有关法律法规，并密切结合本企业实际情况，确保对企业的各项工作起到针对性的促进作用；要与时俱进，根据国家知识产权有关的法律法规变化和企业所处的市场环境变化适时进行修改。

3. 知人善任，发挥关键人才的关键作用

人才是企业知识产权战略管理的关键，能否发挥关键人才的关键作用，对企业能否实现知识产权战略来说至关重要。企业的职业经理人应具备很强的知识产权战略观和战略意识，基于企业内外部环境的分析判断，制订企业的长期知识产权规划，充分发挥自身组织发动、协调引导、监督检查、指导提升的作用，不断提升企业知识产权的管理水平。

企业的技术负责人(如总工程师)要把本企业的知识产权战略和企业的技术实力、开发优势、产品特色等有机统一起来，带领企业技术研发等相关部门紧跟或引领相关技术的动态发展，确保企业获得并维持竞争优势和竞争壁垒。

企业应安排受过知识产权法律法规专业训练的知识产权专业人员作为企业知识产权管理的主要负责人员，他们具备相关的技术基础和法律基础，在企业知识产权战略管理中发挥着重要的作用。知识产权专业人员对外负责企业知识产权的申请、实施、转让、排除侵权及处理纠纷等专业工作，对内则负责相关的知识产权信息的收集、筛选、整理和加工等工作。一般情况下，实力雄厚的大企业会专门设置较多的知识产权专业人员从事企业知识产权战略管理工作，中小企业可根据情况设置专门人员或兼职人员从事企业知识产权战略管理工作。

拓展阅读

广东：高校技术人员可离岗 3 年去创业①

广东省政府印发的《关于大力推进大众创业万众创新的实施意见》(以下简称《意见》)提出高校的专业技术人员可离岗 3 年进行创业，离岗期间保留人事关系，并享有参评职称等权利。此外，《意见》还提出全面推进高校学分制管理改革，实行弹性学制管理，支持大学生保留学籍休学创业。《意见》亮点如下。

1.离岗最多不超过 6 年

(1)高校和科研院所等事业单位专业技术人员，经所在单位批准并签订合同，可离岗从事创业工作。

(2)离岗 3 年为一期，最多不超过两期，离岗期间保留人事关系，与原单位同等条件人员同等享有参加职称评聘、岗位等级晋升和保留社会保险关系等方面的权利。

(3)高校和科研院所要抓紧制订专业技术人员在职创业、离岗创业的内部人事管理办法。

2.大学生可休学创业

(1)搭建高校创业信息交流平台，建设大学生创业创新示范基地、大学生创业创新教育示范校、大学生创业创新园、创业创新模拟实验室、创业孵化基地等创新实践平台。

(2)鼓励高校成立创业创新俱乐部，聘请创业成功者、企业家、投资人等人士兼任创业创新导师，推行大学生创业校·企双导师制，为大学生创业创新提供培训和辅导。

(3)全面推进高校学分制管理改革，实行弹性学制管理，支持大学生保留学籍休学创业。

实战案例

大学生租奶茶店创业 陷入合同纠纷无法退还押金②

红网长沙 12 月 11 日讯(时刻新闻记者 刘颂辉)做过水果电商，怀抱着大学生创业的梦想，长沙一高校大四学生小孙和同学合伙，与奶茶店老板刘女士签下转租合同，不料陷入了合同纠纷。近日，小孙被"请"出店铺，大门被上锁。刘女士认为小孙单方面违约，拒绝退还押金，校方称校内店铺禁止转租，将召开见面会维护学生权益。

三人把学费赌上 然经营不善

小孙和几位同学是长沙某大学经济学院的学生，三人曾合伙做过电商，在学校里售

---

① https://www.ncss.cn/zx/zcfg/cyzc/292543.shtml

② https://www.cyone.com.cn/Article/Article_40733.html

卖水果类商品。大四开学期间，他们尝试创业开一家实体商店。

"班主任老师和任课老师鼓励自己尝试创业，本学期又设了创业培训班。"小孙称，在学校里发现一处新建的商场，"很多门店开张，装修也不错，附近商铺表示有一家奶茶店有意将店面交给别人来做。"小孙电话联系店长刘女士，之后双方签订《转租合同》，小孙得到该奶茶店一年的经营权，每月向店长刘女士缴纳租金 11000 元，按季度结算。

"心想着未来的生活还挺有奔头。"小孙回忆道。"第一个月的生意还不错，后两个月营业额只能达到 7000 多元。"昨日下午 1 点 30 分左右，在该校西园商场进门的第一个商铺，记者到访小孙经营的奶茶店，门店约 30 平方米，室内一片漆黑，水电被关停，大厅摆放着两个水桶，白纸散落在地面，玻璃门上有两把锁。

小孙称，三人原本决定通过网上外卖来扭转奶茶店的业务量，却发现奶茶店竟未办理营业执照和卫生许可证。外卖无法进行，遇到工商所执法检查，三人便关门逃避检查，生意江河日下。

12 月 8 日，一个季度到期，小孙三人无力支付房租，刘女士以小孙违约为由终止合同，收回奶茶店并表示不予退还 2 万元押金。"我当时慌乱不已，押金是我们三人的学费凑合的，现在拖欠学费也没敢和家人说。"小孙表示。

无法退还押金　或走法律程序

小孙介绍，校内有多处门面是学生的创业项目，包括服装店和小吃店等。记者注意到商场门口贴有一份管理规定，规定第十条表示禁止私自转租和转让，一经发现自行终止门面合同。

今年 9 月初，刘女士向学校租得该门店，租期三年，投入 20 余万做奶茶生意。她表示，允许小孙在 15 天内处理店里的货物，根据合同扣除押金。"如果不行，就只能请律师。"

校方称商铺禁止转租于第三方

该校后勤处商贸中心一名王姓科长表示，为了规范经营，学校在合同书上明确禁止商铺转租，但该奶茶店属于特殊情况，刘女士至今未收到与校方的合同书。

针对该事，红网联动律师、中华全国律师协会会员娄治斌认为，刘女士和小孙之间签订的租赁合同在法律中属于常见现象，合同具有法律效应。合同约定孙同学需要租满一年，否则不予退还押金，现在小孙等人的行为违反合同，刘女士按照约定拒绝退还押金是合理行为。娄治斌说，若采取法律手段，小孙等人将处于被动地位。

不过事件发生在高校范围内，王科长称，刘女士的行为已违反学校规定，将阻止小孙等人继续转租并安排三方见面会，介入该事件进行协商。

第九章

中国国际"互联网+"
大学生创新创业大赛

名师金课

第一节　赛事的背景、目的和意义

一、赛事的背景

"互联网+"是将互联网技术与传统行业进行深度融合,利用信息技术和互联网手段实现传统产业的网络化和数据化,创造新的发展生态,促进国家经济的转型升级。可以说,信息技术的快速发展,为"互联网+"大学生创新创业大赛的举办奠定了时代基础。

深化高等教育综合改革、促进高校学校开展创新型人才培养,是国家实施创新驱动发展战略、促进经济提高增效升级的迫切需要,也是缓解就业压力、促进高校毕业生更高质量创业就业的重要举措。这为"互联网+"大学生创新创业大赛的举办奠定了现实需求基础。

在 2014 年 9 月举办的夏季达沃斯论坛上,李克强总理提出了"大众创业、万众创新"的口号。2015 年发布的《国务院办公厅关于深化高等学校创新创业教育改革的实施意见》(国办发〔2015〕36 号,以下简称《意见》)提出"要从 2015 年起全面深化高校创新创业教育改革;2017 年取得重要进展,形成科学先进、广泛认同、具有中国特色的创新创业教育理念,形成一批可复制可推广的制度成果,普及创新创业教育,实现新一轮大学生创业引领计划预期目标;到 2020 年建立健全课堂教学、自主学习、结合实践、指导帮扶、文化引领融为一体的高校创新创业教育体系,人才培养质量显著提升,学生的创新精神、创业意识和创新创业能力明显增强,投身创业实践的学生显著增加。实施弹性学制,放宽学生修业年限,允许调整学业进程、保留学籍休学创新创业","要……举办全国大学生创新创业大赛,办好全国职业院校技能大赛,支持举办各类科技创新、创意设计、创业计划等专题竞赛"。这为"互联网+"大学生创新创业大赛的举办奠定了政策基础。

为了贯彻落实《意见》的相关要求,教育部从 2015 年起每年定期举办"互联网+"大学生创新创业大赛,旨在深化高等教育综合改革,进一步激发高校学生创新创业热情,激发大学生的创造力,培养造就"大众创业、万众创新"的生力军;展示高校创新创业教育成果,搭建大学生创新创业项目与社会投资对接平台,推动赛事成果转化,促进"互联网+"新业态形成,服务经济提质增效升级;以创新引领创业、创业带动就业,推动高校毕业生更高质量创业就业。重在把大赛作为深化创新创业教育改革的重要抓手,引导各地高校主动服务创新驱动发展战略,创新人才培养机制,切实提高高校学生的创新精神、创业意识和创新创业能力。

近年来，高校创新创业教育不断加强，取得了积极进展，在提高高等教育质量、促进学生全面发展、推动毕业生创业就业、服务国家现代化建设等方面发挥了重要的作用。特别是"互联网+"大学生创新创业大赛受到广泛关注，参赛人数之多、参赛面之广和影响力之大都是前所未有的，大赛已经成为各高校深化创新创业教育改革的新载体，是培养大学生创新精神、创业意识和创新创业能力的重要抓手，以赛促教、以赛促学、以赛促改、以赛促建的"重实践、强能力"人才培养模式基本形成。

二、赛事的目的和意义

"互联网+"大学生创新创业大赛至今已经举办了六届。从大赛的比赛情况来看，大赛的影响力越来越大，达到了大赛设定的举办目的，对于促进大学生创新创业意义重大。下面以 2020 年第六届"互联网+"大学生创新创业大赛为例，介绍赛事的目的和意义（后面的内容，除专门说明外，均以 2020 年举办的第六届大赛相关内容为例）。[①]

（一）以赛促学，培养创新创业生力军

大赛旨在激发学生的创造力，激励广大青年扎根中国大地了解国情民情，锤炼意志品质，开拓国际视野，在创新创业中增长智慧才干，把激昂的青春梦融入伟大的中国梦，努力成长为德才兼备的有为人才。

第六届大赛设置高教、职教、国际、萌芽四大板块，形成了包括基础教育、职业教育、高等教育的贯通式"双创"教育链条，共有来自 117 个国家和地区、4186 所学校的 631 万人携 147 万个项目报名参赛。世界百强大学中，有一半以上的大学报名参赛，包括牛津大学、剑桥大学、哈佛大学、斯坦福大学、麻省理工学院、慕尼黑工业大学、莫斯科鲍曼国立技术大学等世界顶尖名校，大赛的质量与含金量再创历史新高。在总决赛现场，来自清华大学、北京理工大学、厦门大学、卡内基梅隆大学、慕尼黑工业大学和莫斯科航空学院的创客们依次进行项目路演并回答评委的问题，精彩之处博得场下观众的阵阵掌声。教育部高等教育司司长吴岩表示，这是一场真正的百国千校的国际大赛，实现了"更国际、更教育、更全面、更创新、更中国"的办赛目标，呈现了"人数多、名校多、类型多、实效多、亮点多、岗位多"的六大特点。国际国内、中学大学、职业教育和高等教育的青年学生在不同的赛道同台竞技，促进了国际交流和教育在各个层次的有机衔接。

聚焦脱贫攻坚，实效多，也是今年大赛的一大亮点。数据显示，2020 年的"青年红

[①] 本部分相关大赛情况根据广东省人民政府官网转发南方日报网络版和教育部官网转发中国网有关新闻整理，网址为：http://www.gd.gov.cn/zwgk/zdlyxxgkzl/jycy/content/post_3130928.html 和 http://www.moe.gov.cn/fbh/live/2020/52651/mtbd/202011/t20201112_499622.html

色筑梦之旅"活动作为教育活动决战决胜脱贫攻坚的关键一招,全面聚焦52个未摘帽贫困县,引导广大青年学生掀起了一场以电商直播带货为主基调的扶贫战役。全国共有132万名学生参加"青年红色筑梦之旅"活动,参加"红旅"电商直播带货活动的学生达60万人次,销售金额超过4.3亿元。52个未摘帽贫困县所在的7省区均举办了全国线上对接活动,积极促成全国大学生聚焦贫困县开展以电商直播或创业实践为主的精准扶贫。广大青年学生扎根中国大地,聚焦民生领域,用自己的实际行动把激昂的青春梦融入伟大的中国梦。

(二)以赛促教,探索素质教育新途径

把大赛作为深化创新创业教育改革的重要抓手,引导各类学校主动服务国家战略和区域发展,深化人才培养综合改革,全面推进素质教育,切实提高学生的创新精神、创业意识和创新创业能力。推动人才培养范式深刻变革,形成新的人才质量观、教学质量观、质量文化观。

大赛得到了高校的高度重视,各高校把大赛作为深化创新创业教育改革的重要抓手,以大赛为契机积极开展教学改革探索,把创新创业教育深度融入人才培养全过程,积极推动赛事成果转化和产学研用紧密结合,积极推进高校学生创新创业训练和实践,不断提高创新创业人才培养水平,厚植"大众创业、万众创新"土壤,为建设创新型国家提供源源不断的人才智力支撑。

"互联网+"大赛举办6届以来,累计有1578万名大学生、377万个大学生团队参赛,已经成为深化创新创业教育改革的重要载体和平台。以大赛为媒介,一大批集成电路、无人机、新材料、人工智能等多个领域的新技术正从实验室走向转化应用,一大批科技含量高、市场潜力大、社会效益好的高质量项目被孵化。

(三)以赛促创,搭建成果转化新平台

推动赛事成果转化和产学研用紧密结合,促进"互联网+"新业态形成,服务经济高质量发展,努力形成高校毕业生更高质量创业就业的新局面。

根据第六届大赛主办方发布的消息,本届大赛的创业团队共获得融资意向额36.65亿元,参与投资机构或投资人达到459个,参与项目数2020个,数据均刷新历史最高纪录。据统计,前五届赛后成立公司的项目中,近90%是赛后一年成立,有一半左右的公司完成融资,19%的项目完成5000万元以上的融资。实践类项目中,2018年年收入在5000万元以上的占13%,最高的项目年收入突破2亿元。

第二节　赛事简介

中国国际"互联网+"大学生创新创业大赛于2015年由李克强总理亲自提议举办，至今已成功举办六届，现已成为覆盖全国所有高校、面向全体大学生、影响最大的高校双创盛会，在推进大众创业、万众创新，引领创新创业教育国际交流合作，加快培养创新创业人才，促进创新驱动创业、创业引领就业等方面发挥了重要作用。

一、大赛基本情况

（一）大赛简介

中国国际"互联网+"大学生创新创业大赛是由李克强总理提议举办，教育部等十二部委和地方省级人民政府共同主办的创新创业赛事。大赛旨在落实党中央、国务院提出的"大众创业、万众创新"的重大部署，深入实施创新驱动发展战略，引领新时代高校人才培养范式深刻变革，推动形成新的人才培养观和新的质量观。

2015年至今，大赛累计吸引了全球五大洲、"百国千校"、千万名大学生参赛，打造了一支规模宏大、敢闯会创的"双创"生力军，涌现出了一大批科技含量高、市场潜力大、社会效益好的高质量项目，充分展现了当代大学生奋发有为、昂扬向上的风采，释放出了"青年+创新创业"的无穷力量，已经成为覆盖全国所有高校、面向全体大学生、影响最大的高校双创盛会。

2017年8月，习近平总书记给第三届大赛"青年红色筑梦之旅"大学生回信，深切勉励青年学子把激昂的青春梦融入伟大的中国梦，扎根中国大地了解国情民情，在创新创业中增长智慧才干，在艰苦奋斗中锤炼意志品质，在亿万人民为实现"中国梦"而进行的伟大奋斗中实现人生价值，用青春书写无愧于时代、无愧于历史的华彩篇章。

2020年6月，第六届大赛正式启动。大赛以"我敢闯、我会创"为主题，围绕"更国际、更教育、更全面、更创新、更中国"的目标，主动融入全球创新创业浪潮，共有来自国内外117个国家和地区、4186所学校的147万个项目、631万人报名参赛，其中国外有1158所学校参赛，报名项目3291个，报名人数8981人，牛津、剑桥、哈佛、耶鲁和麻省等全球百强高校均派出高水平队伍参赛。大赛采取线上线下相融合的方式，打造了一个汇聚世界"双创"青年同场竞技、相互促进、人文交流的国际大平台。

2020年11月，第六届大赛总决赛在广东省广州市的华南理工大学举行。所有晋级的参赛队伍通过线下或云上欢聚一堂，共同参与世界青年创新创业的"奥斯卡"盛会，唱响全球有梦想青年人的青春之歌。

视 野 拓 展

前5届大赛简介

第一届：以"'互联网+'成就梦想，创新创业开辟未来"为主题，在吉林大学成功举办，参赛项目主要包括"互联网+"传统产业、"互联网+"新业态、"互联网+"公共服务和"互联网+"技术支撑平台四种类型。

冠军项目：哈尔滨工程大学"点触云安全系统"。

第二届：以"拥抱'互联网+'时代，共筑创新创业梦想"为主题。大赛自2016年3月启动，吸引了全国2110所高校参与，占全国普通高校总数的81%，报名项目数近12万个，参与学生超过55万人。

冠军项目：西北工业大学"翱翔系列微小卫星"。

第三届：以"搏击'互联网+'新时代，壮大创新创业主力军"为主题。与往届相较，本届比赛增加了参赛项目类型，鼓励师生共创。

冠军项目：浙江大学杭州光珀智能科技有限公司研发的一代固态面阵激光雷达。

第四届：以"勇立时代潮头敢闯会创，扎根中国大地书写人生华章"为主题。

冠军项目：北京理工大学"中云智车——未来商用无人车行业定义者"。

第五届：以"敢为人先放飞青春梦，勇立潮头建功新时代"为主题。本届大赛共有来自全球五大洲124个国家和地区的457万名大学生、109万个团队报名参赛，参赛项目和学生数接近前四届大赛的总和。

冠军项目：清华大学交叉双旋翼复合推力尾桨无人直升机。

（二）第六届大赛综述

1. 大赛主题：我敢闯、我会创

2. 大赛总体目标：更国际、更教育、更全面、更创新、更中国

3. 赛事活动安排：第六届大赛举办"1+6"系列活动。主体赛事包括高教主赛道、"青年红色筑梦之旅"赛道、职教赛道、萌芽赛道。同期活动包括"智闯未来"青年红色筑梦之旅活动、"智创未来"大学生创新创业成果展、"智绘未来"世界湾区高等教育论坛、"智联未来"全球独角兽企业尖峰论坛、"智享未来"全球青年学术大咖面对面、"智投来来"资源对接会。

4. 组织机构

（1）主办单位：教育部、中央统战部、中央网络安全和信息化委员会办公室、国家发

展改革委、工业和信息化部、人力资源社会保障部、农业农村部、中国科学院、中国工程院、国家知识产权局、国务院扶贫开发领导小组办公室、共青团中央、广东省人民政府。

（2）承办单位：华南理工大学、广州市人民政府、深圳市人民政府。

（3）大赛组委会：大赛设立组织委员会（简称大赛组委会），由教育部部长陈宝生和广东省省长马兴瑞担任主任，教育部副部长钟登华和广东省副省长覃伟中担任副主任，教育部高教司司长吴岩担任秘书长，有关部门（单位）负责人作为成员，负责大赛的组织实施。

（4）专家委员会：大赛设立专家委员会，由中国工程院原常务副院长潘云鹤担任主任、国家知识产权局原局长田力普担任副主任，行业企业、投资机构、创业孵化机构、大学科技园、公益组织、高校和科研院所专家作为成员，负责参赛项目的评审工作，指导大学生创新创业。

（5）纪律与监督委员会：大赛设立纪律与监督委员会，对大赛组织评审工作、协办单位相关工作进行监督，对违反大赛纪律的行为予以处理。

（6）参赛组别

高教主赛道：创意组、初创组、成长组、师生共创组。

青年红色筑梦之旅赛道：公益组、商业组。

职教赛道：创意组、创业组。

（7）参赛类别

"互联网+"现代农业、"互联网+"制造业、"互联网+"信息技术服务、"互联网+"文化创意服务、"互联网+"社会服务。

（8）奖项设置

高教主赛道：中国内地参赛项目设金奖 50 个、银奖 100 个、铜奖 450 个，中国港澳台地区参赛项目设金奖 5 个、银奖 15 个、铜奖另定，国际参赛项目设金奖 40 个，银奖 60 个，铜奖 300 个。另设最佳带动就业奖、最佳创意奖、最具商业价值奖、最具人气奖各 1 个；设高校集体奖 20 个、省市优秀组织奖 10 个（与职教赛道合并计算），优秀创新创业导师若干名。

青年红色筑梦之旅赛道：设金奖 15 个、银奖 45 个、铜奖 140 个。设"乡村振兴奖""社区治理奖""逐梦小康奖"等单项奖若干。设"青年红色筑梦之旅"高校集体奖 20 个、省市优秀组织奖 8 个，优秀创新创业导师若干名。

职教赛道：设金奖 15 个、银奖 45 个、铜奖 140 个。设院校集体奖 20 个、省市优秀组织奖 10 个（与高教主赛道合并计算），优秀创新创业导师若干名。

萌芽赛道：设创新潜力奖 20 个和单项奖若干个。

二、主体赛事

(一)高教主赛道

高教主赛道面向普通高等学校师生,按照参赛学校所在的国家和地区,分为中国内地参赛项目、中国港澳台地区参赛项目和国际参赛项目3类。根据参赛项目所处的创业阶段、已获投资情况和项目特点,分为创意组、初创组、成长组和师生共创组。要求参赛项目能够将移动互联网、云计算、大数据、人工智能、物联网、下一代通信技术等新一代信息技术与经济社会各领域紧密结合,培育新产品、新服务、新业态、新模式;发掘互联网在促进产业升级以及信息化和工业化深度融合中的作用,促进制造业、农业、能源、环保等产业转型升级;发挥互联网在社会服务中的作用,创新网络化服务模式,促进互联网与教育、医疗、交通、金融、消费生活、文化创意服务等深度融合。

(二)"青年红色筑梦之旅"赛道

"青年红色筑梦之旅"赛道面向普通高等学校学生,分为公益组、商业组。公益组要求参赛项目以社会价值为导向,在公益服务领域具有较好的创意、产品或服务模式的创业计划和实践;商业组要求参赛项目以商业手段解决农业农村和城乡社区发展的痛点问题、助力精准扶贫和乡村振兴,实现经济价值和社会价值的融合。

(三)职教赛道

参职教赛道面向职业院校(含高职高专、中职中专)院校学生,分为创意组、创业组。要求参赛项目能够将移动互联网、云计算、大数据、人工智能、物联网、下一代通信技术等新一代信息技术与经济社会各领域紧密结合,培育新产品、新服务、新业态、新模式;发挥互联网在促进产业升级以及信息化和工业化深度融合中的作用,促进制造业、农业、能源、环保等产业转型升级;发挥互联网在社会服务中的作用,创新网络化服务模式,促进互联网与教育、医疗、健康、交通、金融、消费生活、文化创意服务等深度融合。

(四)萌芽赛道

萌芽赛道面向普通高级中学在校学生,鼓励学生以团队为单位参加,允许跨校组建团队。要求引导中学生紧密融合学习、生活、社会实践,开展科技创新、发明创造等创新性实践活动,培养创新精神、激发创新思维、享受创造乐趣、提升创新能力,项目立意应弘扬正能量,践行社会主义核心价值观。

（五）同期活动

1."智阁未来"青年红色筑梦之旅活动

活动结合决战决胜脱贫攻坚的目标和任务，全面聚焦 52 个未摘帽贫困县，号召"红旅"青年带着"敢闯会创"的精神和意志奔赴各地，在实践活动中锻炼自我、提升能力、锤炼意志，为实现中华民族伟大复兴的中国梦接续奋斗。

2."智创未来"大学生创新创业成果展

成果展充分融合大赛氛围和校园景观，景展相应，将大赛作品和创新创业成果合理布局。本次展览将分为"敢闯会创""初心筑梦""乘风破浪""未来已来"四个篇章，为项目团队提供多元立体展示，增强互动性和观展体验。同时强化线上线下同步实景展览，实现全时段远程观展，并利用互联网思维和前沿科技手段，实现更大程度开放拓展，充分展示大学生双创成果。

3."智绘未来"世界湾区高等教育论坛

论坛拟通过线下举行、线上全球同步直播的形式，汇聚纽约湾区、旧金山湾区、东京湾区、粤港澳大湾区四大世界著名湾区的政府、教育、产业各界人士，为面向世界和未来的高等教育和科技创新献计献策，探索区域高等教育发展新模式，探讨粤港澳大湾区高等教育新走向，搭建湾区校际共享平台、产教合作平台，发挥高等教育集群"集聚—溢出"效应，支撑和推动产业体系、区域经济的先导发展。

4."智联未来"全球独角兽企业尖峰论坛

论坛聚焦在"互联网+"浪潮中涌现的科技创新型独角兽企业，拟邀请不同领域的卓越企业家领袖同台论道，以"主题演讲+对话访谈"的形式，分享创新创业的经验成果和前沿观点，解读世界科技创新态势，共同探讨科技创新在当前全球与区域经济发展中的重要作用，共话新时代世界科技创新创业之路。

5."智享未来"全球青年学术大咖面对面

论坛以"创新·青年·未来"为主题，邀请多位"全球 35 位 35 岁以下科技创新青年"榜单（MITTR35）入选者及其在研究领域内有突出贡献的青年学者，与参赛学生交流自己在科研道路上的奋斗历程，分享最新科学研究成果，预测学术前沿发展趋势，畅谈科学理想以及青年科学家的全球使命担当。共享创新理念，激发青年活力，引领未来发展。

6."智投未来"资源对接会

资源对接会整合国内知名投资机构（投资人）、粤港澳大湾区（广东）的园区（孵化器）、企业和中国建设银行优质企业资源，线上与线下双管齐下"全方位、全周期"开展资源对接。基于大赛项目类型和粤港澳大湾区（广东）重点发展产业布局，线上开展新一代信息技术、生物技术、智能制造和新材料等专题对接；线下进行资源对接成果展示、洽谈和签约。各方资源通力协作，为大赛优质项目赋能，助力优秀项目孵化落地。

三、项目类型和要求

高教赛道和"青年红色筑梦之旅"赛道是普通高等学校师生创新创业团队参加的主要赛道。其中高教赛道允许师生参加,"青年红色筑梦之旅"赛道只允许学生参加。

参赛项目要求能够将移动互联网、云计算、大数据、人工智能、物联网、下一代通信技术、区块链等新一代信息技术与经济社会各领域紧密结合,服务于新型基础设施建设,培育新产品、新服务、新业态、新模式;发挥互联网在促进产业升级以及信息化和工业化深度融合中的作用,服务新型基础设施建设,促进制造业、农业、能源、环保等产业转型升级;发挥互联网在社会服务中的作用,创新网络化服务模式,促进互联网与教育、医疗、交通、金融、消费生活等深度融合。

参赛项目须真实、健康、合法,无任何不良信息,项目立意应弘扬正能量,践行社会主义核心价值观。参赛项目不得侵犯他人知识产权;所涉及的发明创造、专利技术、资源等必须拥有清晰合法的知识产权或物权;抄袭、盗用、提供虚假材料或违反相关法律法规者,一经发现即刻丧失参赛相关权利并自负一切法律责任。

参赛项目涉及他人知识产权的,报名时须提交完整的具有法律效力的所有人书面授权许可书、专利证书等;已完成工商登记注册的创业项目,报名时须提交营业执照及统一社会信用代码等相关复印件、单位概况、法定代表人情况、股权结构等。参赛项目可提供当前财务数据、已获投资情况、带动就业情况等相关证明材料。在大赛通知发布前已获投资 1000 万元及以上或在 2019 年及之前任意一个年度的收入达到 1000 万元及以上的参赛项目,在全国总决赛时提供相应佐证材料。

(一)项目类型

(1)"互联网+"现代农业,包括农林牧渔等。

(2)"互联网+"制造业,包括先进制造、智能硬件、工业自动化、生物医药、节能环保、新材料、军工等。

(3)"互联网+"信息技术服务,包括人工智能技术、物联网技术、网络空间安全技术、大数据、云计算、工具软件、社交网络、媒体门户、企业服务、下一代通信技术、区块链等。

(4)"互联网+"文化创意服务,包括广播影视、设计服务、文化艺术、旅游休闲、艺术品交易、广告会展、动漫娱乐、体育竞技等。

(5)"互联网+"社会服务,包括电子商务、消费生活、金融、财经法务、房产家居、高效物流、教育培训、医疗健康、交通、人力资源服务等。

参赛项目不只限于"互联网+"项目,还鼓励各类创新创业项目参赛,根据行业背景选择相应类型。

领域	行业	移动互联网	云计算	大数据	人工智能	物联网	虚拟现实
"互联网+"现代农业	农	新服务		新产品		新业态	
	林						
	牧						
	渔						
"互联网+"制造业	智能硬件	新模式		新服务			
	先进制造						
	工业自动化						
	生物医药		新服务				
	节能环保						
	新材料				新服务		
	军工						
"互联网+"信息技术服务	工具软件					新业态	
	社交网络		新业态				
	媒体门户						
	企业服务						
"互联网+"文化创意服务	广播影视	新产品			新产品		
	设计服务						
	文化艺术			新产品			
	旅游休闲						
	艺术品交易					新产品	
	广告会展		新业态				
	动漫娱乐						
	体育竞技	新业态			新模式		新模式
"互联网+"商务服务	电子商务						
	消费生活			新产品			
	金融	新产品	新业态				新服务
	财经法务						
	房产家居		新服务		新产品		
	高效物流		新服务				
"互联网+"公共服务	教育培训						
	医疗健康				新业态		
	交通	新模式					
	人力资源服务					新模式	
"互联网+"公益创业	公益创业			新业态			

图 9-1　"互联网+"创新创业项目地图

　　从创新创业地图(图9-1)我们可以看出，"互联网+"创新创业大赛为学生提供了34个细分行业，6个"互联网+"新技术，204个创新创业空间，816个创新创业焦点。"互联网+"大赛的项目引导为大学生创新创业提供了更多的思考空间，给大学生的创新创业指引了方向，也为他们提供了更多的可能性。

（二）参赛方式和要求

（1）大赛以团队为单位报名参赛。允许跨校组建团队，每个团队的参赛成员不少于3人，原则上不多于15人（含团队负责人），均须为项目的实际核心成员。参赛团队所报参赛创业项目，须为本团队策划或经营的项目，不得借用他人项目参赛。

（2）根据参赛团队负责人的学籍或学历确定参赛团队所代表的参赛学校，按照参赛学校所在的国家和地区，分为中国内地参赛项目、中国港澳台地区参赛项目和国际参赛项目3类。国际参赛项目和中国港澳台地区参赛项目可根据当地教育情况适当调整学籍和学历的相关参赛要求。

（3）所有参赛材料和现场答辩原则上使用中文或英文，如有其他语言需求，请联系大赛组委会。

（4）参赛项目不得含有任何违反《中华人民共和国宪法》及其他法律、法规的内容。须尊重中国文化，符合公序良俗。

（三）参赛组别和对象

根据参赛项目所处的创业阶段、已获投资情况和项目特点，分为创意组、初创组、成长组和师生共创组。具体参赛条件如下。

1. 创意组

参赛项目具有较好的创意和较为成型的产品原型或服务模式，在2020年5月31日（以下时间均包含当日）前尚未完成工商登记注册，并符合以下条件：

（1）参赛申报人须为团队负责人，须为普通高等学校在校生（可为本专科生、研究生，不含在职生）。

（2）学校科技成果转化项目不能参加创意组（科技成果的完成人、所有人中参赛申报人排名第一的除外）。

2. 初创组

参赛项目工商登记注册未满3年（2017年3月1日后注册），且获机构或个人股权投资不超过1轮次，并符合以下条件：

（1）参赛申报人须为初创企业法人代表，须为普通高等学校在校生（可为本专科生、研究生，不含在职生），或毕业5年以内的毕业生（2015年之后毕业的本专科生、研究生，不含在职生）。企业法人代表在大赛通知发布之日后进行变更的不予认可。

（2）初创组项目的股权结构中，参赛企业法人代表的股权不得少于10%，参赛成员股权合计不得少于1/3。

（3）学校科技成果转化项目（不含基于国家级重大、重点科研项目的科研成果转化项目）可以参加初创组，允许将拥有科研成果的教师的股权与学生所持股权合并计算，合并计算的股权不得少于51%（学生团队所持股权比例不得低于26%）。

3. 成长组

参赛项目工商登记注册 3 年以上(2017 年 3 月 1 日前注册);或工商登记注册未满 3 年(2017 年 3 月 1 日后注册),获机构或个人股权投资 2 轮次以上(含 2 轮次),并符合以下条件:

(1)参赛申报人须为企业法人代表,须为普通高等学校在校生(可为本专科生、研究生,不含在职生),或毕业 5 年以内的毕业生(2015 年之后毕业的本专科生、研究生,不含在职生)。企业法人代表在大赛通知发布之日后进行变更的不予认可。

(2)成长组项目的股权结构中,参赛企业法人代表的股权不得少于 10%,参赛成员股权合计不得少于 1/3。

(3)学校科技成果转化项目(不含基于国家级重大、重点科研项目的科研成果转化项目)可以参加成长组,允许将拥有科研成果的教师的股权与学生所持股权合并计算,合并计算的股权不得少于 51%(学生团队所持股权比例不得低于 26%)。

4. 师生共创组

基于国家级重大、重点科研项目的科研成果转化项目,或者教师与学生共同参与创业且教师所占权重比例大于学生(如已注册成立公司,教师持股比例大于学生)的项目参加师生共创组进行比赛。并符合以下条件:

(1)参赛项目如已注册成立公司,公司注册年限不得超过 5 年(2015 年 3 月 1 日后注册),师生均可为公司法人代表。企业法人代表在大赛通知发布之日后进行变更的不予认可。股权结构中,师生股权合并计算不低于 51%,且学生参赛成员合计股份不低于 10%。

(2)参赛申报人须为普通高等学校在校生(可为本专科生、研究生,不含在职生),或毕业 5 年以内的毕业生(2015 年之后毕业的本专科生、研究生,不含在职生)。

(3)参赛项目中的教师须为高校在编教师(2020 年 6 月 1 日前正式入职)。

中国内地参赛项目采用校级初赛、省级复赛、全国总决赛三级赛制。校级初赛由各校负责组织,省级复赛由各地负责组织,全国总决赛由各地按照大赛组委会确定的配额择优遴选推荐项目。大赛组委会将综合考虑各地报名团队数、参赛院校数和创新创业教育工作情况等因素分配全国总决赛名额,每所高校入选全国总决赛项目的总数不超过 4 个。

全国共产生 600 个项目入围全国总决赛高教主赛道,通过网上评审产生 150 个项目进入全国总决赛现场比赛。中国内地参赛项目、中国港澳台地区参赛项目、国际参赛项目同场参加全国总决赛现场比赛,统一打分,分类排名。

第三节　参赛项目培育

　　一个成功的创业项目，一般包含好的想法、创新的产品、优秀的团队和强大的执行力这四个要素。其中，想法决定了方向，代表着需求，是开始创业的第一步，有了想法才能创业。因此，要在"互联网+"大赛中脱颖而出，必须要将好的想法培育成好的项目。

一、优秀项目来源

(一)学生创新创业成果

1.创新创意转化

　　大学生可以将个人在校期间的优秀创意、自主创新成果或商机的发现和捕捉进行商业开发，形成较好的创意和较为成型的产品原型或服务模式，然后参加"互联网+"大赛。这些项目或是能充分体现大学生特点的项目，如华中科技大学的"粉丝网"项目；或是与学生熟悉的学习生活环境直接相关的，如上海交通大学的59store项目、北京邮电大学"学生圈新媒体"项目、山东师范大学的"大川乒乓"项目等。

　　按照大赛的规则，毕业5年内的大学生都可以参加相关项目的比赛，因此，高校应广泛动员毕业生参加，给校友提供展示创意、获取资源的机会。

2.电子商务创业

　　大学生在校期间利用电子商务平台开展创新创业活动，创业门槛相对较低，可以发挥大学生熟悉互联网的优势。当前，电子商务平台众多，资源非常丰富，这为大学生提供了良好的创新创业机会，大学生在电子商务行业创建成本小、经营灵活却可以承载很多创意的中小微企业，在实现"创业带动就业"目的的同时，也可以将项目包装后参加大赛，比如南开大学的"农梦成真"，西藏职业技术学院的"圣地天堂"等项目。

3.家族产业或产权创业

　　通过家族的支持进行创业，或者继承家族的产业或产权开展创业，也是部分大学生创业的一种形式。当前我国有相当一部分家族产业面临传承的问题，"创二代"大学生作为高素质的群体，在继承了家族产业后，可以利用自身的知识和资源，对家族产业进行转型升级和"互联网+"化改造。这些项目可以作为大赛的参赛项目来源，比如桂林电子科技大学的"减速机"等项目就是很好的代表。

4.师生同创

　　高校教师和科研人员往往拥有多项知识产权成果，这些知识产权成果有的属于高校所有，有的属于共有，有的属于老师个人所有。很多高校老师因为校内体制限制、个人精力不够和不具备创业的专业化知识等原因无法开展创业活动，大学生可以通过和他们开展合作，利用老师的知识成果开展创业。师生共创是教育部鼓励和引导的方向，也是在实际中可体系化快速提高科技成果转化和大学生创新创业数量和质量的有效手段。如武汉工程大学的"秋叶 PPT"项目，最初来自老师创业的想法与实践，通过师生同创，成为优秀的大学生创业项目。

5. 校友同创

校友是高校最重要的社会资源，也是大学生重要的社会资源之一。大学生可以通过和校友开展合作，邀请经验丰富、资源较多的校友共同创业或担任自己创业项目的校外导师、天使投资人，开展校友同创创业项目。依托学校的科技成果和专业背景、大学生的创意和激情以及校友的经验和资源，可以培育优秀的创新创业项目。这些项目也可以成为"互联网+"大学生创新创业大赛参赛项目的重要来源。

（二）高校产学研成果转化

1. 科技成果转化

高校科研实力雄厚，每年都会产生很多科技成果。在国家的鼓励和引导下，越来越多的高校开始重视科技成果的转化工作，将科研项目转化为大学生创新创业项目，形成了大学生高质量创新创业项目的重要来源。早在 2015 年，国务院就颁布了《中华人民共和国促进科技成果转化法》，并于 2016 年印发了《实施〈中华人民共和国促进科技成果转化法〉若干规定》，旨在打通科技与经济结合的通道，促进大众创业、万众创新，鼓励高等院校等创新主体及科技人员转移转化科技成果，推进经济提质增效升级。

在"互联网+"大赛中，出现了越来越多的院校师生同创项目，将老师的科研项目转化为大学生创新创业项目，成为大学生高质量创新创业项目的重要来源。通过教学、科研与大学生创新创业三合一，可以在促进大学生创新创业的同时，进行科研成果产业化，创造出更大的价值。比如西北工业大学的"微小卫星"项目，福州大学的"北斗"技术民用项目，华中科技大学的"慧淬"铁轨延寿项目等。

2. 产教融合+协同创新

高校要深化创新创业教育改革，提高人才培养质量，就必须主动融入产业转型升级过程中，构建产教融合、校企合作、协同创新的创新创业人才培养体系和人才培养模式。通过高校和产业的紧密结合，快速获取产业需求信息并实现资源对接，将教育教学和社会需求结合，将人才培养和企业需要相结合，通过大学生创新创业项目帮助企业实现转型升级，从而产生优质的创新创业项目。比如山东商业职业技术学院的"无水保活"项目、沈阳农业大学的"大果榛子"项目、内蒙古农业大学的"犇牛"项目、贺州学院的"瑶蓝之旅行"等。

3.特色专业+优势学科

我国很多高校在建设和发展过程中形成了一些行业特色专业，这些行业特色专业多数也是这些高校的优势学科。这些优势学科和特色专业的大学生，如果在专业所属行业内开展创新创业活动，就具有较强的行业比较优势。大学生的创新创业活动如果能够紧密结合本校专业与学科特色，就可以实现专业学习和创新创业的相互促进，同时也可以促进学校的特色专业和优势学科的建设。比如西北农林大学的"侍酒师"项目、四川大学的"云病理共享平台"、北京航空航天大学"航空航天与智能装备制造"项目、河北师范大学的"子衿教育"项目、云南大学的"律品"项目等。

综上所述，参赛创意类项目可以从学校教务部门设置的创新创业训练计划、学生社会实践、社团创意、专利、教师校企合作、校内创新创业比赛等活动的成果中进行培育和选拔，创业类项目可以从在校生和毕业生创业项目、大学生科技园孵化项目、校内创新创业实践基地培育项目中进行选拔。

(三)顺应时代需求的创业成果

1.政府公共采购与社会公益服务

政府购买服务是转变政府职能、简政放权的重要措施，越来越多的政府职能将通过购买服务的形式解决，因此，政府公共采购领域将催生很多创新创业机会。同时，随着社会精神文明的进步，人们的公益思想得到了很大的提高，基于社会公益服务的公益创业也方兴未艾。这些创新创业项目将成为"互联网+"大赛重要的优质项目来源。比如陕西理工大学的"含氟水净化"项目、山东师范大学的"雨点公益"项目等。

2.一带一路等重大战略

由我国倡导，138个国家和31个国际组织参与的"一带一路"项目，依靠中国与有关国家既有的双多边机制，借助区域合作平台，积极发展与沿线国家的经济合作伙伴关系，为参与的各个国家带来了巨大的商机，也给大学生创新创业带来了良好的机会。除"一带一路"项目外，国家提出的京津冀协同发展、长三角一体化发展、粤港澳大湾区建设、长江经济带发展、黄河流域生态保护和高质量发展、西部大开发新格局、东北老工业基地振兴等各项重大战略部署，都为大学生创新创业提供了广阔的空间。比如对外经贸大学的"一路一带"留学生项目，新疆大学的"语言+"项目等。

二、优秀创业导师的来源

创业导师是大学生创新创业成功的关键，在大学生创新创业互动中给学生提供重要参谋、培训指导、资源对接、天使投资等帮助。因此，创业导师是深化高校创新创业教育改革、学生创新创业实践指导的核心主导要素。

对校内外创新创业导师资源的挖掘是当前高校创新创业工作的重点。无论是校内的专业课任课老师,还是校外创业成功的校友;无论是学生一线辅导员,还是已经成功创业的在校大学生,都可以成为创业导师的来源。

(一)校内创业导师资源

1. 专业教师

大学专业教师有着系统科学的专业理论知识,在自身的研究领域有着较深的造诣,能为创业学生提供专业知识方面的服务。有的专业教师具备创新创业教育的专业知识和任教经验,可以作为大学生创业团队的教育教学师资人员,提供专业的服务和指导。在选拔校内专业教师作为创业导师的过程中,要尽可能涵盖不同学科、专业和类别。

2. 一线辅导员

辅导员是大学生最亲近的人,也是最了解大学生的人。当前很多高校的辅导员队伍都在进行专业化建设,很多辅导员都具备指导大学生生涯发展规划和创新创业教育的能力,可以帮助大学生树立创业意识、丰富创业知识,协助学生组建团队等。

3. 创业的在校生

朋辈辅导是比较受大学生群体欢迎的教育方式,已经成功创业的在校大学生的现身说法对于准备创业的大学生而言,更有感染力和影响力。而且,两者同在一所学校,可以很方便地就创新创业过程中的具体问题进行深入交流。

(二)校外创业导师资源

1. 成功企业家

成功企业家有着丰富的创业实践经验和企业运营管理经验,有着丰富的资金、市场、技术、人脉等资源,熟悉市场运作、行业发展、技术创新,能为大学生提供多方面的支持,是最受学生欢迎的创业导师。特别是创业成功的企业家校友,由于对学校的感情较深,对指导学弟学妹的创新创业活动将会更加积极。

2. 创业成功者

创业者在面对创业过程中的艰辛、挫折时,需要强大的精神动力支撑下去。创业成功者在创业初期有着类似的经历,能为大学生创业提供强大的精神动力,与他们分享渡过难关的经验。

3. 创业实务专家

创业实务专家在企业管理、战略咨询、财务金融、专利技术、法律事务、人力资源等方面有着较深的研究,能为创业企业在经营管理的各个阶段提供服务。

4. 风险投资专家

风险投资专家有着金融投资实战经验,对科技、市场以及经济发展有着敏锐的判断力,善于把握时机,决策果断,能为大学生创业提供资金支持。

5. 政府公职人员

政府公职人员熟悉国家和所在地区的创业政策，能为创业大学生提供创业政策咨询服务。

指导学生参加"互联网+"大学生创新创业大赛等创新创业竞赛的创业导师，不仅需要有丰富的专业知识与行业知识，更需要有基于信息化的资源整合能力、以学生为中心的引导能力、面向成果的项目管理能力引导学生团队解决问题的能力，他必须是学习过程的专家，能帮助团队在解决问题的过程中达成学习目标。

三、参赛注意事项

（一）遵循大赛比赛模式①

（1）"互联网+"大赛有自己的比赛模式，参赛项目PPT和路演都要符合一定的逻辑。在阐述项目时，要围绕基本的项目路演逻辑讲好自己的创业故事。比如：市场中有什么痛点？你是如何解决的？为什么市场要选择你？市场空间多大？如何运作？谁来做？资金状况？有哪些风险？等等。通过搭配清晰合理的逻辑结构，讲好感人的创业故事。

（2）合理利用比赛规则，选择适合自己的赛道。任何比赛都有清晰的规则，不打无准备之仗，赛事文件一定要认真阅读，认真研究比赛规则，尤其是认真研究评审要点及打分细则。第五届"互联网+"大赛赛道主要分为主赛道、红旅赛道、国际赛道和职教赛道。主赛道分为创意组、初创组、成长组和师生共同创作组。红旅赛道分为公益组和商业组。职教赛道分为创意组和创业组。本科院校参赛者参加主赛道、红旅赛道居多。高职院校参赛者参加职教赛道、红旅赛道居多。红旅赛道要求项目具有红色基因，在精准扶贫、文化传承等方面具有鲜明特色。参加创意组项目要求尚未成立公司，但产品已经有原型，且具有较大的创新性和良好的市场应用空间。参加创业组的项目，如果技术性、创新性不够强，就需要有良好的业绩支撑。如果产品市场占有率不高，那么产品本身就需要有较强的技术壁垒以及能够满足市场痛点的市场预期。

（二）以我为主打磨项目

项目打磨过程中要以我为主，项目路演时要符合评委的思维习惯。项目培育、比赛、训练的过程中，要把握节奏，每个阶段的重心都不一致，要认清形势，做出合理的判断，不要盲从。一个决策的失败可能会导致项目面对更多挫折。每个阶段要设立合理的目标，明确执行的方针策略，树立必胜的信心。项目打磨过程中，所有的指导和培训都要以己为主，对专家的意见评审加以吸收和领悟，而不能照单全收，失去自身发展方向和重心。在项目阐述时，不能随心所欲地讲，要充分考虑台下的评委的兴趣点和关注

---

① 张建鹏. 基于中国国际"互联网+"大学生创新创业大赛的几点思考[J]. 中国科技纵横，2020(15)：161-163.

点，做到有的放矢，吸引评委的注意。大赛的阐述时间是 10 分钟左右，第一分钟能不能获得评委的信任十分重要，这也是评委在给你起评分的时候，所以要格外注意。

(三)精心做好项目路演

1. 及时复盘，做好模拟演练

凡事预则立，不预则废。比赛的过程也是一个打磨、成长的过程，必要时要及时对项目进行复盘。在每次比赛中找到差距，对项目加以完善。团队成员要针对项目的相关难点和规划设置好题库，在市场前景、技术难点、商业模式、应用领域、目标客户、财务数据等方面做好运营状况的支撑和准备，多进行模拟演练，并反复复盘，根据项目运营情况将问题细分，按创业分工的不同搭建问题模块，构建起体系化的问题体系，提升在答辩时的应对能力。

2. 项目路演时要注意几个方面的内容

(1)比赛项目要围绕市场的痛点来提升产品或服务的核心竞争力。参赛项目要着力寻找真实的市场需求，拥有实现市场需求的核心技术与能力，要有原型产品和初始验证客户，在商业模式上要有清晰的闭环。

(2)创业团队专业敬业、合作伙伴紧密可靠。要用可靠的数字、严谨的分析、取得的成果让投资人相信你们的未来是可信的，要避免使用绝对形容词。

(3)路演过程中，评委对于视频、PPT 的要求非常高，在时间有限的情况下，快速了解项目的最直接材料就是这两样。视频和 PPT 要简练、专业。创业计划书的核心部分是摘要，也需要好好提炼、打磨。

在"互联网+"时代，做好高校大学生创新创业工作是一项系统复杂的工程，需要做到政策扶持、资金保障、成果转化等方面相互协调，密切配合。对高校而言，应当以中国国际"互联网+"大学生创新创业大赛为契机，合理统筹资源，培养大学生"互联网+"的意识，以及开源开放、多元跨界的互联网思维，切实践行大众创业、万众创新的战略目标和思想，构建起系统全面的创新创业教育支撑平台，为社会培养出更多具有创新精神、创业意识的高水平人才。

拓展阅读

从第六届中国国际"互联网+"大学生创新创业大赛 看大学生创业教育的未来发展①

在刚刚闭幕的第六届中国国际"互联网+"大学生创新创业大赛(以下简称第六届"互

① 黄贵洲. 从第六届中国国际"互联网+"大学生创新创业大赛看大学生创业教育的未来发展[J]. 中国大学生就业(综合版),2020(12):4-6.

联网+"大赛）中，一批敢闯会创的高校创业团队脱颖而出。作为更名后的第一届赛事，第六届"互联网+"大赛在组织机构、比赛规则方面都有重要变化。

尤其值得注意的是，在评审规则中，第五届"互联网+"大赛的"社会效益"变更为第六届"互联网+"大赛的"带动就业"和"引领教育"，足见国家对"互联网+"大赛的要求绝不仅是选几个项目、转化几项成果，而是将培养"更具创新精神、创业意识、创意思维及创新创业能力的人才"的目标赋予大赛。

因此，从本届"互联网+"大赛的规则变化出发，探讨高校大学生创业教育未来发展，在当下具有实际意义。

引领教育为创业教育"划重点"

第六届"互联网+"大赛比赛规则中新增的引领教育凸显了创新创业教育改革的核心：引领教育评审要点充分体现专业教育与创新创业教育的结合，体现团队成员所学专业知识和技能在项目和相关创新创业活动中的转化与应用；引领教育评审要点突出大赛的育人本质，充分体现项目成长对团队成员创新精神、创业意识和创新创业能力的锻炼和提升作用。

深化创新创业教育改革，核心任务是培养人才。"互联网+"大赛的最终意义并非选择项目，而是发挥"育人"作用，通过高校的教育规律、商业和社会的创业规律推动大赛活动，最终培养学生的创新精神、创业意识、创新创业能力。由此出发，发挥育人作用，提升专创融合能力是大学生创业教育未来发展的核心及重要途径。一方面，随着高等教育规模的不断扩大，高等教育"教书育人"的职能正在由精英教育向素质教育转化，学习将成为个人生存、竞争、发展和完善的第一需要。增强创新精神、创业意识、创新创业能力是大学生职场生涯规划和终身学习的保证，也是目前企业用人标准的迫切需求。在创新精神、创业意识、创新创业能力的指引下，大学生有能力在毕业之后，利用各种有利条件，根据所从事的工作不断完善自身的知识和能力结构，更好地达到完善自我和适应社会的目的，从而为终身教育打下坚实的基础。

另一方面，创业教育不能仅停留在"坐而论道""纸上谈兵"的阶段。创业素质的培养需要与专业、产业互相融合，与专业教育中的其他课程耦合联动，从社会真实企业需求出发进行推演，将专业教育与创业教育进行深层次融合，通过专创融合，促使大学生从课程聆听者转变为积极参与者和行动者。

精准定位创业教育突出问题

相比于发达国家，我国创业教育起步较晚。为促进高校创业教育的发展，2015 年，国务院办公厅印发了《关于深化高等学校创新创业教育改革的实施意见》。随后，教育部实施了一系列有力举措，建基地、办大赛、强实践，创新创业教育改革取得显著成效。目前，国家已将高校创业教育提升到国家战略高度，我国高校所设立的有关创业的课程安排逐渐趋向合理化，教学方式也逐渐趋于完善，基本上形成了良好的教育模式和氛围。

然而，由于发展时间较短、发展程度不够深入，在已有的教育模式的基础上，我国的创业教育仍面临一系列问题：第一，师资力量水平有待提升。目前，创业教师队伍力量不足，在校教师创业能力不均衡，社会市场经历经验待加强；第二，课程体系内容待完善。教师开展创业教育的教学方式方法单一，缺乏创业实务场景化课程资源，高校亟须构建一个"一体化"的创业教育模式和课程体系；第三，测评体系匮乏。学校缺少健全的检验大学生创业知识水平的测评工具；第四，专创融合不足。应深入推进创业教育与专业教育紧密结合，将创业教育深层次融入人才培养全过程。

因此，高校需要把解决创业教育存在的突出问题作为深化高校创新创业教育改革的着力点。

探索创业教育发展"着力点"

在创业教育的未来发展上，高校应将其融入人才培养体系，丰富课程、创新教法、强化师资、改进帮扶，推进教学、科研、实践紧密结合，突破人才培养薄弱环节，增强学生的创新精神、创业意识和创新创业能力。

在师资水平建设上，高校应构建标准化、专业化、多元化的创业导师模式。目前，不少高校的创业教育老师缺少相关创业经验和市场"实战"经验，只能泛泛而谈、照本宣科。针对普遍性、基础性的创业课程，高校应该依托于国家级教育教学大纲，培养建设标准化创业导师队伍。同时，高校应根据自身发展的要求和专业学科特点，培养和建设专业化的创业导师队伍，发挥优势专业学科知识能力，引导和训练专业教师在高层次创新创业人才培养中的示范和指导作用。此外，高校应积极邀请成功的企业家、创业教育专家等参与到创业教育中，组建"校内+校外"的精英导师团队，对学生的创业教育、创业实践、创就业能力进行及时有效的指导。在课程建设上，高校应建立定位准确的一体化创业课程体系。目前，不少高校创业教育课程开展不到位，缺乏对相关培训课程定位和分析。高校应构建符合本学校发展特色的创业一体化课程体系。首先，从引导学生思维、提升认识做起，真正让大学生掌握创业流程方法，更理性地进行创业。其次，高校应依托"互联网+"大赛等活动，建设、健全自身创业教育实训实践环境，强化创业实训教育课程，鼓励和引导教师带动学生创业和进行科技成果转化，进一步完善和实现"以赛促教、以赛促学、以赛促改、赛教融合"。最后，在教学计划的设置上，高校可根据大学生年级分层陆续开展基础课程、实训指导课程、实践实战课程等不同维度的创业课程，将理论教学与创业案例教学相结合，让创业教育课程体系建设更完善。

在提升专创融合水平上，高校创业教育要回归教育本质，切实提升大学生对现实实际问题、专创融合问题的发现和解决能力。高校应根据自身特色选择适合的融合路径与教学方法。目前专创融合实现路径主要有：组合式融合，新课程与老课程并列组合并逐渐衔接；渗透式融合，用创业教育的理念、精髓和方法来改造原有的专业，在专业培养方案中加入相应的创业内容和知识点，激发学生的创新思维和创业意愿；专业群建设融合，开设跨专业、跨学科的交叉课程，或让学生选修一些其他专业的课程，为学生提供更宽阔的视野，开展"无界化"的教育实践。在教学方法上，专业课教学围绕专业人才培养目标和产业发展的新知识、新技术和新方法，并借鉴创业课程的教学方法，利用探究式教学法、发现式教学法，以小组学习、工作坊、"做中学"等方式，引导学生逐步从规范化完成任务走向创造性完成任务，将创业能力的培育融入项目任务中，有意识地在项目学习中锻炼发散思维和创造性解决问题的能力，从而全面掌握专业知识。

实战案例

水上行者——无人驾驶清洁船守护绿水青山

在第六届中国国际"互联网+"大学生创新创业大赛总决赛中，来自西北工业大学的"水上行者——无人驾驶清洁船守护绿水青山"项目荣获大赛金奖。

开发该项目的欧卡智能创立于 2017 年，是一家由西北工业大学硕博团队组成的国家级高新技术企业，专注于相比陆地无人驾驶更自由、安全、易落地的"水上无人驾驶技术"，并选择从高频刚需场景切入——水面维护，关注最迫切的社会环境问题并运用科技手段去解决，创新性地将无人驾驶延拓至水域场景，开辟无人驾驶新赛道。ORCA 无人驾驶清洁船也是全球首个标准化生产的水面智能清洁产品。

针对城市水域维护的社会现实需求，经过 3 年 10 次迭代，团队突破了多项核心关键技术，在可变桨动力系统、模块化平台系统、标准化整机打造方面完成了业界三大突破。

无人驾驶清洁船自 2020 年全面市场化落地以来，在全球 4 个国家，30 多个水域中铺设了上百艘，为众多水环境、环卫上市公司提供一线产品支持，向政府客户等智慧城市服务商输出解决方案。

"突破的成果来源于纯粹的精神：我们有一批想要变革水域行业的工大学子组成的核心团队，四年如一日地秉持'上天揽月，下水捉鳖'的科研勇气，给予产品和自身不断的迭代和突破。"正如团队主创人员所说，未来已来，欧卡将不断聚焦无人水域驾驶生态打造，以环保应用为纵深，不断摸索水面各类应用，开创新的无人驾驶体系，与大家一起见证中国的硬科技智慧助力人类美好生活。

后 记

　　创新是引领发展的第一动力，是建设现代化经济体系的战略支撑。推进大众创业、万众创新是深入实施创新驱动发展战略的重要支撑和深入推进供给侧结构性改革的重要途径。

　　在高等学校开展创新创业教育，积极鼓励高校学生自主创业，是教育系统服务创新型国家建设的重大战略举措，是深化高等教育教学改革，培养学生创新精神和实践能力的重要途径，也是落实以创业带动就业，促进高校毕业生充分就业的重要措施。

　　本教材的旨在贯彻落实国家关于大学生创新创业教育的各项要求，普及大学生创新创业知识，引导广大学生树立科学的生涯发展观，科学合理地规划大学学习与生活，提高创新创业意识和创新创业能力。

　　本书在编写过程中，借鉴、参考了部分国内外大学生创新创业方面的文献资料，也采纳了一些专家学者的理论和观点，在此一并表示感谢！

　　由于时间和编者水平有限，书中难免有疏漏和不妥之处，真诚欢迎广大读者提出宝贵建议和意见！

编 者

参考文献

[1]傅家骥，全允桓，高建等. 技术创新学[M]. 北京：清华大学出版社，1998.

[2]张秀娥. 创业管理[M]. 北京：清华大学出版社，2017.

[3]孙长林. 大学生创业教育理论与实务[M]. 北京：现代教育出版社，2017.

[4]李时椿，常建坤. 创业基础[M]. 北京：清华大学出版社，2013.

[5]陆雄文. 管理学大辞典[M]. 上海：上海辞书出版社，2013.

[6]菲利普·科特勒. 市场营销学原理（亚洲版）第 2 版[M]. 何志毅，译. 北京：机械工业出版社，2010.

[7]薛浩杰. 我国大学生创业政策研究[D]. 首都经济贸易大学，2017.

[8]张耀辉，朱锋. 创业基础[M]. 广州：暨南大学出版社，2013.

[9]李秋斌. 大学生创业指导[M]. 北京：北京大学出版社，2013.

[10]冯丽霞，王若洪. 创新与创业能力培养[M]. 北京：清华大学出版社，2013.

[11]郑晓燕，相子国. 创业基础[M]. 成都：西南财经大学出版社，2012.

[12]田远芬，向辉. 创业之梦[M]. 武汉：华中师范大学出版社，2013.

[13]姚峥嵘. 大学生职业生涯规划与就业创业指导[M]. 南京：南京大学出版社，2013.

[14]辽宁省普通高等学校创新创业教育指导委员会. 创业基础[M]. 北京：高等教育出版社，2013.

[15]李北伟. 大学生创业导引[M]. 北京：清华大学出版社，2013.

[16]王庆生，王坤. 大学生创业基础[M]. 北京：清华大学出版社，2013.

[17]吴运迪. 大学生创业指导[M]. 北京：清华大学出版社，2012.

[18]曹德欣，祝木伟. 创业学概论[M]. 北京：中国矿业大学出版社，2013.

[19]辽宁省教育厅. 大学生创新与创业基础[M]. 大连：大连理工大学出版社，2010.

[20]杨安，夏伟，刘玉. 创业管理——大学生创新创业基础[M]. 北京：清华大学出版，2011.

[21]张静. 大学生创业实战指导[M]. 北京：对外经济贸易大学出版社，2012.

[22]李家华. 创业基础[M]. 北京：北京师范大学出版社，2013.

[23]梅强. 创业基础[M]. 北京：清华大学出版社，2012.

[24]赵伊川. 创业基础[M]. 大连：东北财经大学出版社，2013.

[25]贺俊英. 大学生创业基础与实训教程[M]. 北京：高等教育出版，2010.

[26]彼得·德鲁克. 创新与企业家精神[M]. 北京：机械工业出版社，2007.

[27] 石丹林, 谌虹. 大学生创业理论与实务 [M]. 北京: 清华大学出版社, 2012.

[28] 李家华. 创业有道——大学生创业指导 [M]. 北京: 高等教育出版社, 2011.

[29] 杨克欣. 大学生职业发展与就业创业指导 [M]. 天津: 南开大学出版社, 2013.

[30] 舒俊. 创新理论的发展演变 [J]. 创新科技, 2017(1).

[31] 吴绍波. 创新生态视角下中国信息产业面临的挑战与突围 [J]. 中国西部, 2020(1).

[32] 张建鹏. 基于中国国际"互联网+"大学生创新创业大赛的几点思考 [J]. 中国科技纵横, 2020(15).

图书在版编目(CIP)数据

大学生创业理论与实践教程／盘健等主编. —长沙：
中南大学出版社，2021.8
ISBN 978-7-5487-3301-0

Ⅰ. ①大… Ⅱ. ①盘… Ⅲ. ①大学生－创业－高等
学校－教材 Ⅳ. ①G647.38

中国版本图书馆 CIP 数据核字(2021)第 097732 号

大学生创业理论与实践教程
DAXUESHENG CHUANGYE LILUN YU SHIJIAN JIAOCHENG

主编　盘健　金鑫　李红　崔文淅

□**责任编辑**　唐天赋
□**责任印制**　唐　曦
□**出版发行**　中南大学出版社
　　　　　　　社址：长沙市麓山南路　　　　邮编：410083
　　　　　　　发行科电话：0731-88876770　　传真：0731-88710482
□**印　　装**　长沙艺铖印刷包装有限公司

□**开　　本**　787 mm×1092 mm　1/16　□**印张** 18.25　□**字数** 405 千字
□**互联网+图书**　二维码内容　视频 497 分钟
□**版　　次**　2021 年 8 月第 1 版　□2021 年 8 月第 1 次印刷
□**书　　号**　ISBN 978-7-5487-3301-0
□**定　　价**　49.00 元

图书出现印装问题，请与经销商调换

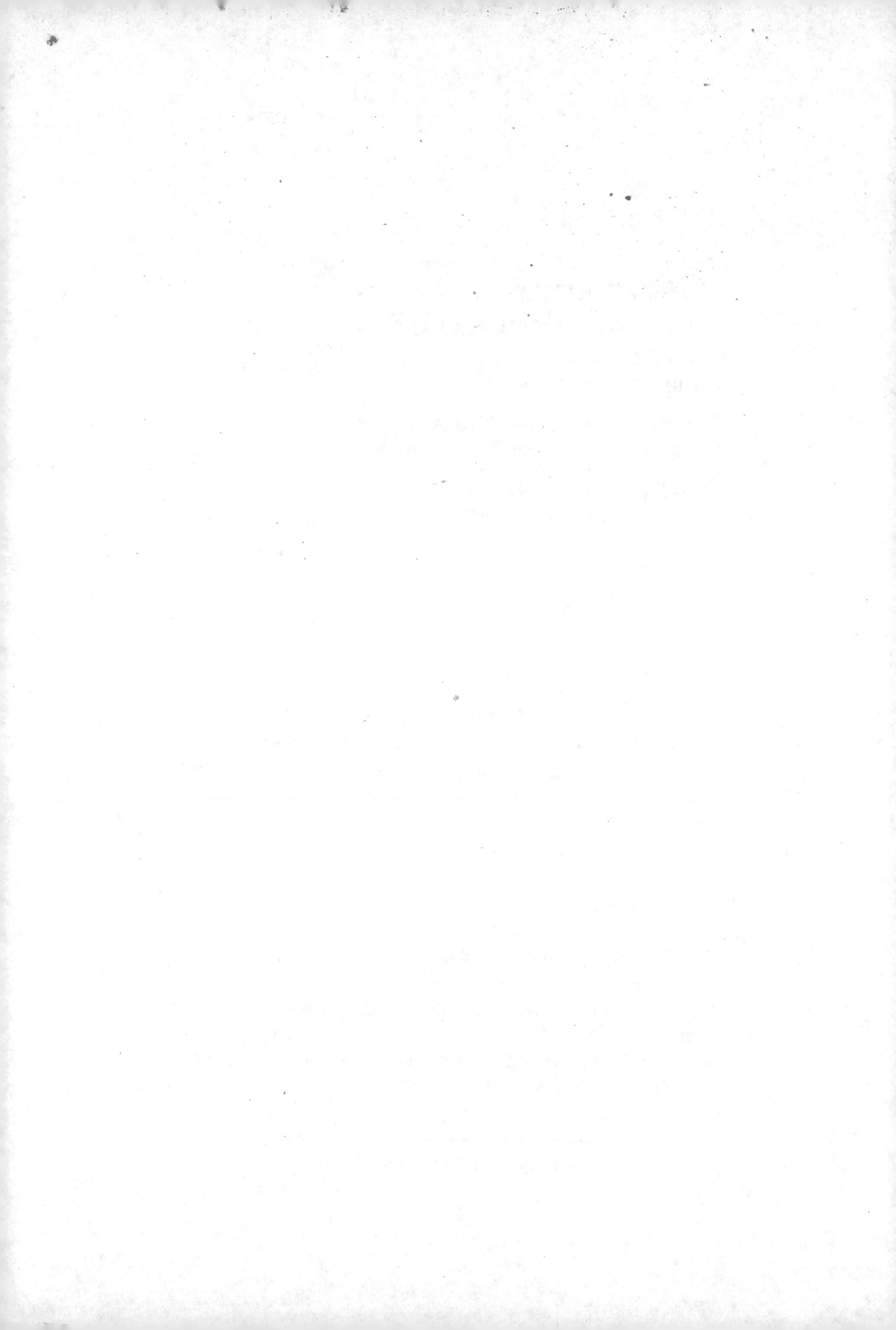